礼记 孝经

丛书主编 魏冰戬
本册评注 刘广茹

国学课堂

解读版

礼记／【西汉】戴圣 著
孝经／【春秋】孔子 著

吉林大学出版社

本系列图书栏目设置说明

学生的良师　老师的益友　家长的好帮手

【概述】介绍作者及其作品。如作品内容、成书经过、写作特色、文学地位等

【概述】

《世说新语》的原名是《世说》，因为汉代刘向曾经著《世说》（原书亡佚），后人为了将此书与刘向所著相别，又取名《世说新语》，大约宋代以后才改称。《隋书·经籍志》将它列入笔记小说。《宋书·刘道规传》称刘义庆"性简素"、"爱好文义"、"招聚文学之士，近远必至"。该书所记个别事实虽然不尽确切，但反映了汉民族门阀世族的思想风貌，涉及了社会、政治、思想、文学、语言等方面，史料价值很高。

【题解】具体内容讲解。如篇章内容提要、相关知识链接、文学常识等

【题解】

德行第一：德行指美好的道德品行。本篇所谈的是那个社会士族阶层认为值得学习的、可以作为准则和规范的言语行动。涉及面很广，从不同的方面、不同的角度反映出当时的道德观念，内容丰富。

【原文】原著全本选入。部分作品篇目数量多者，选取经典篇目、常考篇目以及相对独立篇目

【原文】

管宁、华歆共园中锄菜，见地有片金，管挥锄与瓦石不异，华捉而掷①去之。又尝同席②读书，有乘轩冕③过门者，宁读如故，歆④废⑤书出看。宁割席分坐，曰："子非吾友也！"

【注释】精准、简洁，避免含混、啰唆。通假字、异形词标出。难字、生僻字注音

【注释】

①捉：握；拿。掷：扔；抛。②席：坐席，是古人的坐具。③轩冕：大夫以上的贵族坐的车和戴的礼帽。④宁、歆：上文称管，这里称宁，同指管宁；上文称华，这里称歆，同指华歆。古文惯例，人名已见于上文时，就可以单称姓或名。⑤废：放弃；放下。

【译文】准确无误，逐句直译，不加修饰语

【译文】

管宁和华歆一同在菜园里刨地种菜，看见地上有一小片金子，管宁不理会，举锄锄去，跟锄掉瓦块石头一样，华歆却把金子捡起来再扔出去。还有一次，两人同坐在一张坐席上读书，有达官贵人坐车从门口经过，管宁照旧读书，华歆却放下书本跑出去看。管宁就割开席子，分开座位，说道："你不是我的朋友。"

【解析】突破传统观点，与时代精神相结合，分析透彻，辩证到位，着意培养学生树立正确的价值观、世界观

【解析】

事情很小，往往是人们容易忽略的细枝末节。然而正因其小，足见当时的士大夫品评他人与约束自己的尺度及交友之严，见微而知著，因小而见大。

当朋友之间所追求的东西有着悬殊的差别之时，就可能在以后的路上分道扬镳。因此，朋友未必能够一路同行。有的朋友可以一起学习、一起创业，然而随着人生经历的变化，会在一些关键问题上出现分歧，使友情破裂。

国学课堂 解读版

本套书是根据教育部颁发的《完善中华优秀传统文化教育指导纲要》中提出的要求，组织经验丰富的一线教师编写而成的。近期，教育部正式发布高考改革方案，2016年高考语文提高到200分，尤其传统文化部分是学生应该掌握的重点。为了使学生能够在短时间内，更加轻松迅速地掌握国学文化精粹，深入领会中华优秀传统文化的精神内涵，特设置如下栏目。

【写作点拨】

1. 从择友的角度：应该选择志同道合的朋友，应该选择学习专注有修养的朋友，交友应慎重。

2. 从思想品德修养的角度：应加强自己的品德修养，学习应专注，这样才能成才。

3. 从学习环境的角度：要为学生创造一个良好的学习环境，这样才有利于人才的培养。

4. 从为人处世的角度讲：对待友人要讲原则，也要宽和友爱，大度中庸。

【写作点拨】多角度点拨。告知读者如何使用此部分素材应用于学生作文实际，解决学生写作中无话可说的困境

【人物简析】

1. 王涣年少时崇侠尚义，喜好结交剽悍侠义之人，但后来改变追求，信奉儒学，把握了儒学的大义要旨。

2. 王涣任地方官不畏豪强、选贤举能，所治理之处教化大行，百姓安居。

3. 王涣为人正直，施政宽严适宜，且能以奇异的才能神机妙算地处理疑难案件，令人惊叹。

【人物简析】找准中高考中的采分点，解析人物，引导学生把握解析人物的技巧

【成语积累】

发擿（tī）奸伏：揭露隐秘的坏人坏事。

【成语积累】撷取文中成语汇集，以丰富词汇量

【考题举隅】

翻译下列画横线的句子

①晚而改节，敦儒学，习《尚书》，读律令，略举大义。

②其冤嫌久讼，历政所不断，法理所难平者，莫不曲尽情诈，压塞群疑。

【考题举隅】精选真题，科学解析，模拟演练

【故事】

古时有一位叫乐羊子的人，在外求学期间，他的妻子在家中辛勤耕作，照顾婆婆。有一天，邻居家的鸡误入了乐羊子家的园子，乐羊子的母亲见了就把这只鸡逮住杀掉并做成了菜。到吃饭时，乐羊子妻对着鸡只是暗暗落泪，并不吃它，婆婆感到很奇怪，就问她为什么这样。乐羊子妻说："我难过的是家里太穷了，没有好菜侍奉，所以饭菜中才有了别人家的鸡。"婆婆听到这话，甚感惭愧，于是把鸡倒掉不吃了。

【故事】与"解析"紧密相连，达到由"解析"引出"故事"，理论指导实践的效果

强大编写阵容

5省一线教师联袂打造一流精品

《国学课堂》编写委员会

主　编：魏冰戬

副主编：肖　颖　孙　伟

编　者（排名不分先后）：

侯文学　王　伟　张希凤　马德勇

姜佃友　陈鹤龄　刘树江　刘桂华

谢丽丽　高玉刚　韩佃磊　邵　影

李　娟　刘广茹　王　志　孟令禹

孙铁民　孙国勇　李双山　刘春节

崔　洋　李春梅　关小荷　杨桂宏

刘　辉　田　阳　杨大勇　马卫东

张翠敏　杨雨杰　刘利凤　孙丽丽

穆　洁　张东航

编写前言

清末国学大师辜鸿铭曾说：爱国，首先要爱其文明。他曾告诉国人："洋人绝不会因为我们割去发辫，穿上西装，就会对我们稍加尊敬的。当我们中国人西化成洋鬼子时，欧美人只能对我们更加蔑视。只有当欧美人了解到真正的中国人——一种有着与他们截然不同却毫不逊色于他们文明的人民时，他们才会对我们有所尊重。"一个国家的民族文化是其国民灵魂和尊严的渊源。

"国学"之名，始于清末。其时欧美学术进入中国，号为"新学"、"西学"，与之相对，人们便把中国固有的学问统称为"旧学"、"中学"或"国学"。

近年来，国学热方兴未艾，国学与西学是相对而言的，国学热折射的是西方文化冲击下国人的文化忧患意识。自从改革开放打开国门，我国的传统文化经历了三十多年西方文化思潮的冲击，国人崇尚西化的思想渐成潮流，甚至作为汉文化亚文化的日韩文化都受到相当多的国人追捧，而作为民族本源文化的诸多宝贵遗产却一度被冷落。随着时代的发展，国家民族实力的增强，国人逐渐开始意识到传统文化的重要性，一个缺少自己民族文化特色的国家，发展必然受阻，道路必然越走越窄。国学有多热，恰反映出西方思潮对我们的文化影响与冲击有多大。这种冲击对年轻人尤其突出和明显，影响也尤其深远。年轻人接受和吸收新鲜事物的能力强，过程快，他们接受的事物在其生命中扎根也深，所以对青少年思想领地的争夺关乎国家民族发展的未来方向，将民族的宝贵遗产及时深刻地传递给青少年是每一代国人必须担起的重任。

为使中小学生能比较全面系统地对国学有一个初步的了解和认识，针对其年龄和心理，我们策划编选了本套《国学课堂》。

对国学范畴和内容的把握是认识了解国学的开始。《汉书·艺文志》对国学有一个基本的分类，将其分为六艺、诸子百家、诗赋、兵书、术数、方技六个部分。这六部分构成了国学的前身。狭义的国学是指以儒学为主体的中华传统文化与学术。现在一般提到的国学，是指以先秦经典及诸子学为根基，涵盖了两汉经学、魏晋玄学、宋明理学和同时期的汉赋、六朝骈文、唐宋诗词、元曲与明清小说并历代史学等一套特有而完整的文化、学术体系。因此，广义上，中国古代和现代的文化和学

术，包括历史、思想、哲学、地理、政治、经济乃至书画、音乐、术数、医学、星相、建筑等都是国学所涉及的范畴。

本套“国学课堂”从国学所涵盖的各个领域精心选取收录了30种最能体现和承载中国传统文化精髓的代表书籍，并对每种书进行细致琢磨思考，对其中篇幅较小、内容较为浅显的著作则收录全文，并加以细致讲解，如《三字经》《弟子规》《笠翁对韵》等；对一些原著内容广博深邃的著作则作适当精心的选裁调整组合，以适应中小学生学业水平和思想身心发展要求，如《世说新语》《史记》《汉书》等。

此次编辑这套“国学课堂”的目的首要的是向中小学生宣介国学精粹，使青少年学生在国学的丰富文化中汲取营养，充实提高自我，从而传承发扬传统优秀文化，也考虑到结合中小学生现行教学大纲知识拓展和能力提升的有关要求，借鉴中高考知识能力考查模式设定相关体例条目，慎重精当选裁，深入浅出讲解，让孩子们能在较短时间内吸收利用广博的国学文化经典中最有代表性和典型性的内容，用清晰简洁的思路引领学生，流畅浅易的语言指导学生，生动活泼的故事感染学生，致力于带给莘莘学子春风化雨的求知体验，力争在文言文阅读理解、常识积累、鉴赏、写作等方面使中小学生得到全面濡养和提升，同时能对其他奋斗在教学第一线相关学科教师的日常教学、课后指导有所帮助，以及对很多为孩子选择适宜读物而发愁的家长提供一些有益参考。

此次参与编写的主创人员也主要是常年在教学第一线执教的教师，他们了解学生，也更能深刻感受到时代发展对青少年的巨大影响，所以弘扬传统文化的迫切感也更加强烈。本套书籍里凝聚着他们捍卫国学的赤诚之心和对广大学子继承发扬传统文化精髓的良苦用心。在此向参与编写的30余位作者对国学的热切传播、呕心沥血的辛苦付出致以崇高的敬意。由于时间紧迫，水平有限，本套书籍必然有诸多缺点和不足，望广大读者和业界同仁给予理解并期待大家的真诚指导和建议。

主编　魏冰戬

2015年3月17日于长春

概述

礼记

中国传统文化源远流长、博大精深。“四书五经”是传统文化重要组成部分，是儒家思想的核心载体，更是中国历史古籍中的文化宝典。《礼记》作为“五经”之一，是一部儒家思想的资料汇编，是记录中国古代典章制度的重点书籍。《礼记》为我们了解和研究中国古代社会制度提供了充分的依据。在先秦时期把孔子编撰的典籍统称为“经”，孔子弟子及其后人对“经”的解说被称作“传”或“记”。从战国时期到秦汉年间，有部分儒家学者解释说明了记录汉族礼制的汇编——《仪礼》，并组成文章选集《礼记》，《礼记》即对“礼”的解释。

《礼记》虽然只是对《仪礼》进行的解说，但由于其内容丰富、涉猎广泛，其文化影响已经远远超出了《仪礼》本身。《礼记》有《大戴礼记》和《小戴礼记》之分。《大戴礼记》由西汉时期的戴德整理，全书共有八十五篇，但因其在流传过程中散失较多，现今仅存三十九篇。我们今天所说的《礼记》多指《小戴礼记》。

《小戴礼记》由西汉时期的戴圣整理编辑，全书共四十九篇。其内容包括通论类、制度类、丧服类、吉事类、祭祀类、明堂阴阳类、世子法类、子法类及乐记类，分别涉及了先秦、秦汉时期的礼仪制度、政治、经济和思想等诸多方面。《礼记》通过记载和诠释先秦的礼制、礼仪和记述古代习俗、圣贤逸事、孔子和弟子等的问答，阐释了修身做人的伦理准则。《礼记》全书用记叙文形式写成，一些篇章具有相当高的文学价值。有的篇章用短小生动的故事表明某一道理；有的气势磅礴、结构谨严；有的言简意赅、意味隽永；有的擅长心理描写和刻画。书中还收有大量富有哲理的格言、警句，精辟而深刻。

《礼记》作为古代文化典籍，虽距离我们年代久远，但“礼”中所代表蕴含的文化精髓、思维方式、价值取向对于指导我们现代人的生活仍具有不可低估的现实意义。《礼记》关于为礼必须端肃、恭敬、谦让的记录和论述，对“敬”和“让”的伦理意义做了独到的阐发，其所阐扬的敬让思想，丰富了中国伦理学的理论宝库，对中国民族敬让美德的形成产生了巨大而深远的影响，至今仍散发着智慧的光

芒，对社会主义和谐社会的建设有着重要的借鉴意义。

孝经

《孝经》是中国古代儒家思想的经典著作。传说为孔子所作，但至今一直无依据可考。自西汉至魏晋南北朝期间，注解《孝经》的版本不少于上百家。现在流行的是唐玄宗李隆基做注，宋代邢昺做疏的版本。《孝经》全书共分为18章。分别是开宗明义章、天子章、诸侯章、卿大夫章、士章、庶人章、三才章、孝治章、圣治章、纪孝行章、五刑章、广要道章、广至德章、广扬名章、谏诤章、感应章、事君章和丧亲章。全书以“孝“为中心，集中地阐述了儒家的伦理思想。并且分门别类地对“孝行”进行了诠释和解读，对实行“孝”的要求和方法也做了系统而详细的规定。《孝经》突破了人们对于“孝行”肤浅狭隘的认识，首次将“孝”与“忠”密切联系起来，认为“孝”是“忠”的根基，“忠”是“孝”的发展和扩大。指出“孝”是诸德之本，国君可以用“孝”治理国家，臣民能够用“孝”立身理家。它主张把“孝”贯串于人的一切行为之中，并把“孝”的社会作用和重大意义推而广之，认为“孝悌之至”就能够“无所不通”，进而社会安定，天下太平。

我们今天用历史辩证唯物主义的方法重新审视《孝经》，其思想精华对于我们今天明确自我价值、家庭建设、社会建设和道德传承都有十分重要的意义。我们今天谈的“忠”已经不再是“忠君”的愚忠，而是对祖国的忠诚和热爱。我们可以把“家中尽孝”与“社会尽责”紧密相连，从家到国，从一份心情进而演变成一种德行和责任。我们每个人都有生养自己的父母，与父母组建的家庭又是社会组成的分子，人们对父母的孝行是“善念”和“感恩”情怀的体现。一个人只有在家懂得感恩父母，走出家门才会感恩师长、朋友和社会。也只有常怀感恩之心，才能终有回报之行，用实践去为他人、为社会贡献自己的才干和力量。一股股“孝行”的涓流从四面八方汇聚，终会汇成整个社会和谐美满的乐章。

目录

礼　记

孝　经

礼　记

《曲礼》篇

【题解】

《曲礼》是《礼记》的第一篇，因篇首有“曲礼”二字而命名。《曲礼》共分上下两篇，其中记录的是先秦时期各种礼义制度的言论。《曲礼》内容庞杂，大致包括以下五个方面：阐述“礼”的重要性；记录卿大夫和士日常生活中所遵循的礼仪；记述有关祭祀、丧葬的礼仪；记述君臣之礼；记述天子、诸侯之礼和相关官职制度、称谓。

【原文】

敖①不可长②，欲③不可从④，志⑤不可满⑥，乐⑦不可极⑧。

【注释】

①敖：同“傲”，骄傲。②长：滋长，也可意译为“滋生在外”或“表现在外”。③欲：指欲念。④从：同“纵”，放纵，不加约束。⑤志：“意”也，指人的各种内心感受。⑥满：充满。⑦乐：享乐。⑧极：顶端，制高点。

【译文】

不可以让傲慢滋长，不可以对欲念不加约束，不可以让自己志得意满，不能让自己享乐过了头。

【解析】

在人们意识的自我控制调整上儒家思想强调一个“度”，凡事均有“度”，有“度”则能“自持”。任何好的不好的情绪和意念都要有意识地进行调整，免得在失去控制和任其膨胀的状态下迷失自我，从而失去正确的前进方向。就如选文所说，骄傲是每一个人在收获喜悦和成功时自然产生的愉悦情绪，但如果对骄傲的情绪不加控制，最终变成不谦虚、藐视一切的傲慢，则成了德行上的一种缺失。文中又提到人的内心感受为“志”，人在日常生活中，总会有喜怒哀乐等不同情绪的产生，如果不加调控，任由其中任何一种情绪占满自己的思想意念，那么我们整个人的理智就将失去平衡。对于我们中学生来讲，要从认知上感受和把握“度”的重要性，可以有自豪感但不可自傲；可以有欲望，但欲望要有止境；可以有各种情绪，但不可被情绪左右；有调节自己身心的方式，但方式的选择要适当。我们只有具备较强的自我调节能力，才不至于让我们的行为走向“极端”。

【故事】

大意失荆州

诸葛亮进川的时候，把守卫荆州的重任交给了关羽，并嘱咐他一定要联孙抗曹。可关羽骄傲自满，目中无人，硬是把孙权推到曹操那边去了。

早在刘备自立为汉中王的时候，曹操就派人约会孙权，共同夺取荆州。孙权不仅没有答应，反而愿和关羽结为儿女亲家。关羽听说大怒，对使者说："我的虎女怎么能嫁给那个犬子？"孙权见关羽实在无礼就决定趁关羽和曹军交战的机会，夺回荆州。孙权的大将吕蒙把战士化装成商人的模样，骗过了关羽的江边守军，顺利渡江，趁关羽毫无防备，没伤一兵一卒就占领了荆州。

【写作点拨】

1. 初中生写关于"增强自律"，"加强自我调节"或"自我总结反思"类的文章时引用该句子增强观点说服力。

2. 可以在文章涉及"做人要有原则"时引用此选文丰富文章内容。

3. 可以放在文首作为题记出现，也可以放在文章结尾，起到"卒章显志"的作用。

【原文】

贤者狎①而敬之，畏②而爱之。爱而知其恶③，憎而知其善④。积⑤而能散，安安而能迁⑥。临财毋苟⑦得，临难毋苟免。很⑧毋求胜，分毋求多。疑事毋质⑨，直⑩而勿有。

【注释】

①狎：亲近。②畏：敬畏。③恶：名词。缺点，不好的地方。④善：名词。优点，好的地方。⑤积：聚积。⑥安安：前一"安"是动词，满足；后一个"安"是名词，指感到满足的事物。迁：迁徙，改变。⑦苟：随意、随便。⑧很：本为违逆，可意译为"争斗"。⑨质：责问。⑩直：率直。

【译文】

对于贤者，我们要亲近他而敬重他，敬畏他而又爱戴他。对于自己所爱的人，要能清醒地认识到他的缺点，对于自己厌恶的人，也要能看出他的优点。要能做到积累财富的同时又能分散财富帮助别人。既能对自己所处的现状、所拥有的一切感到满足，但也能适应情况的不同变化随遇而安。遇到财物不随便取得，遇到危难也不随便逃避。争斗时不一定要求得胜利，对于分派的东西也不要有过多索取。自己怀疑的事情，不要立刻责问质疑。能够坦诚直率地说出自己的想法而不有所保留。

【解析】

这一则更多的是告诉人们为人处事的方法和心态：不逃避，不激进，不贪心，不争强好胜，不唯利是图。是在让我们学会用辩证的眼光看待人和事。凡事都是具有“两面性”的，不要因个人的喜好，而失去对人和事公正的评价。日常要用平和的心态来对待世事的变化，平淡冲和。作为一名初中生，我们的人生观和世界观正在逐渐形成，在同老师、同学及朋友的相处中，如果我们能辩证地对待对方的优缺点，将会有利于认清对方的本质，也将更能帮助我们“取长补短”，完善自我。面对学习中的困难，只要我们能够做到不畏惧，不慌乱，就能进行冷静的分析和思考，最终攻克难关，不断向前。总之，要学会掌握处理事情的方法，明白“取舍”、“进退”和“收放”的原则。

【写作点拨】

1.初中生在写关于“正确看待人和事”、“从容面对变化、困境”等主题的文章时，选文中的小句子可作为论点出现，也可作为论据使用。

2.当写上述主题内容时，如果涉猎内容不是同一角度，文中句子可作为文中观点变化的过渡句使用，增强文章文学色彩。比如先写对人的原则，要过渡到写对事的原则，就可以这样使用：如果能“爱而知其恶，憎而知其善”固然很好，但若能做到“积而能散，安安而能迁”则更为难得。

【原文】

凡为人子之礼：冬温而夏清①，昏定②而晨省③，在丑夷④不争。

【注释】

①清：清凉。②定：平安，安稳。③省：看望父母，问候父母。④丑夷：丑，指同辈伴侣，同“俦”；夷，指同类的人们，同“侪”。

【译文】

但凡做子女的都要懂得这样的规矩：寒冬要让父母温暖，盛夏要让父母凉爽；晚上让父母能够安稳地休息，早晨要去看望问候父母；跟同辈的人在一起要和平相处不起争执。

【解析】

孔子曾经说过：“今之孝者，是谓能养。至于犬马皆有所养，不敬，何以别乎？”孔子认为尽孝的关键是在于对父母真正的体谅，考虑父母的感受，注重父母精神上的需求和情感上的慰藉。如果只把尽孝定位在“给吃给喝”上，那么和养牲畜又有什么区别呢？选文是在用具体的“为人子之礼”来指导该如何孝顺父母。以“冬温而夏凊”来引导我们时刻都要关怀双亲；以“昏定而晨省”来提示我们要围绕在父母左右，以便能及时地发现父母的需求和变化；以“在丑夷而不争”来警告我们与同辈人和睦相处，不让父母为我们操劳烦心。现在的中学生大多数都是家里的“独苗苗”，都是在祖辈父辈们无微不至的呵护下成长的，孩子在沐浴春风雨露的幸福时，往往只知道一味享受，而不懂得感恩回报，只要求父母对自己好，而从不考虑要为父母做些什么。在与亲戚朋友中的同龄人相处时，也不懂得谦让宽容，一味只知道满足自己的私心和欲望。天长日久，便形成了自私的特性，从而“忘恩”甚至“负义”。父母是生养我们的亲人，如果一个人都不能爱自己的父母，为长辈尽孝，他还能对谁真心相待呢？所以，是否行“孝”也是我们评价一个人德行优劣的重要标准。

【写作点拨】

1. 学生在写亲情类“感恩行孝”的作文时，可以引用选文来丰富文章内容。

2. 学生在谈“践行”的重要性时，选文可作为“践行”的一个具体实例来说明问题。

3. 学生在谈“明礼、修身”的话题时，选文可以作为话题提出的一个小引子。比如，《礼记》有云：“凡为人子之礼：冬温而夏凊，昏定而晨省，在丑夷不争。”礼为人之根本，明礼是提高自身修养的奠基石。

【原文】

室中不翔①，并坐不横肱②。授立不跪③，授坐不立④。

【注释】

①翔：指放松地随意地走路。②横肱：横着伸开两臂，横着膀子。肱指大臂。③跪：指双膝跪地，身体直立的姿势。④立：站立。

【译文】

在室内时，不要散漫随意地走来走去，和别人坐在一起时，不要横着膀子。拿东西给站着的人，不要屈双膝，拿东西给坐着的人，不要直立。

【解析】

礼仪教育是中国传统教育的重要组成部分，最终的教育目的是使人们在“敬人、自律、适度、真诚”的原则上进行人际交往，告别不文明的言行。中国自古以来在家庭的礼仪教育中就有这样一条：站有站样，坐有坐相。这也是对人们在礼仪上的最基本的要求，是具有良好家庭教育的体现。我们对自身行走姿态和坐姿的约束是对自我形象的看重，同时也是对周围人的尊重。在我们中学的课堂上，老师要求同学坐姿端正。“正身姿”其实就是在正态度，姿势的规矩是为了思维意识的集中。在走廊或者操场行走的时候，学校要求我们不跑跳、不疯闹，这是规范我们在公共场所的行为，是为了营造安静文明的学习环境。在“接人待物”的过程中，要考虑到所处的具体情形。如果拿东西给站立的人，我们身体要是呈弯曲的状态，就会显得我们太卑微，不自信。如果拿东西给坐着的人，我们就不要把自己的身体过于挺直，那样会显得我们特别傲慢，目中无人。只有在具体的行为中表现出不卑不亢，才会让对方觉得我们不但很自重，同时又很尊重其他人。所以我们要注重自己的行为礼仪，无论在学习还是工作中，只有具备良好礼仪修养的人，才能受到别人的喜爱和认可，并且会因为我们“懂礼”而赢得更多的赞誉和机遇。

【写作点拨】

1.写有关“文明礼仪”方面的作文时，可以引用选文句子，丰富文章内容。

2.在谈“个人礼仪修养”和“自尊自重”的话题时，选文可以作为实例出现，增强文章说服力。

3.在谈“家庭教育”和“父母教育”对孩子的影响力时可以引用选文，增强文章文学色彩。

【原文】

博闻强识①而让，敦②善行而不怠③，谓之君子。君子不尽人之欢，不竭④人之忠，以全⑤交也。

【注释】

①识(zhì)：记住。②敦：敦厚。③怠：懈怠。④竭：竭尽。⑤全：保全。

【译文】

纵使见识广博记忆力强也懂得谦虚礼让，能够身体力行地做善事而又不倦怠，这样的人才能称得上君子。作为君子，不去要求别人没有止境地喜欢自己，不去要求别人尽全力维护自己，从而能够和别人保持永久的交情。

【解析】

儒家思想对君子的定义是最为细致全面的。比如：“君子坦荡荡”“君子喻于义”等等。选文又以具体行为为例，从德行的角度指出君子该具备的标准。作为一名中学生，我们在日常的学习和生活中也要按照“君子”之风行事。不要因为自己懂得多、学得快而骄傲自大、忘乎所以，从而目中无人。天长日久，我们的身边将不再会有朋友。因为，没有人会愿意接受一个自我膨胀、藐视他人的人。古语讲“德才兼备”，“德”

是优于“才”之先的。如果我们能够在有才能的同时又具备优秀的“德行”，那么我们将成为不可多得的人才。不要在自己有某些好的行为和意识的时候，只是三分钟热血。平庸的人几乎都是半途而废的，只有持之以恒的人才能取得成功。在与亲人和同学相处的过程中，不要以一己之利为中心期待别人为自己付出全部，而是要尊重他人的想法和感受，学会换位思考。情感的生成是需要沟通和回馈的，长久交情存在的前提是彼此体谅，彼此爱戴，彼此帮助，而不是单独哪一方无休止地付出。

【故事】

谦逊的爱因斯坦

爱因斯坦在世的时候，就已经是一位声誉显赫的物理学家了，他深受人们的敬仰和爱戴。当时在纽约河滨教堂所设的世界最伟大的学者的塑像中，爱因斯坦是惟一活着的人。但他并没有被这样大的荣誉冲昏头脑，始终保持着谦逊的品质。爱因斯坦从不认为自己是一个超人。他曾经说过：“自己所走的道路是前人走过的道路的延伸，科学的新时代是在前人的基础上开辟的，因此我总是抱着敬仰和感激的心情赞赏前人的贡献。”爱因斯坦知道，在科学的道路上有许许多多人在共同奋斗，各人有各人的工作，各人有各人的贡献，因此他非常尊重同行的每一份付出。即使是对自己的下属和学生，爱因斯坦也没有任何傲慢的表现。凡是和他接触过的人，无不为他的和蔼可亲和平等待人而感动。他还总结了这样一个成功公式：a=x+y+z，其中a代表成功，x代表艰苦的劳动，y代表正确的方法，z代表少说空话。他认为自己不是什么天才，只是一个对真理忠实而勤勉的追求者。

【写作点拨】

1. 在写关于“谦虚使人进步”的话题时，可以引用选文来为文章增色。

2. 在写关于“提高自身修养，赢得更多尊重”的话题时，可以引用选文来增强文章说服力。

3. 在写关于“换位思考，付出与回报”之类的话题时，可以引用选文句子作为证明观点的依据。

【原文】

国君去其国，止①之曰：“奈何去社稷也！”大夫曰：“奈何去宗庙也！”士曰：“奈何去坟墓也！”国君死②社稷，大夫死众③，士死制④。

【注释】

①止：劝阻，阻止。②死：为……而死。③众：指本职工作中的军事之事。④制：制

度，命令。

【译文】

当国君将抛弃自己的国家时，要阻止他说："为什么要放弃自己的社稷呢？"如果有大夫要离开国土，要阻止他说："为什么抛弃自己的宗庙呢？"如果有士人要离开故土，要阻止他说："为什么舍弃自己的祖坟呢？"国君应该为自己的国家而死，大夫应为自己的职责而牺牲，士应该为执行君王的命令而死。

【解析】

中国古语有云："在其位，而谋其政。"说的就是人如果处在自己的职责中，不能因个人喜怒得失而丧失责任心，甚至逃避责任。"苟利国家生死以，岂因祸福避趋之。"选文中的国君、大夫、士代表着一个国家各个阶层的人物，不管所处位置高低与否，都应该对自己的本职尽职尽责，到什么时候都不要忘记自己的"根本"。作为新时代的中学生，我们已经没有了封建社会中君臣的概念，我们对祖国的热爱也不是爱哪位领导人，我们爱的是我们的国家我们的民族。我们生活在祖国的怀抱里，要时刻铭记自己的国家，要有不变的民族魂，一个没有爱国信念的人，就如同水中无依的浮萍，没有根基也没有归宿。无论发生怎样的灾难或者是沧桑巨变，都不要背弃自己的国家，背弃自己的职责。当我们发现身边的人有这样的思想和做法的时候，我们要进行劝说和警示，要想尽办法唤醒他们的责任意识，唤起他们的担当和民族责任感。

【故事】

苏武牧羊

公元前一世纪，中原地区的汉朝和西北地区少数民族匈奴政权的关系十分复杂，时好时坏。公元前一百年，匈奴政权新单于即位，汉朝皇帝为了表示友好，派遣苏武率领一百多人，带了许多财物，出使匈奴。不料，就在苏武完成了出使任务，准备返回自己的国家时，匈奴上层统治者内部发生了内乱，苏武一行受到牵连，被扣留下来，并被要求背叛汉朝，臣服单于。最初，单于派人向苏武游说，许他以丰厚的俸禄和高官，苏武严词拒绝了。匈奴见劝说没有用，就决定用酷行。当时正值严冬，天上下着鹅毛大雪，单于命人把苏武关入一个露天的大地窖，断绝了粮食和水，以为这样可以改变苏武的信念。时间一天天过去，苏武在地窖里受尽了折磨。渴了，他就吃一把雪，饿了，就嚼身上穿的羊皮袄。过了好几天，单于见濒临死亡的苏武仍然没有屈服的表示，只好把苏武放出来了。单于知道无论来软的，还是用硬的，劝说苏武投降都没有希望，便越发敬重苏武的气节，不忍心杀苏武。但单于又不想让他返回自己的国家，于是决定把苏武流放到西伯利亚的贝加尔湖一带，让他去那样的恶劣环境里牧羊。临行前，单于召见苏武说："既然你不投降，那我就让你去放羊，什么时候公羊生了羊羔，我就让你回到中原去。"苏武在与他的同伴分开后，就被流放到了人迹罕至的贝加尔湖边。在这里，单凭个人的能力是无论如何也逃脱不掉的。唯一与苏武做伴的，就是那根能代表汉朝的使节棒和一小群羊。苏武每天拿着这根使节棒放羊，心想总有一天能够回到自己的国家。这样日复一日，年复一年，使节棒上面的装饰都磨光了，苏武的头发和胡须也都变白了。在贝加尔湖，苏武牧羊达十九年之久。十几年来，当初下命令囚禁他的匈奴单于已经去世，就是在汉朝，当初派遣苏武出使的老皇帝也死了，新皇帝已继任皇位。这时候，新单于执行与汉朝通好的政策，汉朝皇帝立即派使臣把苏武接回自己的国家。苏武回到汉朝，受到了全城的热烈欢迎，从朝廷官员到平民百姓，都向这位富有民族气节的英雄表达深深的敬意。

两千多年过去了，苏武崇高的气节已成为中国人伦理人格的榜样，成为一种民族精神的图腾。

【写作点拨】

1. 在写"爱国"或者"民族魂"等题材的作文时，可以引用选文为文章增色。

2. 在写有关"责任心"的话题时，可以引用选文的前半部分作为反面材料，引用选文的后半部分作为正面材料使用。

3. 在写有关"个人修养德行"的文章时，可以引用选文来为丰富文章内容。

《檀弓》篇

【题解】

《檀弓》篇因篇首有"檀弓免焉"的句子而得名。篇章虽记述的是处理丧事的一些礼仪和规矩，但其中也不乏一些精彩生动的小故事。

【原文】

丧事欲其纵纵[①]尔，吉事欲其折折[②]尔。故丧事虽遽[③]不陵节[④]，吉事虽止不怠[⑤]。故骚骚[⑥]尔则野[⑦]，鼎鼎[⑧]尔则小人，君子盖犹犹[⑨]尔。

【注释】

①纵纵：音总，急遽仓促的样子。②折折：舒缓安闲的样子。③遽：急促。④陵节：指超越礼仪制度之范围。⑤怠：懈怠、倦怠。⑥骚骚：急切的样子。⑦野：粗野，不合礼仪

规范。⑧鼎鼎：指极度放松、舒缓。⑨犹犹：指快慢适中。

【译文】

在办丧事时，一定要有急迫的样子；办吉事时，一定要有从容的态度。但丧事虽然要急急地办，却不可以不符合礼仪制度而隔越步骤；吉事虽然可以放缓节奏，但也不可以懈怠。因此，如果操之过急，就显得十分粗野；如果处理得过于缓慢，就像是无知的小人。君子办事总是快慢适中。

【解析】

选文主要谈的是该以怎样的态度和节奏去办丧事和吉事。在古代，丧事和吉事是如何处理的，足可以见证一个人乃至一个家族遵守礼仪的文明程度。处理不好或者不恰当，会被旁人议论和耻笑。但我们读这一选文，更多的启示是来源于最后一句。选文最后一句用总结概括性的语言指出：君子办事总是快慢适中的。我们可以从办丧事和吉事的具体行为中脱离出来，引申为处理一切事物的基本原则：无论对待什么事情，再着急办，也要一步步来解决，不能乱了步调，从而丢三落四，或者本末倒置。古语讲：欲速则不达。因为求“速”的同时，必然是过程仓促而结果粗糙的，也一定没有质量和效果，整个人会显得特别忙乱无章而失风度。还有一些事，纵使不着急去办，但在处理的过程中也不要有散漫的态度。过于懒散和懈怠会让人觉得做事没有计划和效率，认为做事的人太过于拖沓并且没有责任心和使命感。所谓“君子办事总是快慢适中”是说君子的内心是平静的，君子的头脑里是有清醒的规划和步骤的，君子在思想认知上是懂“礼”的，君子的举止和行为是沉稳而有序的。君子处事快慢适中是君子风度的体现。

【写作点拨】

学生可以在写关于“处理事物要有章法步骤”或者“无论面临怎样的情形都要冷静，不慌乱，保持风度”等类的文章时引用选文，为文章增添文采，增强说服力。

【原文】

孔子过泰山侧。有妇人哭于墓者而哀，夫子式①而听之。使②子路问之曰：子之哭也，壹似③重有忧者。而曰：然。昔者吾舅④死于虎，吾夫又死焉，今吾子又死焉。夫子曰：何为不去⑤也？曰：无苛政⑥。夫子曰：小子⑦识⑧之，苛政猛于虎也。

【注释】

①式：同“轼”，车前横木，这里指凭靠着轼。②使：让。③壹似：很像。④舅：指公爹。⑤去：离开。⑥苛政：指繁重的徭役和赋税。⑦小子：长辈对晚辈的称呼。⑧识：记住。

【译文】

孔子从泰山旁边路过，看见一个妇人在墓前哭得很伤心，就停下了车，俯身凭轼专注地倾听。然后让子路去问那位妇人：听您的哭声，好像接二连三遭到不幸似的。妇人住了哭声回答道：不错。过去我的公爹被老虎咬死了，接着我的丈夫又被老虎咬死了，最近我的儿子也被老虎咬死了。夫子问道：那么为什么不离开这里呢？妇人答道：因为此地没有繁重的徭役和赋税。夫子对学生们说：你们要记住，繁重的徭役和赋税，比老虎还要厉害啊！

【解析】

对于初中生来讲，这一选段内容应该是非常熟悉的。这个情节反映出了当时社会繁重的徭役和赋税带给百姓的惨痛伤害。百姓宁可冒着被老虎咬死的危险，也不愿意生活在有苛政的社会。就连随时可能丧命的处境，都要好于繁重的苛政带给人们痛苦。可见当时的统治阶级在维护自身统治时是多么的惨无人道。但本选段内涵丰富，值得我们仔细品析。选文除了揭示了黑暗的社会现实，还让我们在这样一个情境里看到一个忧思为民、体恤民情、真诚善良的孔夫子形象。对于我们现代的中学生来说，那个惨绝人寰的时代早已经淡出历史的帷帐，如今的我们共同生活在平等祥和的现代社会。我们应该感谢时光的进程把我们推送进这文明和平的世界，我们应该感恩于这平安宁静的生活。没有战乱，没有纷争，没有剥削，没有压迫。在这样幸福的世界里，我们要更加积极乐观地去生活，去探索和发现世界的美妙，去体味和享受人生的美好。

【故事】

捕蛇者说

永州的野外出产一种奇特的蛇，它有着黑色的底子白色的花纹。如果这种蛇碰到草木，草木全都干枯而死。如果蛇用牙齿咬人，没有能够抵挡蛇毒的方法。然而捉到后晾干把它用来作成药饵，可以用来治愈大风、挛踠、瘘、疠，去除死肉，杀死人体内的寄生虫。起初，太医用皇帝的命令征集这种蛇，每年征收这种蛇两次，招募能够捕捉这种蛇的人，充抵他的赋税。永州的人都争着去做捕蛇这件事。

有个姓蒋的人家，享有这种捕蛇而不纳税的好处已经三代了。我问他，他却说："我的祖父死在捕蛇这件差事上，我父亲也死在这件事情上。现在我继承祖业干这差事也已十二年了，险些丧命也有好几次了。"他说这番话时，脸上好像很忧伤的样子。

我很同情他，并且说："你怨恨这差事吗？我打算告诉管理政事的地方官，让他更换你的差事，恢复你的赋税，你觉得怎么样？”

蒋氏听了，更加悲伤。满眼含泪地说：“你要哀怜我，使我活下去吗？然而我干这差事的不幸，还比不上恢复我缴纳赋税的不幸那么厉害呀。假使从前我不当这个差，那我早已困苦不堪了。自从我家三代住到这个地方，累积到现在，已经六十年了，可乡邻们的生活一天天地窘迫，把他们土地上生产出来的都拿去，把他们家里的收入也尽数拿去交租税仍不够，只得号啕痛哭辗转逃亡，又饥又渴倒在地上。一路上或是顶着狂风暴雨，或是冒着严寒酷暑，或是呼吸着带毒的疫气，一个接一个死去，处处死人互相压着。从前和我祖父同住在这里的，现在十户当中剩不下一户了；和我父亲住在一起的人家，现在十户当中只有不到两三户了；和我一起住了十二年的人家，现在十户当中只有不到四五户了。那些人家不是死了就是迁走了。可是我却由于捕蛇这个差事才活了下来。凶暴的官吏来到我乡，到处吵嚷叫嚣，到处骚扰，那种喧闹叫嚷着惊扰乡民的气势，不要说人，即使鸡狗也不能够安宁啊！我就小心翼翼地起来，看看我的瓦罐，我的蛇还在，就放心地躺下了。我小心地喂养蛇，到规定的日子把它献上去。回家后有滋有味地吃着田地里出产的东西，来度过我的余年。估计一年当中冒死的情况只是两次，其余时间我都可以快快乐乐地过日子。哪像我的乡邻们那样天天都有死亡的威胁呢！现在我即使死在这差事上，与我的乡邻相比，我已经死在他们后面了，又怎么敢怨恨捕蛇这件事呢？”

我听了蒋氏的诉说越听越悲伤。孔子说：“苛酷的统治比老虎还要凶暴啊！”我曾经怀疑过这句话，现在根据蒋氏的遭遇来看这句话，还真是可信的。唉！谁知道苛捐杂税的毒害比这种毒蛇的毒害更厉害呢！所以我写了这篇“说”，以期待那些朝廷派出的用来考察民情的人能够看到它。

【写作点拨】

1.学生在体现“古代赋税徭役严重”或者“百姓生活苦难时”可以引用选文故事说明问题。

2.学生在写“孔子”这个人物时可以引用选文体现人物性格特点。

3.学生在写“热爱生活”或者“今天生活美好”等类似话题时，可以引用选文作为反面材料增强说服力。

【原文】

齐大饥，黔敖为食于路，以待饿者而食[①]之。有饿者蒙袂辑屦[②]，贸贸然[③]来。黔敖左奉[④]食，右执[⑤]饮，曰：“嗟[⑥]！来食。”扬其目而视之，曰：“予唯不食

嗟来之食，以至于斯也。"从而谢[7]焉，终不食而死。曾子闻之曰："微与？其嗟也可去，其谢也可食。"

【注释】

①食：同"饲"，给……吃。②蒙袂辑屦：袂，衣袖。辑，本义指连缀，这里指趿拉。屦，用麻或葛等物制成的鞋。③贸贸然：指饿得昏昏沉沉的样子。④奉：通"捧"。⑤执：拿。⑥嗟：叹词，表示命令、呼唤。⑦谢：认错，道歉。

【译文】

齐国发生了严重的饥荒，黔敖在路边摆放了食物，用来等待饥饿的人前来吃。有一个饥民用袖子蒙着头，趿拉着鞋，饿得昏昏沉沉地走过来。黔敖左手端着饭，右手端着汤，用命令的口气喊道："喂！吃吧！"那个饥民抬起眼睛望着他，说："我正是由于不吃这种带有侮辱施舍的食物，才落到这步田地的。"黔敖听了连忙表示歉意，但那饥民还是坚持不吃，最终饿死了。曾子听说了这件事，说："这恐怕不大对吧？人家没有好声好气地叫你吃，你当然可以拒绝；但是人家既然道了歉，也就可以吃了。"

【解析】

这则小故事对于初中生来说也并不陌生。选文中的"饥者"形象十分生动，根植于我们的内心，让我们久久不能忘怀。我们之所以会对这一人物形象挥之不去，最关键的就是他骨子里透出的一种"精神"。饥者饥饿的原因不是因为他好吃懒惰不能自立生存，而是因为"齐大饥"，所以饥者自身是没有性格和行为的劣根性的。在这种情况之下，黔敖带有侮辱性的施舍让对方无法接受，饥者觉得自己在如此落魄的境地之下，人格受到了践踏，这是一个有骨气和自尊的人无论如何都不能接受的。所以，饥者宁愿饿死也不接受。我们对于这种重视自身品格和有自己生存原则的人心生敬佩之情。回过头来，我们再来看看黔敖这个人。黔敖是善良的，有好心又有爱心，并能付诸实际行动。但黔敖在做好事的时候，没有考虑给予的方式是否妥当，忽略了对方的感受，从而没有达到他自己预期想要的效果。但等了解到对方的情况之后，黔敖又能马上认识到自己的错误并且向饥者致歉，这些都表现出了黔敖的优秀品质。可在这种情况之下，饥者仍不接受道歉，宁愿自己饿死。曾子觉得饥者有些偏执而不合乎情理了。

尊严对于人来说，固然重要，但生命的价值同样重要。我们可以为尊严而放弃生命，但要考虑放弃的是否值得，是否有意义。抗日战争时期，我们的许多战士为了保护战友，保护党组织，不会接受日本人给的任何利益和诱惑，他们不会因为一些"施舍"而放弃自己的民族尊严，也不会出卖自己的同胞，他们的死就是有价值和意义的。而文中的饥者，只因为好心的黔敖一些不恰当的行为就放弃接受帮助，并且在黔敖致歉的情况下还固执地放弃自己的生命，这就显得特别轻薄和无知了。饥者不知，只有生命存在，尊严才有存在的价值。饥者的行为是对生命的藐视，是做出的无谓牺牲，这样是不应该的。

我们初中生所处的年龄阶段，正是人生观和世界观形成的关键时期，我们会在许多正能量的感召下，逐步地走向光明。但无论面对任何人和事，一定要学会用辩证的眼光去看待和分析问题。无论对待什么问题，都要能够分清主次，看出轻重，明确自己的行为是否有价值和意义。更不能冲动，鼠目寸光地片面考虑问题。

【故事】

韩信受辱

韩信是我国西汉时期的一位大将军，西汉的开国功臣。在韩信很小的时候，他父母就双亡了，由于家境十分贫寒，父母只留了一把祖传的宝剑给他。即使日子过得再辛苦，他都舍不得卖掉那把宝剑。有空他就会拿着剑练习，盼望着有朝一日能够出人头地。韩信又穷又不懂得经商，也不会种田，所以他在乡下无法生存，于是他打点行装上路到城里去混饭吃了。

韩信到了城里的日子依旧贫困，经常忍饥挨饿，所以他只好到淮阴河边钓鱼，用鱼去换米来维持生活。有个经常去淮阴河边洗衣服的老太太看韩信面黄肌瘦，就要他去自己家里吃饭，一连吃了十几天。韩信非常感激老太太，他对老太太说将来有出息了一定会报答她。可老太太却不以为然，觉得自己帮他不是图回报，是因为可怜他不能养活自己才给他饭吃的。韩信听了之后非常惭愧，立志要做一番大事业，不辜负老太太的一番心意，老太太知道了很高兴。

淮阴城里的年轻人不把瘦小的韩信放在眼里，常常当众羞辱他，韩信从来不跟他们计较。有一次韩信钓了几条鱼刚进城，就被一些年轻人围住，为首的那个屠夫讽刺韩信经常拿着剑像武夫的样子，可是却胆小如鼠，韩信听后没有吭声。但是那个屠夫还是不肯放过他，说韩信要是个英雄就用剑刺他，要不是就从他胯下钻过去。韩信刚拔出剑想刺过去，可是想着杀人要偿命，为了这样一个人毁了自己不值得，于是就忍辱从那个屠夫的裤裆下钻了过去，大伙看着都嘲笑他，他轻蔑地看了他们一眼就大步走开了。

后来，韩信参加了农民起义军，屡建战功，被刘邦拜为大将军。韩信后来又率军击败了项羽，为汉朝的统一立下了汗马功劳。汉朝统一后，韩信被封为楚王。韩信被封为楚王后，回到家乡淮阴，当年那个欺负他的屠夫听说他要回来了，非常害怕韩信会找他报仇，他为当年羞辱韩信的事情感到很后悔，不知道怎么办才好。韩信回乡的第一件事就是派人找到曾经帮助他的老太太，送给他千两黄金表示感谢。然后又派人找到那个屠夫封他为中尉，负责缉拿盗贼，并且还把屠夫介绍给他的部下。韩信认为当年屠夫的行为并无恶意，反而激励了自己的意志，忍辱负重才有今天。屠夫听了后羞愧万分低下头，韩信的手下将士听了都十分钦佩他的大人大量。

【写作点拨】

1. 学生在写关于“辩证地看待问题”的时候可以引用选文作为论证材料，并可以通过对曾子的话进行评析来证明论点。

2. 学生在写关于“尊重生命，爱戴生命”的话题时可以引选文作为反面材料。

3. 学生在写关于“用最佳的方式处理问题”或者“尊重他人感受”的时候可以以黔敖为主角叙述故事，作为证明论点的材料。

《王制》篇

【题解】

《王制》篇因篇首“王者之制禄爵”而得名。主要记录国家行政区域的划分、官爵的封定和有关君主祭祀丧葬礼仪的规定。

【原文】

凡官①民材，必先论②之。论辨然后使之，任事然后爵③之，位定然后禄④之。爵人于朝，与士共之。刑⑤人于市，与众弃之。是故公家不畜⑥刑人，大夫弗养，士遇之涂⑦弗与言也。屏⑧之四方，唯其所之，不及以政，亦弗故生也。

【注释】

①官：任用……做官。②论：指论证，考察。③爵：给……封爵。④禄：给……俸禄。⑤刑：指处罚、处决。⑥畜：容纳、收容，这里指任用。⑦涂：通“途”。⑧屏：摒弃，排除。

【译文】

凡是从平民中选拔有才能的人做官，一定要先考察他的德行。考察辨别之后才可以进行试用。如果能胜任自己的工作，再授给他爵位。爵位定了之后就可以给予一定的俸禄。在朝廷上给某人定爵位时，也要让士一起参加，以确保公正无私。在闹市上处决犯人，是为了让众人都看处决的过程，让众人都厌弃他，以示大快人心。所以朝廷不会任用犯过罪受过刑罚的人，大夫们也不会收留这种人，士和这种人在路途上相遇也不与他说话。把他们摒弃到四方边远地区，不管他们走到哪里，国家既不按政策征他们赋税徭役，也不分给他们赖以生存的田地，就是表明他们没必要活在世上了。

【解析】

古代用人制度中的许多内容直到今天仍被我们直接或变相地沿用，几千年后仍然影响着我们选拔人才的方式。选文中提到了选拔人才必先考察“德行”，这是对“德”的看重。一个人如果没有优秀的品德，纵使才华横溢，也将一无是处。我们自古就有“德才兼备”的说法，“德”永远都是排在“才”之先。一个丧失德行的人会让自己的智慧步入歧途，最终毁了自己，良好的品德是才华得以彰显的必要保障。对于一些触犯刑法受到处分的人，国家以“不任用”、“不信任”等失去权利和义务等方式对待，相当于我们今天社会对待“失去信用”的人的处理方式。如果一个人生活中失去了与他人的沟通，也失去了归宿，那么这对一个人来说，远比剥夺自由和生命更为可怕。这既是对犯罪人的一种惩罚，也是对其他人的警戒。对于我们中学生来说，在自己成长的过程中，不能只是单一地注重知识的增长和技能的培养，还要十分关注自己的品行和修养。孔子曾经说过：德不孤，必有邻。一个人要想立足社会，人品最重要。

【故事】

两个神童

北宋景德年间，两名才华超群的神童被地方官同时推荐给了朝廷。他俩一个叫晏殊，另一个叫作蔡伯俙。真宗皇帝听说国家出了这样奇异的人才，非常高兴，亲自召见神童，出题考试他俩的才学。若论才学，蔡伯俙与晏殊不相上下；若论品德，却大不一样。蔡伯俙有心要压倒晏殊，一看试题出得容易，立刻眉飞色舞地挥笔疾书。而晏殊见到这个试题恰是自己十天前在家里曾经做过的，就老老实实地对皇帝讲了，并请求另出一个更难的题目。这样一来，蔡伯俙抢先交了头卷。他暗暗笑话晏殊是一个小傻瓜。

真宗皇帝对晏殊、蔡伯俙的答卷都很满意，便破例赐给他俩官职，留在朝廷里伴同皇太子读书。皇太子年纪也很小，性好嬉玩，不愿读书。晏殊总是苦口婆心地规劝他，惹得皇太子有些生厌。而蔡伯俙小小年纪就学会了迎合，处处讨皇太子的欢心。宫里的门槛很高，皇太子跨不过去，蔡伯俙就趴在地上，用脊背给他垫脚。有一次，真宗皇帝要检查皇太子的学业，皇太子做不出文章，要晏殊代做一篇。晏殊认为这是弄虚作假，高低不答应。蔡伯俙却谄媚地赶写了一篇文章，送给皇太子一字不漏地照抄。真宗皇帝发现文章不像皇太子做的，追问下来，晏殊如实禀告了。这下子更得罪了皇太子，他恶狠狠地指着晏殊的鼻子骂道："我将来当了皇帝，要杀你的头！"晏殊毫无惧色地回答："就是杀我的头，我也不说假话，不做假事。"

后来，皇太子长大了。真宗皇帝死后由他继位当了皇帝，是为仁宗。蔡伯俙自以为和仁宗皇帝关系不错，这下一定要做大官了，谁知仁宗皇帝却任命晏殊为宰相。蔡伯俙很不服气，去问仁宗皇帝。仁宗说："当时我年幼不懂事，现在知道应该怎样来识别真正的人才。不错，你和晏殊都颇有才华，可是你为人不诚实，欠正派，让人放心不下。宰相身负国家重任，应该由晏殊这种德才兼备的人来担任。"

【写作点拨】

1. 学生在论述"德"与"才"之间的问题时，可以引用选文作为论证依据。

2. 学生在论述"德行"带给一个人的影响时，可以引用选文前半部分作为正面材料，可以引用选文后半部分作为反面材料。

《月令》篇

【题解】

《月令》是战国阴阳家的一篇重要著作。吕不韦编《吕氏春秋》时，将全文收录，作为全书之纲。汉初儒家又将其收入《礼记》中，其后遂成为儒家经典。

《月令》把世界描绘为一个多层次的结构。其中，太阳最高，具有决定的意义。根据太阳位置的变化形成了四时，每时又分为三个月。四时各有不同的气候特征，每个月又有各自不同的征候，每个月各有相应的祭祀规定的礼制。在作者看来，人，包括帝王在内，不能是绝对自由的，人的自由首先表现在遵循自然上。政令的颁布和实施要以生产规律为依据，应有益于生产的发展和正常的进行，不能站在它的对立面破坏它。

【原文】

是月①也，命司空曰："时雨将降，下水上腾。循行②国邑，周视原野，修利堤防，道达沟渎③，开通道路，毋有障塞。"

【注释】

①是月：依据前文，指季春三月。②循行：指巡视。③道：通"导"，疏导。渎：指沟渠。

【译文】

这个月，天子要命令司空之官说："雨季就快要来临，地下的水开始往地上涌。赶快巡视各地，看看原野的形势，要修整堤防，防止洪涝。阻塞的沟渠要立即疏导，并开通道路，使路路相通，没有障碍。"

【解析】

古人依据以往的生产经验和规律，在每一个时令到来之前都有很周密详尽的生产生活计划，并能按此指导，进行实际劳作行动，从而达到遵循自然、利用自然和开展生产的目的。比如选文中提到，在季春三月雨季到来之前，政府一定先要未雨绸缪，把安全防范工作做在先，提早进行视察和解决出现的问题，以确保接下来生产生活的顺利进行。在自然科学不够发达的古代，我国劳动人民能够根据积累下来的生产经验总结出指导生产的一系列方式方法，不得不让我们钦佩古代劳动者的智慧。读过这则小选文，我们中学生也要懂得"防患于未然"的道理。在事情没有发生之前就要保持敏感和警惕，不能疏忽大意，避免可能会产生祸患，降低损失和伤害。要时刻意识到安全和平稳是一切生产生活的前提。

【故事】

扁鹊三兄弟

魏文王曾经问名医扁鹊说："你们家兄弟三人，都精于医术，到底哪一位最好呢？"扁鹊答说："长兄最好，中兄次之，我最差。"文王再问："那么为什么你最出名呢？"扁鹊答说："我长兄治病，是治病于病情发作之前。由于一般人不知道他事先能铲除病因，所以他的名气无法传出去，只有我们家的人才知道。我中兄治病，是治病于病情初起之时。一般人以为他只能治轻微的小病，所以他的名气只及于本乡里。而我扁鹊治病，是治病于病情严重之时。一般人都看到我在经脉上穿针管来放血、在皮肤上敷药等大手术，所以以为我的医术高明，名气因此响遍全国。"文王说："你说得好极了。事后控制不如事中控制，事中控制不如事前控制。真正的医圣，总是在病情出现之前就把它消灭于萌芽之中。"

【写作点拨】

1.学生在谈论"未雨绸缪"、"安全生产"等话题时可以引用选文作为证明材料，增强文章的说服力。

2.学生在写关于"古代劳动人民智慧"类似话题的时候，可以引用选文证明观点，增强文章说服力。

【原文】

是月也，霜始降，则百工休[①]。乃命有司曰：“寒气总[②]至，民力不堪[③]，其皆入室。”

【注释】

①休：休息。②总：聚集、聚合。③堪：承受。

【译文】

这个月，开始大面积霜降，要让百工休整停止工作。天子要命令主管官吏说：“寒气来袭，民众体力不能承受，就让他们都回到家里去休养生息。”

【解析】

古人在生产劳动中最重视顺应自然规律。他们认为，只有顺应自然，符合自然一切生息规律，才能更好地生产和造福人类。这种对自然的敬畏之情是我们现代文明人所严重欠缺的。古人保护自然发展生产的意识要比今人还要强烈。选文提到天气寒冷，人的体力就会不能承受。体力不处于最佳状态，势必会影响生产的进行。古人对人体力变化的关注也是对人性的关注，同时也是对自然规律的遵循和认可。人乃生产之本，当人的创造力和劳动力疲怠的时候，就要停止劳作而进行调整，达到最佳状态时再进行生产，以保存劳动者实力和提高生产效率。这种对劳动者的保护意识，就连今天的人们也是很少有的。富士康公司高强度劳作和军事化管理方式，就让很多工人精神崩溃，有严重的身体和心理疾病。初中生未来将是建设国家，发展文明的主力军。从现在起，就要有强烈的环保意识和长远的发展目光，要懂得尊重自然规律，懂得爱护生命。日常里学会劳逸结合，调养生息，让自己的生命体征处于平衡饱满的状态，才能更好地学习和生活。

【故事】

大禹治水

尧在位的时候，黄河流域发生了很大的水灾，庄稼被淹了，房子被毁了，老百姓只好都往高处搬家。不少地方还有毒蛇猛兽，伤害人和牲口，使人们过不了日子。 尧召开部落联盟会议，商量治水的问题。他征求四方部落首领的意见，派谁去治理洪水呢？首领们都推荐鲧。尧对鲧不大信任。首领们说：“现在没有比鲧更强的人才啦，你让他试一下吧！”尧勉强同意。鲧花了九年时间治水，没有把洪水制服。因为他只懂得水来土掩，造堤筑坝，结果洪水冲塌了堤坝，水灾反而闹得更凶了。

舜接替尧当部落联盟首领以后，亲自到治水的地方去考察。他发现鲧办事不力，就把鲧杀了，又让鲧的儿子禹去治水。禹改变了他父亲的做法，用开渠排水、疏通河道的办法，把洪水引到了大海中去。他和老百姓一起劳动，戴着笠帽，拿着锹子，带头挖土、挑土，累得磨光了小腿上的毛。经过十三年的努力，终于把洪水引到了大海里去，地面上又可以供人种庄稼了。禹新婚不久，为了治水，到处奔波，三次经过自己的家门，都没有进去。有一次，刚好他妻子涂山氏生下了儿子启，婴儿正在哇哇地哭，禹在门外经过，听见哭声，也忍着没进去探望。

当时，黄河中游有一座大山，叫龙门山，它堵塞了河水的去路，把河水挤得十分狭窄。奔腾东下的河水受到龙门山的阻挡，常常溢出河道，闹起水灾来。禹到了那里，观察好地形，带领人们开凿龙门，把这座大山凿开了一个大口子。这样，河水就畅通无阻了。

后代的人都称赞禹治水的功绩，尊称他为大禹。

【写作点拨】

1. 学生在谈关于“尊重劳动者”或者“关注人性”等话题时候可以引用选文证明观点。

2. 学生在谈关于“古代生产生活规律”时候可以引用选文，丰富文章内容。

《文王世子》篇

【题解】

《文王世子》篇因篇首“文王之为世子”而得名。主要记述文王世子的一些品格、孝行以及天子家庭内部成员各自管理的职责。

【原文】

文王之为世子，朝于王季①日三。鸡初鸣而衣②服，至于寝门外，问内竖③之御④者曰：“今日安否？何如？”内竖曰：“安。”文王乃喜。及日中又至，亦如之，及莫⑤又至，亦如之。其有不安节，则内竖以告文王，文王色忧，行不能正履⑥。王季复膳，然后亦复初。食上，必在视寒暖之节，食下，问所膳。武王帅⑦而行之，不敢有加焉。文王有疾，武王不说冠带而养。文王一饭，亦一饭，文王再饭，亦再饭，旬有二日⑧乃间⑨。

【注释】

①王季：指周王名字叫季。②衣：动词，穿。③内竖：内指屋里。竖：指仆人。内竖指在内室里服侍的仆人。④御：侍奉。⑤莫：音“暮”，日落之时，傍晚。⑥履：本义指鞋，这

里是动词，走路的意思。⑦帅：遵循。⑧旬有二日：一旬是十天，这里指十二天。也可以理解为虚指过了一段时间。⑨间：病愈。

【译文】

文王当太子的时候，每天三次到他父亲季那里去请安。第一次是早晨去，鸡叫头遍就穿好了衣服，来到父王的寝门外，问值班的内竖："今天父王的一切都平安吧？"内竖回答："一切平安。"听到的是这样的回答之后，文王就会满脸喜色。第二次是中午，第三次是傍晚，请安的礼节都和第一次一样。如果季身体欠安，内竖就会向文王禀告，文王听说之后，就会满面忧色，神情恍惚，甚至连走路都不能正常迈步。等到季的饮食能恢复如初，文王的神态才能恢复正常。每顿饭端上来的时候，文王一定要亲自察尝饭菜的冷热；每顿饭撤下去的时候，文王一定要问父亲吃了多少。武王做太子时，就以文王做太子时的行为为榜样，遵循文王的做法，不敢有一点走样。文王如果有病，武王就衣不解带地昼夜侍养。文王吃饭少，武王也就吃饭少；文王吃饭增多，武王也就随着增多。如此这般的十二天以后，文王的病也就好了。

【解析】

古人重孝是感念父母双亲的生养之恩，因此古人特别注重对"孝"的传承和发扬。俗语里"一辈留一辈"的说法，指的就是好的品质和德行会因为"上行下效"而一辈辈地流传下去。我们今天也说"父母是孩子最好的老师"，家庭教育的影响将会决定孩子的一生。武王对文王的行为耳濡目染并内化于心，所以日后在孝顺父母的时候不自觉地就会按照文王的标准来践行。这种身体力行的教育作用要远远大于言语上的说教。所以做父母的一定要规矩自己的言行，树立自己的良好品德，以便能在日常生活中以身作则，言传身教。我们做子女的更应该在言谈举止和接人待物中多观察，多体会，学习并继承长辈的优良作风。这一选段还从另一个角度教育我们为人子女，不是有了孝顺的心就代表已经尽到孝心。所谓行孝，就是要把孝心转化为细小的实际行动中去。

【写作点拨】

1. 学生在写关于"家庭教育及作用时"可以引用选文作为例子来丰富文章内容。

2. 学生在谈论"孝"的话题时，可以引用选文增强文章感染力。

《礼运》篇

【题解】

《礼运》主要记载了关于古代社会政治风俗的演变，礼的起源以及礼与社会生活的关系等内容，表达了儒家对礼的看法。

【原文】

昔者仲尼与于蜡①宾，事毕，出游于观②之上，喟然③而叹。仲尼之叹，盖叹鲁也。言偃④在侧曰："君子何叹？"孔子曰："大道⑤之行也，与三代之英⑥，丘未之逮⑦也，而有志⑧焉。"

【注释】

①蜡：音"炸"，一种祭祀活动。②观：宗庙两侧的小楼。③喟然：感叹的样子。④言偃：孔子的弟子。⑤大道：指太平盛世时的社会准则。⑥三代之英：指夏商周三朝的英明君主。⑦逮：及，赶得上。⑧志：心意、志向，这里指心里向往。

【译文】

从前，孔子参加完鲁国的蜡祭。结束后，他登临宗庙门外的楼台上游览，不禁慨叹鲁国的现状。言偃在他身边问道"老师为什么叹息？"孔子回答说："大道实行的时代，以及夏、商、周三代英明君王当政的时代，我孔丘都没有赶上，我对它们心向往之。"

【解析】

孔子生在一个礼崩乐坏的社会当中，他是一个心性高洁，志向幽远，内心丰富，情怀敏感的人，往往能在亲身经历的一点一滴的体悟中生发出旷古的动人感叹。作为"礼"的积极拥护者和捍卫者，孔子无时无刻地不在为"礼"的缺失而忧思。孔子认为，"礼"作为社会一切活动的"准则"是一个国家和民族能够顺利运转和前进的保障，失了"礼"，百姓将失去行为的方向，国家迟早会分崩离析，实力会逐渐消亡殆尽。我们不知道选文中所提到的"大道之行也，与三代之英"那个时期，是不是真如孔子所讲的那样因重"礼"而和谐完美，但孔子当时所处的鲁国却真的因为缺失了"礼"而混乱不堪。孔子因此无比忧虑。

今天的我们虽然完全没有必要"看《三国》流眼泪"去为古人担忧，我们可以不去遵循繁文缛节的周"礼"，但我们必须遵循今天社会的一切社会行为规范。"规范"是人们行为的准则和底线，遵守规范，可以维护安定和平的社会秩序；破坏规范，也同样会让社会处于毫无章法、一片混乱的境地。我们初中生最需要遵守的就是“中学生日常行为规范”，用“规范”来约束自己的言行，让“规范”给自己明确前进的方向。“没有规矩，不成方圆”说的也是“规范”的重要作用和意义。

【原文】

大道之行也，天下为公。选贤与[1]能，讲信修睦。故[2]人不独亲[3]其亲，不独子[4]其子，使老有所终，壮有所用，幼有所长，矜[5]寡孤独废疾者皆有所养。男有分[6]，女有归[7]。货恶其弃于地也，不必藏于己；力恶其不出于身也，不必为己。是故谋[8]闭而不兴，盗窃乱贼而不作，故外户而不闭。是谓大同。

【注释】

①与：通“举”，推举、选用。②故：因此。③亲：动词，指赡养。④子：动词，指养育。⑤矜：通“鳏”，指年老无妻的人。⑥分：职分。⑦归：指女子出嫁。⑧谋：阴谋。

【译文】

在大道实行的时代，天下是天下人所共有。选举贤德有才能的人来为大家办事，每个人都讲究诚信，维护和睦的关系。因此人们不只是赡养自己的父母，不只是抚育自己的子女。使得老年人都能够安享天年，壮年人有贡献能力的地方，使年幼的人能得到良好的教育，增长知识，使老而无妻的人、老而无夫的人、幼而无父的人、老而无子的人、残疾人都能得到供养。男子要有职业，女子能及时婚配。是因为憎恶把财货扔在地上的行为才要去收藏它，却不是为了自己独自占有。是憎恶在共同劳动中不肯尽力的行为，总要不为私利而劳作。因此，就不会有人搞阴谋诡计，就不会有人盗窃和作乱。所以家家户户在家里没人的时候都不用关大门，这就叫作“大同”社会。

【解析】

选文里提到的大同社会是中国人心目中理想社会的最高阶段。在这样的社会中，一切都是公平、和谐而又美好的。在这里人人都能受到来自于全社会的关爱，每个人都能推己及人，把奉养父母、抚育儿女的心意扩大到其他人身上，由亲情之爱变成无私的大爱，使得全社会都能亲如一家。而其中又特别提到，对“矜、寡、孤、独、废疾者”这五种不具备劳动能力或者生活上有困难的人要实行良好的生活保障，这就更充分地体现了全社会的关爱。对于成年人来说，人人都够能安居乐业。“有分”，就是有稳定的职业，有稳定的收入，能够安心地工作。“有归”，就是男女婚配及时，有和睦甜美的家庭，享受家庭的天伦之乐。我国古代社会都是依靠自然经济生存，男耕女织是社会生活的基本形态。妇女在家也要从事蚕桑养殖，这样才能达到丰衣足食。大同社会最后还强调要货尽其用，人尽其力。人们对物品的收纳，只是源于对劳动果实的珍惜，而不是出于自私自利之心想要占有。人们在共同劳动中以不出力或少出力为耻辱，都能尽全力地工作，而没有私心。这里提到的公德心和责任心是大同社会人们必须具备的基本素质，是对人提出的最高要求。

【故事】

孙茂芳老人口述自己的爱心故事

有位奶奶住在北京站口附近，她当时已经102岁了。她身边没有什么人，有个儿子病死了，闺女也死了，儿媳妇也死了，家里就剩下一个老太太。但是她还有一个亲人，是孙女，她儿子的闺女。这个姑娘姓王，她本来是北京二中的一个学生，很聪明，25岁的时候爸爸死了，妈妈也死了，她的朋友也不怎么理睬她。在这个情况下，这位姑娘精神受了刺激，得了精神分裂症。奶奶看到自己宝贝的孙女得了精神分裂症，不能跟她相依为命了，也照顾不了她了，怎么办呢？要找个好人啊，她就到处打听，一定要把她的宝贝孙女托给一个最放心、最好的人。后来她在电视里听人家讲，北京有一个“京城雷锋一家人”，老孙这家人不错，可以试一试，所以这位老妈妈托了她在上海的一个女同志到我家里来敲门。我老伴说：“什么人啊？”这位女同志也不小了，六七十岁了，她说：“你们不认识我，肯定不认识我。”她手里拿了一封信：“你们先让我进来好不好？”我说：“行，欢迎你进来。”她说：“我在电视里看到过你，有一名一百多岁的老太太找你，她口述，让别人帮她写了一封信，她有一件事想请你帮忙。她有一个孙女得了精神分裂症，她自己没有能力再跟她一起生活了，所以想托给你帮她养下去。”我就想，这么大岁数的老奶奶把有病的姑娘送给我，我不收谁收啊，我不养谁养啊？我说“可以”，我和我老伴当场表态：“收下！放心。”

第二天，我就把这位老奶奶的孙女儿送到昌平的精神病院，安排好，住在那里。天气非常热，坐了汽车，又坐地铁，坐了24路，又坐了315路，到了昌平。这位女同志也挺感动的，这么大热天，还为了奶奶的孙女“找麻烦”。我说不要紧，能找麻烦我也高兴。

两年以后，这个精神病院说情况有变化，把我照顾的这位精神病姑娘转移到良乡的精神病院去了。我又去找，找到以后又照顾她两年。我和我老伴带着身边的学生慰问她，送给她吃的，把我女儿的衣服都送给她穿，她非常高兴。最近我又把她安排在门头沟一个精神病院研究所，我每个礼拜或者每个月都要去看她，我不去时她也会想我，我一去她就抱着我说：“世上只有妈妈好，我的妈妈找不到了，现在解放军你最好。”我不去，她非常苦恼，早也盼，晚也盼，盼亲人，我去了之后她就把我当成爸爸一样抱着我。所以，我想能给百岁老人做点好事，给精神病孙女带去一点幸福，这是我最大的心愿。

桃花节我带她去看桃花的时候，她非要让我把她领到我家里来，我说："你放心，你好好住院，养好了以后我一定把你接到我的家里来。"这样，我现在还一如既往地照顾着我的精神病"女儿"，我想在我的有生之年一定把这个女儿照顾下去，这是人民的女儿，也是我的女儿，我一定把她照顾好，这是我的责任。

【写作点拨】

1. 学生在写关于"人要有无私大爱"的话题时，可以引用选文丰富文章内容，增强文章文学色彩。

2. 学生在写关于"社会责任感"或者"理想社会、文明社会"等话题的时候也可以引用选文来增强文章说服力。

《郊特牲》篇

【题解】

《郊特牲》篇因篇首"郊特牲，而社稷大牢"而得名。主要记载天子祭祀活动中以牲畜祭祀的种种要求和规则。

【原文】

礼之所尊①，尊其义②也。失其义，陈③其数④，祝史⑤之事也。故其数可陈也，其义难知也。知其义而敬守⑥之，天子之所以治天下也。

【注释】

①尊：值得尊重。②义：指深刻内涵。③陈：陈列。④数：指技能。⑤祝史：主持祭祀的人。⑥守：遵守并实施。

【译文】

礼之所以值得尊重，是尊重它的深刻内涵。如果不懂得礼的深刻内涵，而只会机械地陈列关于"礼"的技能，也就是机械地模仿其做法，那只是主持祭祀的人做的事。所以说，礼的具体做法和表现形式是容易学会的，而要理解其深刻内涵就很困难了。能够领会礼的深刻含义并且恭敬地遵守执行，这才是天子治理天下的良方。

【解析】

选文中提到了人们遵"礼"的两种情形。一种是对"礼"外在表现形式的模仿，这种懂“礼”只是表面的了解，而不是真正地懂得。动作的执行和仪式的符合，做的都是表面功夫，达不到行“礼”的最终目的——教化百姓，形成良好的社会风尚。第二种是在能够熟练掌握“礼”的表现形式的基础上，还能够体会到“礼”的内在含义。这种真正的参悟会内化于心，外化于形，指导一切具体行为。天子只有真正认识到“礼”的重大意义和实施的根本目的，才能够让“礼”为“治”服务，所以选文中说，懂得“礼”的内涵才是天子治理天下的良方。

不只是“礼”，我们今天对于任何一种积极向上模式的学习，都应该先有充分认识。只有明白事物的本质，才能让外在的表现形式具有意义。我们如果为了表现出孝顺而去孝顺父母，那就不是真正的行孝。只有心里明了孝的意义，才会在任何时候都会不自觉地有孝行的体现。我们如果为了表现出勤奋而去勤奋，那么我们将流于形式，收获将是微乎其微的。如果真正懂得了勤奋的益处，我们随时都会有不经意的勤奋行为出现，才能得到最大的收获。

像南郭先生这样不学无术靠机械模仿去蒙骗，跟着混饭吃的人，撑得了一时，撑不了一世。假的就是假的，形式的就是形式的，最终逃不过实践的检验而被揭穿伪装。

【写作点拨】

1. 学生在写关于“现象和本质”的区别时，可以引用选文帮助论证观点。

2. 学生在谈关于“只重表面功夫，忽略真正理解”的内容时，可以引用选文增强文章文学色彩。

《内则》篇

【题解】

《内则》为《礼记》的第十二篇。内容为在家庭内部长辈晚辈之间、男女之间所应遵行的规则。其中还包括很多关于饮食的规定，也是中国古代第一部“食经”。

【原文】

父母有过，下气①怡色②，柔声以谏。谏若不入，起③敬起孝。说④则复谏，不说，与其得罪于乡党州闾，宁孰⑤谏。父母怒，不说，而挞⑥之流血，不敢疾怨，起敬起孝。

【注释】

①下气：指低声下气。②怡色：和颜悦色。③起：本义是兴起、发生。指行为产生。

④说：通“悦”。⑤孰：仔细、周详。⑥挞：用皮鞭打。

【译文】

父母有了过失，做儿子的要低声下气、和颜悦色地劝谏。如果父母听不进去劝谏，做儿子的就要开始更加恭敬更加孝顺，等到他们高兴的时候再次劝谏。再次劝谏如果又招惹父母不高兴，与其让父母得罪于乡党州闾，还是宁可自己仔细周详地苦谏。如果苦苦劝谏招致父母大怒，用鞭子把自己打得流血，那也不敢生气怨恨，而是开始更加恭敬更加孝顺。

【解析】

孝顺是中华民族自古以来的传统美德，孝的一个主要体现就是在“顺”字上。顺从父母，不忤逆父母的意愿，是行孝最基本的做法。但“人非圣贤，孰能无过？”做父母的也有犯下错误，做事有失偏颇的时候。如果在这种情况下还顺着父母的意愿去做事，或者由着父母在错误的道路上走下去，那就不是真正的孝顺了。所以说，行孝不只是表现在对父母嘘寒问暖上，还表现在对父母负责，维护父母的形象和声誉上。选文指出，当父母犯错误时，一定要苦言相劝，哪怕因此而遭到父母责骂鞭挞，也要对父母负责，指出他们的错误。此处所强调的孝行，不只是在于指出父母的缺点，让他们更尽善尽美，而是在于指出缺点之后如果不被父母接纳，也不影响子女对父母一如既往的尊重和关爱，甚至是比之前做得还好。这一点是很难做到的。

今天的孩子大多都是独生子女，是在众多亲人呵护下成长的独苗苗。因为受到的宠爱太多，从而造成孩子以自我为中心考虑问题，忽略父母亲人的辛苦付出，一味地只关注自己的需求。在这种状况之下，就不会有替父母分忧的意识和对父母负责的责任感，如果父母与子女之间出现矛盾冲突，孩子也很难再能以恭敬之心和平和心态对待父母。所以说，行孝本身并不是什么难事，因为我们与父母之间有血肉亲情。难就难在能否在万千变化的生活中，无论遇到怎样的情形，都能够持之以恒地尽孝。作为成长中的中学生，我们只有在日趋成熟的岁月中，真正领悟“孝”的内涵，才能在日常生活中践行孝道。

【故事】

孝感继母

清朝人李应麟，居云南昆明，从小温顺善良。他的母亲不幸去世后，便劝父亲再娶。他用在街上占卜的收入来供养父母。应麟对待继母虽然十分孝顺，但是继母却将他视为眼中钉，百般刁难，常常对他施以棍棒。每当这时应麟总是跪着，恭敬如初，丝毫没有抗拒之意。他的父亲却轻信继母谗言，将他逐出了家门。应麟仍无怨言，每年父母生日，都准备好礼品回家祝贺。不久应麟听说继母病了，急忙回家进行护理，并跑到三十里外的地方求医抓药，不管雨天晴天天天如此，直到继母病愈。同时应麟对待继母所生孩子格外亲和，终使继母悔恨不已，至此母子关系改善，胜过亲生。

后人赞曰：不忧继母逐离乡，母病回家侍药汤，将弟视同亲手足，母终悔恨变慈祥。

【写作点拨】

1. 学生在谈“行孝”的话题时，可以引用选文丰富文章内容。

2. 学生在谈“如何正确对待是非”时，可以引用选文说明问题，使文章具有说服力。

【原文】

曾子曰：“孝子之养老也，乐①其心，不违其志②。乐其耳目，安③其寝处，以其饮食忠养之孝子之身终，终身也者，非终父母之身，终其身④也。是故父母之所爱亦爱之，父母之所敬亦敬之。至于犬马尽然，而况于人乎？”

【注释】

①乐：使……感到快乐。②志：意愿。③安：使……安适。④身：自身。

【译文】

曾子说：“孝子的养老，就是要使父母内心快乐，不违背他们的意愿。言行要规矩、合理，使他们听起来高兴，看起来快乐。使他们起居安适，在饮食方面尽心侍候，一直到孝子死为止。所谓‘终身’孝敬父母，不是说终父母的一生，而是终孝子自己的一生。所以，即使父母已经去世，但他们生前所爱的，孝子都要用自己的一生去爱。他们生前所敬的，孝子都要用自己的一生去敬。就是对父母生前喜欢的犬马也都是如此对待，更何况对他们爱敬的人呢？”

【解析】

选文中提到的孝行，已经达到了对“孝”的最高诠释。“孝”作为子女对待父母的一种态度，不只是停留在父母在世时，让他们心情愉悦和生活安适，孝行已经被孝子升华为一种圣洁的信仰和精神追求。即使父母的生命结束，也不代表自己的孝心可以终止。自己尽孝的对象虽然已经不在，但它还可以体现在怎样对待父母生前所爱之上。我们今天看来，这种孝心似乎是有些“迂腐”和玄虚，但不管怎样，有“真、善、美”情怀的延续，于人于己都会得到满怀馨香。但这种尽孝的方式更多的是表达着子女对父母的真切思念。父母已经过世，子女只能通过“爱其所爱，敬其所敬”的方式来寄托对父母的情意，与其说是对父母孝行的继续，不如说是给自己的怀念找到了一个流淌的出口。

读过这段选文，相信我们一定对“孝”有了更为深刻的认识。“孝”是传递亲情的纽带，延续孝行，更是构筑美好和谐的助推器。凡是美好的言行，凡事真挚的情感，只要我们拥有便可以让自己生活在充满正能量的世界。关爱他人，同时幸福自己。

【故事】

为继母尽孝

在我国南部都安瑶族自治县百旺乡琳琅村，86岁的韦凤珍和继子女之间超越血缘的爱在当地传为美谈。22年前，盘愿军和弟弟妹妹们主动为鳏夫父亲搭桥牵线，将继母娶进家门，老两口互敬互爱，彼此关怀。6年前，父亲去世后，他们一如既往地孝顺继母，把对父亲的孝心和怀念都转化为对继母无微不至的照顾。“妈，阿彬托我给你寄来一双鞋子，您试试看合不合脚？”一踏进家门，52岁的大儿子盘愿军拿出一双崭新的鞋，帮继母换上。“合适，合适！”老人脸上的皱纹舒展开来，她站了起来，在屋里走了几个来回。盘愿军又拿出背心、毛衣和糖果，一一摆放到桌子上。今天是清明节，子女都有自己的心意献给继母。

韦凤珍出生在都安县的加贵乡，14岁时嫁到百旺乡当童养媳，19岁她已生下一儿一女，可两个孩子均不幸夭折。1985年，她60岁，丈夫因病去世。她孤苦伶仃地生活，种玉米、编织竹器，所得仅够糊口。盘愿军是都安县城的老师，两个弟弟盘毓全、盘愿刚分别在宜州和环江工作，妹妹盘海兰嫁到都安县城。母亲去世后，他们曾多次动员父亲盘辉到城里生活，但父亲都拒绝了。1987年重阳节，盘家兄妹回家探望父亲时，看到他正在搓洗衣服，不时用湿漉漉的手捶打着酸痛的腰。潘家兄妹心酸不已，想着父亲参加过淮海战役、抗美援朝战争，退役后一直在家务农，辛劳了大半生，晚年却如此凄凉。四兄妹一合计，决定为父亲找一个老伴。做通父亲的思想工作后，盘家兄妹四处为父亲物色老伴。1989年，几经周折，他们找到了韦凤珍。两位老人再婚后，韦凤珍和盘辉相处十分融洽，他们白天一同到田间地头劳动，晚上回到家里照顾孙子孙女，彼此尊重恩爱。

可就在2005年10月1日，78岁的盘辉老人却因病撒手人寰。临终时，老人对老伴十分放心不下。韦凤珍也在悲伤之余，充满了惶恐：老伴这一走，自己怎么办？事后盘家兄妹安慰继母说，父亲虽然不在了，她还是他们的妈，他们会一如既往地孝顺她。盘家兄妹多次把韦凤珍接到城里，可她不习惯城里的生活，总闹着要回农村。盘家兄妹拗不过她，只好用另一种方式弥补：三天两头给她打电话嘘寒问暖，每月按时给她寄生活费，天气一变化就给她添置新衣服。2010年4月的一天，帮忙照顾韦凤珍的村民发现老人病了，便打电话告诉大儿子盘愿军。盘愿军雇了一辆出租车赶往家里，弟弟妹妹也先后赶到，大家立即把继母送到医院治疗。原来韦凤珍是因重感冒导致发高烧。在她住院期间，兄妹四人轮流守护，每天帮她梳头、洗脸、喂饭，端屎倒尿，照顾得十分周到。在他们的悉心照料下，她20天后便康复回家。

耳濡目染，盘家的孙辈也十分孝敬韦凤珍。大孙女盘洋彬虽远在湖南工作，心里时刻记挂着奶奶。工作第一个月领到工资后，她马上拿出其中一部分寄给奶奶，去年暑假她带男友回都安探亲时，连家门也不进，第一时间到老家探望奶奶；去年二孙女盘群婷上大学那天，偷偷地往奶奶口袋里塞了一百元……

在儿孙们的悉心照顾下，韦凤珍眼明耳聪，口齿清晰，精神矍铄。她仍然保持着爱劳动的习惯，屋里屋外收拾得干干净净，屋后菜地种满了蔬菜，还养了十多只土鸡。逢年过节，她就给每个孩子送几只土鸡。每逢家里来了客人，韦凤珍老人总是乐呵呵地打开自己的衣柜，"炫耀"满柜的衣服：这件是大媳妇送的，那件是二媳妇买的，还有三女儿买的……

晚饭时，盘愿军不时地把继母爱吃的菜夹到她的碗里，老人连说"够了够了。"老人眼里噙着泪水："儿孙们这么孝顺，我这辈子活得值了……"

【写作点拨】

1. 学生在谈关于"孝"的话题时，可以引用选文对"孝"的内涵进行诠释，升华文章主题。

2. 学生在谈"尽孝"方式时，可以引用选文丰富文章内容。

《玉藻》篇

【题解】

《玉藻》篇因篇首"天子玉藻"而得名。主要记述祭祀时天子的衣着、饮食方面的礼仪制度。

【原文】

父命呼①，唯而不诺，手执业②则投③之，食在口则吐之，走而不趋④。亲老，出不易⑤方，复⑥不过时。亲瘠⑦色容不盛，此孝子之疏节也。父殁⑧而不能读父之书，手泽存焉尔；母殁而杯圈不能饮焉，口泽之气存焉尔。

【注释】

①命呼：命令、呼唤。②执业：手里拿着东西。③投：放下。④趋：快速奔向。⑤易：

改变。⑥复：指回归。⑦瘠：病。⑧殁：死。

【译文】

父亲命令呼唤儿子的时候，儿子要答应“唯”而不可答应“诺”，因为“唯”要比“诺”更能表示尊敬。手中拿着的东西要赶快放下，嘴里含有食物要立即吐出。要跑着前往而不可以磨蹭。双亲年老了，做儿子的出门不可随意改变去向，说什么时候回来就要按时回来，以免双亲惦念。如果双亲病了气色不好，这就是做儿子的有疏忽了。父亲去世以后，做儿子的不忍翻阅父亲读过的书，那是因为上面有父亲手汗沾润的痕迹。母亲去世以后，做儿子的不忍心使用母亲用过的杯盘，那是因为上面有她口液沾润的痕迹。

【解析】

选文指出，在与父母相处的过程中，子女要处处注意对父母的尊敬和关爱。首先就是要在父母召唤的时候，及时应答。其次就是要让父母知道自己的去向，免得父母忧心。《论语》中说：“父母在，不远游，游必有方”，说的也是这个意思。最后还特别强调不忍心碰触父母用过的东西，因为物品上留有父母接触过的痕迹，自己再去接触的时候，就会忧从中来。

对于我们中学生来讲，前两方面具有重要教育意义。我们常常会沉迷于自己所感兴趣的事情中，而忽略父母对我们的需求。父母有需要的时候，我们不能及时给予帮助。读过选文后，我们一定要开始学会重视父母的呼唤和指使，让他们能够心情愉悦。现代社会交通发达，信息沟通手段多样，父母虽然可以随时联系到我们，但我们在出游或者在外时，最好能够主动通报给父母，免得父母担心。《论语》中讲“父母唯其疾之忧”，说的就是这个道理。

【故事】

儿子给父亲东西的时候，父亲哭了

我上床的时候是晚上11点，窗户外面下着小雪。我缩到被子里面，拿起闹钟，发现闹钟停了，我忘买电池了。天这么冷，我不愿意再起来。我就给妈妈打了个长途电话：“妈，我闹钟没电池了，明天还要去公司开会，要赶早，你六点的时候给我个电话叫我起床吧。”

妈妈在那头的声音有点哑，可能已经睡了，她说：“好，乖。”

电话响的时候我在做一个美梦，外面的天黑黑的。妈妈在那边说：“小桔你快起床，今天要开会的。”我抬手看表，才五点四十。我不耐烦地叫起来，“我不是叫你六点吗？我还想多睡一会儿呢，被你搅了！”妈妈在那头突然不说话了，我挂了电话。

起来梳洗好，出门。天气真冷啊，漫天的雪，天地间茫茫一片。公车站台上我不停地跺着脚。周围黑漆漆的，我旁边却站着两个白发苍苍的老人。我听着老先生对老太太说：“你看你一晚都没有睡好，早几个小时就开始催我了，现在等这么久。”是啊，第一趟班车还要五分钟才来呢。终于车来了，我上车。开车的是一位很年轻的小伙子，他等我上车之后就轰轰地把车开走了。我说：“喂，司机，下面还有两位老人呢，天气这么冷，人家等了很久，你怎么不等他们上车就开车？”那个小伙子很神气地说：“没关系的，那是我爸爸妈妈！今天是我第一天开公交，他们来看我的！”

我突然就哭了——我看到爸爸发来的短消息：“女儿，妈妈说，是她不好，她一直没有睡好，很早就醒了，担心你会迟到。”

忽然想起一句犹太人谚语：

父亲给儿子东西的时候，儿子笑了。

儿子给父亲东西的时候，父亲哭了。

我们每个人都要记得做一个孝顺的子女。这一辈子，能让你欠太多的，而且不求回报的只有父母，不要抱怨父母的唠叨……多多体谅他们、感恩他们、关心他们！

【写作点拨】

1.学生在谈关于“孝”的话题时，可以引用选文增强文章说服力。

2.学生在谈“尽孝”方式时，可以引用选文丰富文章内容。

《明堂位》篇

【题解】

《明堂位》篇因篇首“昔者周公朝诸侯于明堂之位”而得名。主要以空间叙事为主，明确各种仪式中礼仪参与者之间亲疏远近、贵贱尊卑等社会伦理关系。

【原文】

昔殷纣乱天下，脯①鬼侯以飨②诸侯，是以周公相③武王以伐纣。武王崩，成王幼弱，周公践④天子之位以治天下。六年，朝诸侯于明堂，制礼作乐，颁度量，而天下大服⑤。七年，致⑥政于成王。成王以周公为有勋⑦劳于天下，是以封周公于曲阜。

【注释】

①脯：音“斧”，使之成为干肉。②飨：犒劳。③相：辅助，扶助。④践：实行。

⑤服：服气、信服。⑥致：送达。⑦勋：功勋。

【译文】

从前，殷纣王暴虐无道，搅得天下不宁，竟然把鬼国国君杀死以后制成肉干，用以犒劳其他诸侯。所以周公辅佐武王讨伐商纣。武王死之后，能继承王位的成王年龄尚小，于是由周公摄政，代行天子职务，治理天下。周公摄政的第六年，天下诸侯都来明堂朝见，制定了各种礼仪和乐章，颁布了天下统一的度量衡，天下人心悦诚服。摄政的第七年，周公就把政权归还给成王。成王认为周公为国家立下功勋，所以封周公于鲁地，建都曲阜。

【解析】

本选段主要体现商纣无道，大失人心。周公精诚付出，天下诚服。并通过对比来体现“得道多助，失道寡助”的道理。得道者天下大服，失道者自毁其身。这也是在说明，统治者要想维护统治，需要“得利于天下”，也就是所说的“得民心者得天下”。虽然我们现在早已经脱离了阶级社会的牢笼，但“以民为本”的治国思想却仍然根深蒂固。我们国家制定的各项方针政策都是在以人民需要为根本出发点，只有为人民，人民才能受益。人民受益，社会才能长治久安，国家才能够富强发展。

作为一名新时期的中学生，已经没有“君”需要我们尽忠，但我们有对祖国母亲的无比热爱和忠诚。我们要从周公身上，学习他对国家，对周围人，对百姓的忠诚和强烈社会责任感。有朝一日，我们作为建设国家的栋梁，也需担当大任。我们要心怀天下，忠于职守。属于自己的要坚决捍卫，不属于自己的不使用卑劣的手段抢夺。明确自己的努力方向，要修身立德，服务国家。

【故事】

周公辅政

周公姬旦，姓姬名旦，他是周文王的儿子，武王的弟弟。在周文王时，他就很孝顺、仁爱。周公辅佐武王伐纣，被封到鲁地。但周公没有到封国去，而是选择留在王朝，辅佐武王。周公为周朝安定社会，建立制度。武王驾崩之后，他又辅佐成王摄政。新建立的周王朝面临着严重的困难，商朝旧贵族们准备复辟，而周公辅政，又有违于王位世袭制中父死子继的原则，引起周室集团内部的矛盾。在内忧外患之下，周公东征平定三叔之乱，灭五十国，奠定东南。

周公辅政时，惟恐失去天下贤人。他曾多次握着刚洗完尚未梳理的头发去见贤士。吃饭时，也数次吐出口中食物来不及咽下，就迫不及待地去接待贤士，为的就是得到更多的英才建设周王朝。武王离世后，周公无微不至地关怀年幼的成王。有一次，成王病得厉害，周公很焦急，就剪了自己的指甲沉到大河里，对河神祈祷说："现今成王还不懂事，有什么错都是我的。如果要死，就让我死吧。"周公摄政七年后，成王已经长大成人，于是周公归政于成王，自己回到大臣的位子。后来，有人在成王面前进谗言，周公害怕了，就逃到楚地躲避。不久，成王翻阅库府中收藏的文书，发现在自己生病时周公的祷辞，为周公忠心为国的品质感动得流下眼泪，立即派人将周公迎回来。周公回周以后，仍忠心为王朝操劳。周公辅佐武王、成王，为周王朝的建立和巩固做出了重大贡献。特别是他在受成王冤屈以后，仍忠心耿耿，为周王朝的发展呕心沥血，直至逝世，终得到天下大治。周公临终时要求把他葬在成周，以明不离开成王的意思。成王心怀谦让，把他葬在毕邑文王墓的旁边，以示对周公的无比尊重。

【写作点拨】

1. 学生在写"为人忠诚、诚信、恪尽职守"的内容时，可以引用选文增强文章的文学色彩。

2. 学生在谈论有关"治理天下"的话题时，可以引用选文增强文章说服力。

《大传》篇

【题解】

《大传》篇主要记载家族祭祖时所遵从的礼制。

【原文】

圣人南面而听①天下，所且②先者五，民不与③焉。一曰治亲，二曰报功，三曰举贤，四曰使能，五曰存④爱。五者一⑤得于天下，民无不足、无不赡⑥者。五者，一物纰缪⑦，民莫得其死。圣人南面而治天下，必自人道始矣。

【注释】

①听：治理。②且：将要。③与：参与。④存：抚恤。⑤一：全部。⑥赡：充足。⑦纰谬：出现漏洞。

【译文】

圣人一旦面南背北开始治理天下，有五件事情是要先做的，老百姓的事不包括在内。第一件是排列好所有亲属的顺序；第二件是报答有功之臣；第三件是选拔德行出众的人；第四件是任用有才能的人；第五件是抚恤有仁爱之心的人。这五件事如果全都做到了，那么，百姓就不会有不满意的，也没有不富足的。这五件事如果有一件做得糟糕，老百姓可就要吃苦头了。所以，圣人一旦坐上天子宝座而治理天下，一定要从安排人使用人开始抓起。

【解析】

君主治国要抓住治理的根本。管理国家的本质实际上就是对“人”的管理。泱泱大国，民众无数，该通过怎样的方式使天下臣民臣服而安于统治呢？那就要做出几件百姓非常看重，可以让百姓放心的事。对亲人的排序是在梳理亲戚关系的亲疏远近，使内务不混乱。对有功之臣的赏赐，是对功臣功绩的肯定，可以彰显君主的赏罚分明，鼓励更多的人为君主效劳。选贤举能，是在向社会明确一个正确的用人导向，同时任用贤德的人也会让百姓信服。抚恤有仁爱之心的人是为了营造和谐美好的社会风尚。这些都做好了，百姓会对君主、君主身边的亲人、官吏和他们的品德才干充满信任和认可，在这些品端才高的人管理之下，天下百姓自然就可以安居乐业，毫无忧患。如果这五项有一项缺失，都势必会动摇整个统治阶层的统治，百姓也就自然会遭殃。

通过这个选段，我们应该懂得，任何有“德行”和崇尚“德行”的做法都是解决问题的良方。心正则人正，人正则事正，事正则天下正。并且无论事情大小、复杂与否，解决时都要抓住问题的根本。事情纵使错综复杂，也一定有一个最重要的突破口。如果把握住了问题的主要矛盾，针对主要矛盾采取措施，就可以事半功倍、有条不紊地解决问题。

【故事】

狄仁杰的为人之道

狄仁杰是武则天当政时的名宰相。他在当豫州刺史时，办事公正，执法严明，受到当地人民的称赞。于是，武则天把他调到京城，任为宰相。

有一天，武则天对狄仁杰说：“听说你在豫州的时候，名声很好，政绩突出，但也有人揭你的短，你想知道是谁吗？”狄仁杰说：“人家说我的不好，如果确是我的过错，我愿意改正。如果陛下已经弄清楚不是我的过错，这是我的幸运。至于是谁在背后说我的不是，我不想知道，这样大家可以相处得更好些。”武则天听了，觉得狄仁杰气量大，胸襟宽，很有政治家风度，更加赏识他，敬重他，尊称他为“国老”，还赠给他紫色袍带，并亲自在袍上绣了十二个金字，以表彰他的功绩。

后来，狄仁杰因病去世，武则天流着泪说：“上天过早地夺去了我的国老，使我朝堂里没有像他那样的人才了。”

【写作点拨】

1. 学生在议论“解决问题要抓住根本”时，可以引用选文证明观点。

2. 学生在写关于“选贤举能”的益处时，可以引用选文丰富文章内容

《少仪》篇

【题解】

《少仪》篇主要记载与国君、尊长相处时接人待物以及饮食的礼制。

【原文】

侍[①]坐于君子，君子欠伸，运[②]笏，泽[③]剑首，还[④]屦，问日之蚤莫[⑤]，虽请退可也。事君者量[⑥]而后入，不入而后量；凡乞假于人，为人从事者亦然。然，故上无怨，而下远罪也。

【注释】

①侍：陪侍。②运：转动。③泽：这里指抚摸。④还：指旋转。⑤蚤莫：蚤，通“早”。莫：指傍晚。⑥量：思量。

【译文】

陪侍君子坐着说话，如果看到君子打哈欠、伸懒腰、转动笏板、抚摩剑柄或者旋转鞋头的朝向，讯问时间的早晚，这都是说明君子已经困倦了，看到这种情形，就完全可以主动请退了。向国君提建议，应该在思量成熟以后再提出来，不能在提出以后才去思量；凡是向人借东西，或者替别人办事，也要这样。唯有这样，国君才不会怪罪，自己也不至于得罪别人。

【解析】

从我们初中生实际生活角度去分析，这段选文主要强调了两个问题。一个是在陪同长辈时候，要有观察能力。能够通过长辈的动作或者言语理解他们的实际意图，从而更好地去迎合长辈的意愿。第二个是做事之前要有周密的思考，三思而后行。既不要鲁莽行事，也不要夸下海口。否则会让人觉得不够成熟稳重，不值得托付信任。

【写作点拨】

1. 当学生写到关于“善解人意、善于察言观色”的话题时候，可以引用选文丰富文章内容。

2. 当学生写关于“三思而后行”的话题时，可以引用选文增强文章说服力。

【原文】

不窥密，不旁狎[1]，不道[2]旧故，不戏[3]色。

【注释】

①狎：特指亲近而不庄重。②道：议论。③戏：嬉戏玩笑。

【译文】

不要去窥探他人的隐私秘密，不要轻佻地与别人套近乎，不要谈论别人陈旧的往事，不要有嬉笑侮慢的神态。

【解析】

选文只有短短四个小句子共十三个字，却道出了为人立身的几个关键。隐私和秘密之所以被称作是"隐私"，是"秘密"，就是因为当事人不想被别人知晓，如果我们去试图窥探，必然会引起对方强烈反感，从而疏远与我们的距离。窥探他人隐私是自身修养不足的表现，同时也会让对方感觉到不受尊重。如果不分场合，随意地就与别人套近乎，会让人觉得举止轻浮，不自重。在聊天时候，不要去谈论别人的陈年旧事，尤其不要去接别人的老底。这样会显得我们乐于搬弄口舌是非，肤浅庸俗，同样也会让对方觉得自己不受尊重。闲时莫论人非，静坐常思己过。不尊重别人的人也是很难得到别人尊重的。在人前呈现出玩笑不庄重的神态，同样会让别人觉得为人轻慢，不自爱。日常生活中，我们要时刻注意自己的言行，它是我们受教育程度和自身修养的体现。《论语》中讲：君子坦荡荡，小人长戚戚。君子因为行为正直、端庄，所以坦荡自然。小人因为轻浮、狡黠，总有不可告人的阴暗想法，而总是显得局促不安。所以，只有君子才具有君子之风。

【故事】

汲黯自重

汉武帝时，三公九卿间，卫青独得尊崇。因为这一缘故，大小官员对卫青多有巴结，昼夜奔走卫府，希望卫青能帮自己在皇上面前多说两句好话，至少不说坏话。但名臣汲黯就没有趋炎附势，朝上朝下，如遇上大将军卫青，仍用平等礼节待之。朋友和家人觉得不妥，纷纷向汲黯建言，说："老汲啊，难道你看不出来吗？皇上正在力挺卫大将军呢！当今天子希望朝廷文武百官都居于大将军之下。大将军地位现正炙手可热，你不可以不拜的！"汲黯听罢，略一沉思后答道："怎能说我不尊重大将军呢？以平等礼仪对待大将军，他却不恼怒，不正说明大将军礼贤下士吗？！"人世间不缺"传话筒"，此话送到了卫青的耳里。卫青是个明白人，一听这话，他觉得汲黯是个贤明的人，于是多次登门拜访，向汲黯请教有关国家的疑难大事，一番促膝交谈后，卫青对汲黯愈发尊重。

不仅卫大将军，汉武帝对汲黯也是礼敬有加。卫青虽然是在万人之上，但进宫时，汉武帝有时就坐在床边接见他。召见丞相公孙弘时，汉武帝偶尔还顾不上戴帽子，非常随意。但在召见汲黯时，如果来不及戴帽子，汉武帝宁可不见。

有一次，汉武帝在帐中观看兵器陈列，碰巧汲黯要进帐奏事，又碰巧汉武帝没来得及戴帽子，但汲黯已进到门口，汉武帝赶忙躲入后帐，并派人传话，这回不方便见汲黯了，凡他所奏，朕一一准奏。汲黯受到的尊重与礼敬，由此可见一斑。

人必自重，才能得到他人的敬重。这一金科玉律，自古皆然。

【写作点拨】

1. 学生在谈“提高自身修养”时，可以引用选文证明观点，提高文章文学色彩和说服力。

2. 学生在谈“鉴别人品行”的话题也可用选文引文，为文章增色。

【原文】

为人臣下者，有谏而无讪①，有亡②而无疾③；颂而无谄，谏而无骄；怠则张④而相之，废则扫⑤而更之；谓之社稷之役⑥。

【注释】

①讪：诽谤、讥讽。②亡：逃亡。③疾：痛恨。④张：张开、扩大。这里指鼓励。⑤扫：除去。⑥役：供职做官。

【译文】

作为臣子，对国君的过失可以当面劝谏，但不可以背后诽谤议论。国君如果不接受劝谏，作臣子的可以离他而去，但不可以心有怨恨。国君有优点，臣子可以称颂，但不可去谄媚。国君接受了臣子的劝谏，臣子不可以得意忘形。国君如果疏忽政事，臣子应当鼓励他帮助他。国政如果败坏，臣子应当扫除弊政，更创新政。能够做到这样，就可以称作是社稷之臣。

【解析】

社稷之臣亦是江山之本。选文提到了作为社稷之臣的行为标准，既能注重个人为人修养，又能成为国君的左膀右臂。有了这样的臣子，一定会辅佐君主牢固江山。选文同时也是在告诫我们做人的准则，做人就要堂堂正正而不苟且偷生。要能明确是非，自尊自爱，矜持稳重，诚意助人。能够做到这几点，即使我们不能够成为“社稷之臣”，也一定会有所成就的。

【故事】

忠臣魏征

玄武门之变后，有人向当时还是秦王的李世民告发，东宫有个官员，名叫魏征，曾经参加过李密和窦建德的起义军，李密和窦建德失败之后，魏征到了长安，在太子建成手下干过事，还曾经劝说建成杀害秦王。秦王听了，立刻派人把魏征找来。魏征见了秦王，秦王板起脸问他说：“你为什么在我们兄弟中挑拨离间？”左右的大臣听秦王这样发问，以为是要算魏征的老账，都替魏征捏了一把汗。但是魏征却神态自若，不慌不忙地回答说：“可惜那时候太子没听我的话，要不然，也不会发生这样的事了。”秦王听了，觉得魏征说话直爽，很有胆识，不但没责怪魏征，反而和颜悦色地说：“这已经是过去的事，就不用再提了。”

有一次，唐太宗问魏征说：“历史上的人君，为什么有的人明智，有的人昏庸？”魏征说：“多听听各方面的意见，就明智；只听单方面的话，就昏庸。”他还举了历史上尧、舜和秦二世、梁武帝、隋炀帝等例子，说：“治理天下的人君如果能够采纳下面的意见，那么下情就能上达，他的亲信就是想蒙蔽他也蒙蔽不了。”唐太宗连连点头说：“你说得多好啊！”

又有一天，唐太宗读完隋炀帝的文集，跟左右大臣说：“我看隋炀帝这个人，学问渊博，也懂得尧、舜好，桀、纣不好，为什么干出事来这么荒唐？”魏征接口说：“一个皇帝光靠聪明渊博不行，还应该虚心倾听臣子的意见。隋炀帝自以为才高，骄傲自信，说的是尧舜的话，干的是桀纣的事，到后来糊里糊涂，就自取灭亡了。”

一天，唐太宗得到一只雄健俊逸的鹞子，他让鹞子在自己的手臂上跳来跳去，赏玩得高兴时，魏征进来了。太宗怕魏征提意见，回避不及，赶紧把鹞子藏到怀里。这一切早被魏征看到，他禀报公事时故意喋喋不休，拖延时间。太宗不敢拿出鹞子，结果鹞子被憋死在怀里。

有一次，魏征在上朝的时候，跟唐太宗争得面红耳赤。唐太宗实在听不下去，想要发作，又怕在大臣面前丢了自己接受意见的好名声，只好勉强忍住。退朝以后，他憋了一肚子气回到内宫，见了他的妻子长孙皇后，气冲冲地说：“总有一天，我要杀死这个乡巴佬！”长孙皇后很少见太宗发那么大的火，问他说：“不知道陛下想杀哪一个？”唐太宗说：“还不是那个魏征！他总是当着大家的面侮辱我，叫我实在忍受不了！”长孙皇后听了，一声不吭，回到自己的内室，换了一套朝见的礼服，向太宗下拜。

唐太宗惊奇地问道："你这是干什么？"长孙皇后说："我听说英明的天子才有正直的大臣，现在魏征这样正直，正说明陛下的英明，我怎么能不向陛下祝贺呢！"这一番话就像一盆清凉的水，把太宗满腔怒火浇熄了。

公元643年，直言敢谏的魏征病死了。唐太宗很难过，他流着眼泪说："一个人用铜作镜子，可以照见衣帽是不是穿戴得端正；用历史作镜子，可以看到国家兴亡的原因；用人作镜子，可以发现自己做得对不对。魏征一死，我就少了一面好镜子了。"

【写作点拨】

1. 学生在谈论关于"为人处事"的话题时，可以引用选文作为文章的引子。

2. 学生在谈论关于"优秀人才的标准"时，可以引用选文，增强文章文学色彩和说服力。

《学记》篇

【题解】

《学记》成书于战国时期。是我国，也是世界上最早的一部专门论述教育和教学的著作，比较系统全面地概括总结了先秦的教育经验。《学记》全篇一千五百多字，文字言简意赅，喻辞生动全面而系统地阐明了教育的目的及作用，教育和教学的制度、原则和方法，教师的地位和作用，教育过程中的师生关系以及同学之间的关系等。《学记》中提出的教育思想对于我们今天的教育，仍然具有重要的指导意义。

【原文】

发虑宪[①]，求善良，足以谀闻[②]，不足以动众；就[③]贤体[④]远，足以动众，未足以化民。君子[⑤]如欲化民成俗[⑥]，其必由学乎！

【注释】

①虑宪：虑，指思虑。意思是精心制定的政策法规。②谀闻：谀音"小"，闻音"问"。即小有声闻和名气。③就：靠近。④体：体恤、体谅。⑤君子：指统治阶层中的人。⑥化民成俗：指教化民众。

【译文】

统治者发布考虑周详法规，并且征求善良贤达之人辅佐治理国家，只能获得一些小名望和声誉，但还不能使很多大臣和平民动心，从而拥护自己的统治；接近贤能的人，关心体恤远方的臣子和民众，可以打动更多的人，得到他们的拥戴，但还不能使他们从根本上顺从和拥戴自己。统治者如果要他们都受到教化，遵从社会规范和国家法规，从而形成良风美俗，那么就必须通过教育这条渠道。

【解析】

这一章是《学记》的总纲，指出了教育的重要性。《学记》开篇便明确了教育的最终目的，即教育是统治者维护统治的重要方式和形成良好社会风尚的唯一渠道。虽然在文章中我们看出统治者对教育的重视，是把教育当成维护统治的必要工具，这是因为统治者无法跳出阶级社会的历史局限性，但“化民成俗”的结果还是推动了社会的发展和进步。后赵皇帝石勒就是一个目不识丁的文盲，但他却非常重视教育，使后赵时期汉文化得到了良好、平稳的发展。所以说“教育是立国之本”。

【故事】

皇帝重教

后赵皇帝石勒，羯族，出身卑微，从小就在外面闯荡，过早地进入社会，没有受过传统的文化教育，目不识丁。他精通骑射，胆略超群，不好大喜功，不奢侈浪费，而且对自己的地位和功绩也很有自知之明。建立后赵以后，他删定律令，给百姓减租，不准官兵欺侮“衣冠华族”，并在其身边汉人的帮助下，比较完整地接触、了解、认识了汉文化。尤为难能可贵的是，他崇文敬教的精神确实值得后人敬仰和学习。

石勒十分提倡儒家的经学，他在国内建立了一所太学，十多所小学，让自己部下将领的子弟带头进校读书学习。仅开办学堂这一点，就说明了石勒具备普及文化教育的头脑，以及前卫的教育思想。虽然当时有它一定的局限性，但在一千多年以前，对于一个文盲来说，这是何等了不起的事情啊！

石勒还严令不许杀死读书人。他命令属下，凡是捉到的读书人，都不许杀死，一定要交给他亲自处理。在石勒的世界观里，崇敬和敬畏文化，做个有见地的文明皇帝是后赵发展的一个重要组成部分。他曾严禁部下提起两个字——“胡”与“羯”，也可以说是“国讳”吧。曾有一次，汉族官员樊坦进宫朝见皇帝，穿得衣衫褴褛，石勒吃惊地问他：“你穷得连衣服都买不起了吗？”这时的樊坦已经忘了禁令，他悲催地回答道：“咳，刚刚有一帮羯寇，把我的全部家当都给抢走了，哪怕是一件衣服也没留下呀！”石勒听了笑着说：“羯贼这样乱抢东西，实在是太不应该了，我替他们赔偿你吧！”这时候樊坦才意识到自己犯了禁令，吓得他浑身发抖，急忙谢罪。石勒却依然笑着说：“我这个禁令不针对你们这些老书生，我不怪你们。”说完，他果真给了樊坦一些衣服、钱财与一辆车马。作为上司，不因所谓的一言九鼎而毁掉一个文人的前程，他很了不起，这是尊重知识，尊重、保护人才的体现。

为了选拔人才，吸纳更多的人才，他还在国内实行了考试制度。他还亲自到太学、各小学去考试学生，按照成绩的高低给予奖励。不仅如此，他还利用经学当作考试大纲对学生进行考试，以作为测评九品的标准。为了不让贤才遗漏，石勒实行推荐保送制度。如果各地发现饱学之士，可向上峰保送。但也并非所有被推荐的人都予以重用。为了防止下边的当权者作弊，大凡各地保送上来的人，都必须经过专门负责人的严格审定、测评，经过对被保举人的考察，完全合格之后，才能够授官。石勒这种对教育认真、负责的态度，说明他非常重视教育。

另外，石勒本人也非常渴望、探求知识。由于他不识字，因此经常找来一些读书人把书上的东西讲给他听。他边听边思考，而后再发表自己的见解。比如，他让人给他读《汉书》，当听到汉高祖封六国贵族后代的时候，便说："咳，刘邦采取这样错误的做法，还怎么能得天下呢？"读书的人立刻给他解释说，后来由于张良的劝阻，汉高祖并没有这样做。石勒这才点头称是："这就对了嘛！"

后赵主石勒是个典型的没知识、没文化的草根皇帝，但他的教育意识和眼光却是很独特的。他是中国少数民族的骄傲和教育智慧的代表人物。

【写作点拨】

学生在谈及"教育是立国之本"或者"教育的重要性"时，可以引用选文作为文章的开篇，便于议论。

【原文】

玉不琢，不成器；人不学，不知道。是故古之王者建国君①民，教学为先。《兑②命》曰："念终③始典于学"。其此之谓乎！

【注释】

①君：动词，统治、管理。②兑：音"悦"。③念终：始终想着。

【译文】

一块美玉如果不雕琢，就不能成为贵重的有用器物；同样，一个人如果不受教育，就不能懂得有关社会伦常的道理。所以，自古以来君王要建立国家、统治和管理人民，首要要做的就是实施教育。《尚书》中的《兑命》篇说："作为统治者，自始至终都要想着重视教育的价值和作用。"说的就是这个道理啊！

【解析】

汉代董仲舒说："常玉不琢，不成文章，君子不学，不成其德。"这里把人的素质或资质比喻为未经琢磨的玉，其中已经含有了对教育的赞美之意。人只有通过学习才能祛除蒙昧，知识礼仪会让人明目、净心、树德、立业，最终有所作为。我们每一位中学生都是一块正被教育雕琢的璞玉，只有经过知识的洗礼和打磨，才能不辜负自己的天资，让自己的智慧光芒大放异彩，才能突显生命存在的意义和价值。

【故事】

墨子训徒

春秋战国时期，耕柱是一代宗师墨子的得意门生。不过，他老是挨墨子的责骂。

有一次，墨子又责备了耕柱。耕柱觉得自己真是非常委屈，因为在许多门生之中，大家都公认耕柱是最优秀的人，但又偏偏常遭到墨子指责，让他没面子、心里过不去。一天，耕柱愤愤不平地问墨子："老师，难道在这么多学生当中，我竟是如此的差劲，以至于要时常遭您老人家责骂吗？"墨子听后，毫不动肝火："假设我现在要上太行山，依你看，我应该要用良马来拉车，还是用老牛来拖车？"耕柱回答说："再笨的人也知道要用良马来拉车。"墨子又问："那么，为什么不用老牛呢？"耕柱回答说："理由非常的简单，因为良马足以担负重任，值得驱遣。"墨子说："你答得一点也没有错。我之所以时常责骂你，也只因为你能够担负重任，值得我一再地教导与匡正你。"

【写作点拨】

学生在谈及"学习重要性"时，可以引用选文证明观点，增强文章说服力。也可以用选文内容作为文章开篇，引起下文。

【原文】

虽有佳肴，弗食不知其旨①也；虽有至道②，弗学不知其善也。是故学然后知不足，教然后知困。知不足然后能自反也，知困然后能自强也。故曰：教学相长也。《兑命》曰："学③学半"，其此之谓乎！

【注释】

①旨：美味。②至道：封建社会最高的道德规范。③学：音"孝"，教的意思。

【译文】

尽管有美味可口的菜肴，不吃就不会知道它的美味；尽管有高深完善的道理，不学习也不会了解它的好处。所以，通过学习才能知道自己的不足，通过教人才能了解自己的困惑。知道自己知识的不足，才能更加严格要求自己；感到困惑然后才能去钻研。所以说，教与学是互相促进的。《兑命》篇说："在教学过程中，教与学是一个事情的两个方面"，说的就是这个道理啊！

【解析】

教与学组成教学过程，它们是对立统一的。揭示出这条教育规律，是《学记》对教育史的重大贡献。我们在跟随老师学习的过程中，会发现有好多知识是我们原来没有接触过，而且是一无所知的，老师的教育把我们带到了许多未知的领域去探索，让我们的知识体系更加完备。我们在认识到自己知识欠缺以后，也会沿着老师所给的知识轨迹去进行探索。老师在传授知识的过程中，通过与学生间的互动讨论，也可以发现自己存在困惑的地方，通过钻研，让自己的教学和知识技能更加完善。所以说教学的过程是教者和学者都成长受益的过程。在我们班级里，很多成绩好的同学有时候不太愿意去帮助成绩差的同学，认为耽误了自己的学习时间。其实教授别人的过程，也是提升自己的好时机。

【写作点拨】

学生在谈“相互学习”或者“共同学习”的好处的时候，可以引用选文证明观点，丰富文章内容。也可用选文作为文章开篇，展开下文论述，增强文章文学色彩。

【原文】

比①年入学，中年②考校：一年视离经辨志，三年视敬业乐群，五年视博习亲师，七年视论学取友，谓之小成。九年知类通达，强立③而不反，谓之大成。夫然后足以化民易俗，近者说④服而远者怀⑤之，此大学之道也。记曰：“蛾⑥子时术之”，其此之谓乎！

【注释】

①比：到了。②中年：每隔一年。③强立：指有坚强的毅力和坚决的志向。④说：即“悦”。⑤怀：心怀向往。⑥蛾：音“蚁”，指蚂蚁。

【译文】

学生到了规定的年龄进入大学，国家每隔一年考查他们学业及操行一次。第一年考查学生对文章析句分段能力和学习志向；第三年考查学生是否能专心学习以及与周围人是否能和谐相处；第五年考查学生学识是否广博，同老师是否亲密无间；第七年考查学生研究学问的本领和识别朋友的能力。考核合格就可以叫作“小成”。第九年，做到认识事物能触类旁通和政治上成熟，意志坚定不移。考核合格的就叫做“大成”。只有这样，才有本领教化人民，移风易俗，使身边的人心悦诚服，使远方的人心怀向往。这就是大学教育的目的和任务。古书上说：“小蚂蚁总是跟随大蚂蚁引导的路径上走”，就是这个意思吧。

【解析】

这一章节提出了各学段的学习目标、学习内容以及学习自觉性、主动性等问题。每一个学段学习目标的制定，都会让学生有明确的努力方向。并且每一个学段目标的制定都包括学习能力的提升和意志磨炼、沟通合作能力的培养。而且这些目标的确立都是遵循逐层深化和扩展延伸的规律的。由此可见，远在我国古代，人们就早已经认识到了智商提高和情商完善是人才不可或缺的两种并存的能力。而且文中把树立学习志向，与老师同学沟通能力，识别朋友和有自己的政治观点作为培养的主要目标是具有典型意义和代表意义的。这几项如果能够通过考核，那么，从大学里走出去的学子就可以是一个全方面发展的综合性管理人才，最后统治阶级服务。

我们初中生如果能从这段选文中感悟到“高情商”和“为人处事能力”的重要性，明白它们对于我们一生有所成就是至关重要的，它将是我们最大的收获。我们都是生活在社会中的独立个体，但任何一个独立个体都是无法独自实现成长和提升的。我们每一个人都需要得到别人的帮助，借助外界的合力完善成就自己。所以，平时学习时，要注重与同学的合作，要注重对老师的尊敬和沟通。以便能够获得更多的知识，加快成长的脚步。

【写作点拨】

1. 学生在写关于“确立学习目标和方向”时，可以引用选文丰富文章内容。

2. 学生在写关于“成长规划或者成长目标”时，可以引用选文增强文章文学色彩。

3. 学生在写关于“古代教育”等相关话题时，可以以选文做例子来体现古代教育的先进性。

【原文】

大学之教也，时教必有正业①，退息②必有居学。不学操缦③，不能安弦；不学博依④，不能安诗；不学杂服⑤，不能安礼。不兴其艺，不能乐学。故君子之于学也，藏焉，修焉，息焉，游焉。夫然，故安其学而亲其师，乐其友而信其道，是以虽离师辅而不反也。《兑命》曰：“敬孙⑥务时敏，厥⑦修乃来”，其此之谓乎！

【注释】

①正业：指正规学习内容。②退息：指课后休息。③缦：无纹饰的东西，这里指琴弦。④博依：指丰富的比喻。⑤杂服：各种服饰。⑥孙：通“逊”，谦虚。⑦厥：副词，乃、才。

【译文】

大学的教学活动，按时令进行而且都有一定的正式课业。课后休息的时，也有家庭作业。如果不先学习调弄琴弦，就不可能把琴弹好，更不能懂音乐。如果不学习广博比喻，就不能懂得比兴的手法，就不能学好诗文。如果不懂得各种各样服饰的用途，就学不好礼仪。可见，学不好各种杂艺，就不可能在所学的正课中体会真谛，得到快乐。所以，君子对待学习，要心中常常念着它，行为时时体现它，即使是休息或者闲游时也要坚持它。唯有这样，才能安心学习，亲近师长，乐于与同学友好相处，并深信所学之道。因此，即使离开师长辅导，也不会违背所学的道理。《兑命》篇中说："只有专心致志谦逊恭敬，时时刻刻都主动地求学，在学业上才能有所修行和成就"，说的就是这个道理啊！

【解析】

古代大学对学业的要求十分正规和严格。在教育上，很早之前我们的祖先就已经开始注重课堂教学和课后温习的结合。在教学活动中，主张学生在学习的过程中，通过自身实践来提高对事物的认识，古语所讲"操千曲而后晓声"说的也是这个道理。只有先学操缦，才能安弦；先学杂服，才能安礼。这些都是在倡导学生通过实践进行独特的理解和感悟，形成属于自身的学习实践能力。同时，古人也非常看重理论与实际的结合，看重理论对实践的指导意义。其次，选文还提到学习的连贯性和主动性的问题。无论何时心里都要记挂着学习，不管何地都要进行学习。这就是让学生把注意力全部集中到学习的状态中去，全身心地投入学习，热爱学习，从而才能够乐于做与学习有关的诸多事宜，才能亲其师，信其道。等学生真正在学习中体会到"此中有真意，欲辩已忘言"的境界，即使不再有老师的辅导指点，自己也能够通过以往的学习经验和坚定的学习意志，最终学有所成。所以，综合以上的观点看来，一切实践活动将是学有所成的第一关键。

我们今天的教育囿于安全、考试选拔等诸多问题，似乎已经脱离实践很远了。过分地强调书本知识，而忽略了实践的巨大价值，所以很多孩子都是考试的巨人，实践的矮子，谈理论的时候头头是道，实际操作时手足无措。读过了这则选文内容之后，我们初中生应该对知识的增长体系和规律有了一定的了解。"实践出真知"这句话是亘古不变的真理。有了实践，才有感受，有了感受，才有认知。只有这样得来的认知，才能牢记于心并且能够再回过头来指导实践。所以我们日常中要主动参与社会及生活实践活动，珍惜一切能给自己带来新感受新体验的机会。纵使我们有"平天下"的志向，也是要从"格物、致知"开始的。

【故事】

徐霞客遍游河山

徐霞客在幼年时非常喜爱读书，而且特别钟爱历史、地理类的书籍。这些书籍激发了他极大的兴趣，使他从小就十分热爱美丽河山。但徐霞客总觉得书本上的知识让他感觉那么的遥远和缥缈，所以，他立志要遍游四境之内的名山大川。

徐霞客在十五岁那年参加了童子试，但是没有考取。父亲见儿子也无意功名，就不再勉强，而是鼓励他博览群书，做一个有学问的人。徐霞客的祖上曾修筑过一座万卷楼来藏书，这给徐霞客博览群书创造了很好的条件。他非常认真，凡是读过的内容，别人问起，他都能记得。家里的藏书还不能满足他的需要，他还到处搜集没有见到过的书籍。他只要看到好书，即使没带钱，也要脱掉身上的衣服去换书。

十九岁那年，徐霞客的父亲去世了。他很想外出去寻访名山大川，让书中所得在现实中呈现，从而实现自己的理想。但是因为封建礼仪上讲究“父母在，不远游”，徐霞客有老母在堂，所以他没有准备马上出游。徐霞客的母亲是一个读书识字、明白事理的人，她鼓励儿子说：“丈夫志四海，你出外游历去吧！到天地间去舒展胸怀，广增见识。怎么能因为我在，就像篱笆里的小鸡，套在车辕上的小马，困在家里无所作为呢？”徐霞客听了这番话，非常激动，他谢过他母亲，决心去远游。临行前，他头戴母亲为他做的远游冠，挑上行李就走了。这一年，他二十二岁。从此，直到五十六岁逝世，徐霞客绝大部分时光都是在旅行考察中度过的。

徐霞客在完全没有官方资助的情形下，先后游历了江苏、安徽、浙江、山东、河北、河南、山西、陕西、福建、江西、湖北、湖南、广东、广西、贵州、云南等十六个省。东到浙江的普陀山，南到广西南宁一带，西到云南的腾冲，北至河北蓟县的盘山，足迹遍及大半个中国。更可贵的是，在三十多年的旅行考察中，他主要是靠徒步跋涉，连骑马乘船都很少，还经常自己背着行李赶路。他寻访的地方，多是荒凉的穷乡僻壤，或是人迹罕见的边疆地区。他不避艰险，不怕虎狼，与长风为伍，与云雾为伴，以野果充饥，以清泉解渴。他几次从危险的关口逃脱，出生入死，尝尽了旅途的艰辛。

在跋涉一天之后，无论多么疲劳，无论在什么地方住宿，徐霞客总是把自己考察的记录下来。这样的经历让他认识了和书本中不一样的世界，这个世界更丰美，这个世界更奇妙。他曾写下二百四十多万字游记，只可惜随着岁月荼蘼大多都已经失散了。留下来的经过后人整理成书，就是著名的《徐霞客游记》。这部书为我国研究当时天文、地理、人文等诸多内容提供了宝贵的依据，它是科学和文学融合的“奇书”，是徐霞客用亲身经历在现实世界的大熔炉里炼出的瑰宝。

【写作点拨】

1. 学生在谈“实践的价值和意义”或者“认知从实践开始”等话题的时候，可以引用选文增强文章说服力。

2. 学生在谈“乐于学习”或者“投入地去做事”的话题时，可以引用选文，增强文章说服力和文学色彩。

【原文】

今之教者，呻其占毕①，多其讯言②，及于数进③，而不顾其安④，使人不由其诚，教人不尽其材，其施之也悖，其求之也佛⑤。夫然，故隐⑥其学而疾其师，苦其难而不知其益也。虽终其业，其去之必速，教之不刑⑦，其此之由乎！

【注释】

①占毕：指书本。②讯言：讯，告知。这里指一味只是灌输的语言。③数进：指赶进度。④安：指适应。⑤佛：即“拂”，违背。⑥隐：指有隐痛。⑦刑：成就、成效。

【译文】

现在的教师，只知道照本宣科拿着书本吟读，对知识进行大量的灌输，一味赶进度，而不顾学生的接受能力，致使他们不能诚心诚意地学习，从而没有学习的自觉性。教人不能因材施教，不能够让学生的优势得到体现和发扬，教学的方法的实施违背了教学的原则，对学生提出的要求不合学生的实际。这样，学生就会厌恶他的学业，并怨恨他的老师，只知道学习是痛苦艰难的，而体会不到学习的益处和快乐。即使最后学习结业，他所学的东西也必然忘得快，教学达不到成效，其原因就在这里啊！

【解析】

曾经有一个问题困扰过无数代的教学者：为什么我很努力地教，而学生要么是不爱学，要么是学不会，这是为什么？以上这则选文就很清楚地给出了这个问题的答案。教育的失败，一个最根本的原因就是脱离教学实际，忽视学情。我们今天要求在进行教学活动时要“以学生为主体”，这样的理论在《学记》的这一章节中找到了依据。教学过程中教学效果的体现是要通过学生来反映的。学生乐学、学会，就达到了最佳教学效果。所以学生的学习状态，现有认知水平以及接受能力，都是我们教学活动首先要关注的。给病人医病，不考虑病情只顾一味用药，是不可能让病人痊愈的。讲授知识不考虑学生的学情，只顾一味灌输，不去理会学生是否听得明白，学生是否有求知上的其他需求，单就教师一方自顾自地进行教学活动，学生同样也是不会进步的。教师的错误认识和死板的教学方法带给学生的只有痛苦和厌烦，所以学生厌学也就不足为怪了。

所以说，真正优秀的教师不是知识的传输带，而是学生大脑的点金石。激活远比给予更为重要。

【写作点拨】

学生在谈“教育失败原因”等类似话题的时，可以引用选文增强文章说服力，也可以引用选文作为文章开篇的引子，增强文章文采。

【原文】

大学之法，禁于未发之谓豫①，当其可②之谓时，不凌③节④而施之谓孙⑤，相观而善之谓摩⑥。此四者，教之所由兴也。

【注释】

①豫：同“预”，预防之意。②可：指适当的时机。③凌：指超过。④节：指限度。⑤孙：同“逊”，有顺序或循序渐进之意。⑥摩：切磋，体会。

【译文】

大学教育的方法是，在学生不良行为发生前发现制止叫作预防，抓住适当的教育时机因势利导叫作及时，不超过学生的接受能力有递进地进行教学叫作循序渐进，同学间相互学习帮助叫作切磋。这四点都是教育取得成功的因素。

【解析】

这一节指出了教育兴盛的四大法则，即豫、时、孙、摩。这是基本教育方法和学习方法。这就要求教师要有敏锐的洞察能力，能够在学生不良行为发生之前，通过提示、警告、劝解等方式把问题消灭在萌芽，不让矛盾突显或者扩大化。教师要有周密的分析能力，能对学生学习过程中可能出现的问题进行一定的提前预设，以便在突发教学状况产生时能合理应对。还要能够把握学生的学习节奏，掌握学生的学习状态，好能够及时发现问题，适时地进行启发诱导，及时施教，以便达到最佳教育效果；能够遵循学生的认知规律和知识的递进特点，按照由浅入深和循序渐进原则有条不紊地安排教学。以上三点主要是针对教师的教育方法提出的。这三种教育方法说起来容易，真正做的时候是很有难度的，可以说这是对教师提出的最高标准和要求。只有在心智、思维、性格上都十分卓越的人才能熟谙以上三种教法。从学生的角度来看，我们在自主学习时，也要有能力及时发现自己存在的问题，而后及时解决和早日改正。做任何事，都要按照事物的发展规律进行。违背规律做事，就会事倍功半，出现

"揠苗助长"的结局。我们在给自己安排学习内容时，也不要盲目而没有头绪。要根据自身实际合理规划学习内容和制定时间安排，不能有量没质而急于求成，否则将会"欲速则不达"。

从学习方法上来说，选文主张学生之间的合作交流。学生通过相互切磋和讨论论证，能够各取所需，取长补短。《论语》中讲"三人行，必有我师"，说的也是这个道理。这种学习方式，不但能够达到知识和方法的共享，而且能够培养锻炼学生的表达及沟通能力，打开学生的眼界，开阔学生的襟怀。所以，我们中学生在学习的时候，也要格外重视彼此之前的合作交流。

【写作点拨】

1. 学生在塑造"优秀教师形象"时，可以引用选文来丰富文章内容。

2. 学生在谈"合作学习的益处"等类似话题时，可以引用选文增强文章说服力。

【原文】

发然后禁，则扞格[1]而不胜；时过然后学，则勤苦而难成；杂[2]施而不孙，则坏乱而不修；独学而无友，则孤陋而寡闻；燕朋[3]逆其师，燕辟废其学。此六者，教之所由废也。

【注释】

①扞：绝的意思。格：指坚硬。扞格：指相互抵触。②杂：杂乱。③燕朋：燕，亵渎。指与损友的关系。下文燕辟也是此意。

【译文】

错误发生了之后再去禁止，就有坚固不易攻破的趋势，从而不好解决；错过了最佳的学习时机，事后再去补救，即使再勤苦努力，也难有所成；施教者教学内容杂乱，不依照教学顺序和循序渐进的规律，就会搞乱了教学体系而无法补救；只靠自己一个人冥思苦想，而不与友人切磋讨论，最终会造成学识浅薄，见闻短浅；与表现不好的同学结伴行事，必然会违逆老师的教导，荒废了学业。这六点，是教学失败的原因。

【解析】

这一选段承接前文进行反面论证，提出了教育衰颓的六个原因。教学失败的六种原因：发然后禁、时过然后学、杂施不孙、独学无友、燕朋逆师、燕辟废学，短文阐述了与前文一致的道理。教学活动中如果不遵循豫、时、孙、摩的教育原则，反其道而行之，必然会有可怕的后果。这则选段同样也是从施教者角度和学习者角度来进行论述的。

【写作点拨】

1. 学生在谈“教育失败的原因”等类似话题时，可以引用选文增强文章说服力，增加文采。

2. 学生在谈“成功的教育才能造就人才”的话题时，可以引用选文作为反面材料，使观点更有说服力。

【原文】

君子既知教之所由兴，又知教之所由废，然后可以为人师也。故君子之教，喻①也。道②而弗牵，强③而弗抑，开④而弗达。道而弗牵则和，强而弗抑则易，开而弗达则思。和、易以思，可谓善喻矣。

【注释】

①喻：晓喻、开导。②道：同“导”。指引导。③强：指劝勉。④开：指开个端倪。

【译文】

君子不但要懂得教学成功的方法，也要懂得教学失败的原因，这样就可以当好教师了。因此教师施教的关键，就是在于启发诱导：对学生进行诱导而又不牵制；对学生劝勉而不强制；指导学习的门径，而不把答案直接告诉学生。教师对学生诱导而不牵制，则师生关系融洽；劝勉而不强制，学生才能感到学习容易；开个头而不和盘托出，学生才会自己去钻研思考。能做到师生融洽，使学生感到学习容易，并能独立思考，可以说是做到了善于启发诱导了。

【解析】

这一选段是对以上两个选段内容的归纳总结。指出能“为人师”的条件即“善喻”。提出教学要遵循“教之所由兴”的四大原则：豫、时、孙、摩。规避“教之所由废”的六种偏失：不豫、不时、不孙、不摩、燕朋、燕辟。提出施教者要注重教学技巧的运用，即引导而不牵制，建构和谐的师生关系；劝勉而不强制，使学生学习动力充足；启发而不给予，让学生学习效果扎实。这些教育教学主张都是以学生为教学活动主体而确立的，抓住了提高教学成效的根本。教育的最高境界不是传递知识，而是通过教育启迪心智，开发思维，形成独立思考和创新作为的能力。因此，我们初中生在学校接受教育时，要积极主动思考，勇于发言。要在老师的引导下，有自己独到的思想和见地。并且能够在吸纳一种知识的同时做到举一反三、触类旁通。

【写作点拨】

1.学生在写“感恩老师”的话题时，可以引用选文为文章增色。

2.学生在塑造优秀教师形象时，可以引用选文丰富人物形象。

3.学生在谈学习方法时，可以应用选文增强文章感染力。

【原文】

学者有四失[1]，教者必知之。人之学也，或失则多[2]，或失则寡[3]，或失则易[4]，或失则止。此四者，心之莫同也。知其心，然后能救其失也。教也者，长[5]善而救其失者也。

【注释】

①失：过失。②多：指贪多。③寡：少。④易：轻率，不重视。⑤长：增长。

【译文】

学生在学习上常有四种过失，是施教的人必须要了解的。人们学习失败的原因，或者是因为贪多理解不透，或者是知识面偏窄懂的东西太少，或者是态度轻率不够认真，或者是畏难中止半途而废。这四点，是由于学生的不同心理和才智所引起的。教师懂得受教育者的不同心理特点，才能帮助学生改正缺点。教育的作用，就是使受教育者能发挥其优点并克服其缺点。

【解析】

这一选段明确地指出了学生学习过程中常犯的四种错误，即贪多求快、知识面狭窄、浅尝辄止和半途而废。并且提出这些过失存在的原因是因为学生在性格和智力上存在的差异。学习时贪多求快，必然是“蜻蜓点水”，只看重了量的堆积，而忽略了自己到底吸纳了多少。知识面狭窄会让学生在学习时无法调动原有知识来加强对新知识的消化，因此对知识吸收消化的能力就显得低下。学习时如果有自满情绪作祟，就会有自以为是的心态滋生。略知一二便觉得自己已然胸有成竹，这样一来，不仅会让别人觉得才疏学浅，同时也会给人留下轻浮玄虚的印象。学习路途上的求索是曲折艰辛而又漫长的过程，古语讲“学海无涯”，就是在说学习是一件没有止境的事，如果轻易就被求学的困难打倒在地，轻率地终止了学习，终将一事无成。所以，我们中学生前进在求学的征途上，一定要避免被这样的“石头”绊倒，要培养自己优秀的学习品质：务实、谦逊、勤奋和执着。正因为学生有不同的心理特点，才酿就了学习上不同的过失，所以施教者的使命便是能给受教育者的心理“把脉”，帮助孩子“长善救失”，留取精华去除糟粕。

【故事】

孔子因材施教

有一次弟子子夏陪着孔子说话。闲谈之中，子夏就把平时的疑问说了出来。他很认真地问孔子道："夫子，您觉得颜回为人怎么样？"孔子回答说："颜回很不错啊，他在仁义的方面，比我还强呢！"子夏接着又问道："那您看子贡怎么样呢？""子贡嘛，口才很好，他的口才，我是赶不上的！"孔子回答说。"那子路又怎么样呢？"子夏又问道。孔子淡淡一笑，缓缓地说："子路这人很勇敢啊，这方面我也不如他啊！""那么，子张呢？"子夏问道。孔子回答说："子张在庄重的方面也是胜过我啊！"子夏更困惑了，很诚恳地对孔子说："既然他们都超过了您，那怎么都来向您学习呢？"孔子解释说："颜回是很讲仁义，但不太懂得变通；子贡呢，确实有很好的口才，可是往往又不够谦虚；子路的勇敢是没得说的，但他不懂得有时候需要退让；子张虽说很注意庄重，但是他有些孤僻，跟人合不来。他们都各有自己的一些长处，但也有自己的短处啊！所以他们都愿意再学习学习，来提高自己。"子夏豁然开朗。

【写作点拨】

1. 学生在谈与"学习方法"或者"学习品质"相关的话题时，可以引用选文增强文章文学色彩。

2. 学生在塑造优秀教师形象时，可以引用选文丰富文章内容，使文章更具感染力。

【原文】

善歌者使人继其声，善教者使人继其志。其言也，约①而达，微②而臧③，罕譬④而喻，可谓继志矣。

【注释】

①约：简约。②微：微妙。③臧：好。④罕譬：少作譬喻。

【译文】

优秀的歌唱者会使听众不约而同地跟着他歌唱，优秀的教育者会使学生由衷地跟着他指引的道路去努力学习。教师的讲解能引人入胜，语言简练而透彻，说理微妙而精善，举例不多却使学生听得明白。这样就会使学生跟着他的指引去努力学习，坚定志趣，收到教学的预期效果。

【解析】

善歌者与善教者有一个共同的特点，就是他们都在个人修养、志趣、追求、风度和谈吐达到相当高度后形成了独特的个人魅力。这种魅力具有超凡的感染力，让人痴迷。它能够打动人心，使人随之产生共鸣。它像一座巍峨的高山，让人仰止，也像日月，让人心仪。潜移默化中使得人们不由自主地就被吸引，从而追随而去。

善教者要想博得人心，造就十足的吸引力，不仅要有广博的知识贮存于胸，教学时，使得知识能如滔滔江水灌溉学生求知的荒田，还要精于表达，言语生动，妙语生花。更要善于启发，激发学生学习兴趣，言辞简约而通达。最终，达到“教是为了不教”的教育目的。这样的善教者用他卓越的风度征服着求学者的灵魂。追随着这样的老师前行，怎能不说是学生的幸运、享受和幸福!

【故事】

鬼谷子的教学之道

春秋末期的鬼谷子是纵横家的鼻祖，他的教学方法别具一格，他总是让学生们先共同去做一件事，借以考察学生的擅长，以便因材施教。

鬼谷子先让孙膑和庞涓在一天之内上山打百担柴火。庞涓力气大，早早上了山，埋头苦干，汗流浃背，累死累活，到晚上也不过打了五十担柴。而孙膑却一直在那里睡觉，到了日头西下，孙膑才懒洋洋地打了一担柴，然后砍了一棵柏树，做成扁担，担下山。鬼谷子大喜，这就是孙膑的“百担”柴火，于是，孙膑赢得了第一回合的胜利。

又有一天，鬼谷子把孙膑、庞涓叫到身边，对他们说：“我每人给你们三文钱，去阳城买些货物，不管是什么，只要能把我三间房子堆满就行。”庞涓到集上一看，货物太贵了，三文钱不论买什么都没法把三间屋子堆满，急得吐血。后来只得挑了一种最便宜，最占地方的灯芯买回去，汗流满面地往房子里布置，可是怎么也不能堆满三间房子。这个时候，孙膑还在那里蒙头大睡。到了傍晚，孙膑才懒洋洋地上街，从集上买了三根小蜡烛，分别放入三间屋里，点燃之后满屋通明，烛光四溢。鬼谷子哈哈大笑。庞涓又是灰头土脸。

说着就到了中秋之夜，清风徐来，月光如洗，鬼谷子领着孙膑、庞涓一同赏月。鬼谷子漫不经心地问道：“你们说说啥时候月亮最圆啊?”庞涓抢先回答：“十五的月亮最圆。”鬼谷子看看孙膑，孙膑思考了一会说：“根据我平时的观察，不能一概而论，月亮有时圆‘四’不圆‘五’。大月十四晚上月亮最圆，小月十五晚上最圆。”鬼谷子点点头。又顺势给他们出了个题，用最简短的文字，描述中秋夜空的景象。庞涓又一次抢先说：“我只用八个字——明月当空，繁星点点。”鬼谷子又让孙膑回答。孙膑胸有成竹地说：“我只用四个字——月朗星稀。”鬼谷子捻须称道：“妙、妙。”

还有一次，鬼谷子对两个弟子说：“从今天开始，我坐在屋里三天不动，谁能想办法把我请出屋去？”庞涓说：“这还不好办？”他到外边转了一圈说：“老师，山下来了一伙强盗，要占山为王，快去看看吧。”鬼谷子说：“这里乃不毛之地，强盗来此何干？”隔了一会，庞涓又慌慌张张跑来说：“老师，大事不好，咱们的柴草垛被人点着了，你快看看吧！”鬼谷子探身向外一望，果见大门外浓烟滚滚，便把桌子一拍说：“大胆顽徒，没有本事请我出去，竟将柴草点着，命你速去扑火！”庞涓无奈，只好前去救火。又隔了一夜，庞涓手持一封信说：“老师，有人送信，说师爷去世，要你速回家奔丧，来人正在山下等你。”鬼谷子喝道：“大胆狂徒，老爷子早已去世，为何满口喷粪？”庞涓三次请师出门均未成功，只得垂头丧气地走出宅院。三日下午，天将黄昏，孙膑才睡意未定地来见老师说：“老师，请你出屋难，把你请进屋可不难。”鬼谷子说：“一样难！”孙膑摇着头说：“我不信。”鬼谷子说：“走。”说着师徒二人来到院中。孙膑说：“老师，我总算把你请出来了。”鬼谷子一愣，哈哈大笑起来。

鬼谷子又说：“我再出个题目，你们二人看如何？”于是鬼谷子拿出一只篮子，里面装了五个馒头。老师宣布规则：“现在有五个馒头，吃完为止，看谁吃的多。一次只能拿两个，吃完才能再拿，吃得多的为胜。”听老师说完，庞涓上前拿了两个，狼吞虎咽地吃起来。孙膑不慌不忙拿了一个馒头，慢条斯理地吃起来，结果仍然是孙膑先吃完，于是，孙膑按照规则拿走了最后两个馒头。3:2，又是孙膑胜。

鬼谷子的教学给我们启发良多。教师要善于利用一定的情境，让学生处于竞赛之中，保持思维的积极性，同时，以结果说明问题，强调学生的自悟和默会。教育大多通过活动来进行，注重观察和推理，在动手和实践中完成思考和学习。鬼谷子的教学大多是思维训练和智力上的挑战，注重创新精神的培养，他不拘一格培养人才，难怪孙膑、庞涓、苏秦、张仪等人，都出自他的门下。

【写作点拨】

1. 学生在塑造优秀教师形象时，可以引用选文对教师进行概括或者赞美，增加文采。

2. 学生在作文中想要体现“导师或者优秀人才的引领作用”的时候，可以引用选文说明问题，也可以引用选文作为文章开篇，为文章增色。

【原文】

君子知至学①之难易而知其美恶②，然后能博喻，能博喻然后能为师，能为师然后能为长③，能为长然后能为君。故师也者所以学为君也，是故择师不可不慎也。《记》曰：“三王四代唯其师”，其此之谓乎！

【注释】

①至学：求学。②美恶：指天资的高下。③长：指长官。

【译文】

教师要掌握学生求学时所感到的难易不同，从而区别出学生天资的好坏，然后才能依据个体差异，因材施教，对学生进行多方面多角度的启发诱导。能够尊重个体差异，多方面启发诱导，才能当好教师。能当好教师才能做长官，能做长官才能当人君。所以说，当教师的，就是在教人如何管理国家和百姓。因为这个缘故，所以选择教师不可不慎重。古书上说："古代君王以选择教师为首要任务"，说的就是这个道理啊！

【解析】

这一段论述读起来似乎让我们觉得有些荒谬。无论从哪个角度来看，历朝历代，教师与长官、国君都相去甚远。官员或者国君的学识修养也未必能赶得上教师。他们之间唯一的联系就是：卓越的管理人才一定是优秀的施教者培养出来的。教师本身是平凡的，但教师可以锻造英才。因为人君对权力和统治极其看重，所以才更要慎重选择老师。不管怎样，从"三王四代唯其师"中，我们还是感受到了优秀施教者所给予的伟大力量和不竭能量。可以说，选择了怎样的人生导师，其实也就规划了怎样的人生方向。因此，择师不可不慎。

【写作点拨】

1. 学生谈及"尊师重教"的重要性时，可以引用选文增强文章说服力。

2. 学生谈及"教师对人一生的影响"时，可以引用选文作为正面材料，丰富文章内容。

【原文】

凡学之道，严师[1]为难。师严然后道尊，道尊然后民知敬学。是故君之所不臣于其臣者二：当其为尸[2]，则弗臣也；当其为师，则弗臣也。大学之礼，虽诏于天子无北面[3]，所以尊师也。

【注释】

①严师：严，指尊敬。严师：指尊敬老师。②尸：是指装扮为死去的祖先而成为受祭者。③诏于天子无北面：大学的教师给天子讲课或对课。在这个场合下，天子不是面向南，而是向东；教师不是面向北，而是向西，即不以寻常的君臣之礼待之。

【译文】

在教育工作中最难能可贵的就是尊敬教师。只有尊敬教师才能重视他传授的道。在上的君王能尊师重道，百姓才能安心求学。所以，君王不以君主的身份相待的臣子只有两种人：一是正在代表死者受祭祀的人，不以臣子相待；二是教师，不以臣子相待。根据礼制，这二种人虽被天子召见，但可以免去朝见君王的礼节。后者，就是为了表示尊师重道的缘故。

【解析】

《学记》开篇便指出了在封建社会的教育中，教育的终极目的是为了“化民成俗”，以便更好地为统治阶级的政治目的服务。所以，作为牢固统治根基的重要手段，“教育”得到最高规格的崇尚和尊重，“教师”的地位和作用也便随之被推及到巅峰。阶级社会的政治统治也好，我们现今社会的和谐发展也罢，总之，古今中外，都有共识：教育是立国的根本。教师是教育的承担者和实施者，因此，对教育的崇敬应该从尊重教师开始。为什么“凡学之道，严师为难”？这是因为教师没有特殊的社会地位和权利。教育教学的难点不是教学方法、教学内容，而是学生是否有尊敬和喜爱老师的态度，态度品格是认知的支撑和土壤。要想社会尊师，最先做的就是使社会懂得重道的深远意义。一个民族长盛不衰的生命力来源于不断地革新和超越，教师是启迪心智，点化慧根的金石。可以说，没有教师的引导点拨，就没有智慧的闪亮，从而就没有文明和发展，接下来，还何谈兴国安邦?

我们每一个人，如果都尊重自身价值，追求进步发展，就该先明白学习的深远意义。“道”为通达之道，“师”为点金之石。我们一切的攀爬与飞跃，都要从“尊师重道”起步。

【故事】

唐太宗教子尊师

唐太宗李世民是我国历史上少有的明君。唐太宗懂得国家要兴旺发达，长治久安，搞好子女教育非常重要，他认为教诫太子诸王是“当今日之急”。因此，他给几个儿子选择的老师都是德高望重、学识渊博的人。而且，他一再告诫子女，一定要尊重老师。一次，太子的老师李纲因患脚疾，不能行走。唐太宗知道后，竟特许李纲坐轿进宫讲学，并诏令皇太子亲自恭迎老师。要知道，在封建社会，后宫森严，除了皇帝和他的后妃、子女可以坐轿，其他官员不要说坐轿，就是出入也是诚惶诚恐的。

后来，唐太宗又叫礼部尚书王圭当他第四个儿子魏王的老师。有一天，他听到有人反映魏王对老师不尊敬。唐太宗十分生气，他当着王圭的面批评儿子：“以后你每次见到老师王圭，如同见到我一样，应当尊敬，不得有半点放松。”从此，魏王见到老师王圭，总是毕恭毕敬，听课也认真了。由于唐太宗家教很严，他的几个儿子对老师都很尊敬，从不失礼。因此，“唐太宗教子尊师”也被后人传为佳话。

【写作点拨】

1. 学生在谈“尊师重道”的话题时，可以引用选文，为文章增色。

2. 学生在谈“学习的意义”等类似话题时，可以引用选文，增强文章表现力。

【原文】

善学者，师逸①而功倍，又从而庸②之。不善学者，师勤而功半，又从而怨之。善问者如攻坚木，先其易者，后其节目③，及其久也，相说④以解。不善问者反此。善待问者如撞钟，叩之以小者则小鸣，叩之以大者则大鸣，待其从容，然后尽其声。不善答问者反此。此皆进学之道也。

【注释】

①逸：指安闲不劳累。②庸：归功的意思。③节目：指木头上关节。④相说：说音“脱”，指木头关节受斧砍而脱落。

【译文】

会学习的人，能使教师不费力而效果好，并能感激教师；不会学习的人，即使老师很勤苦而自己收效甚少，还要埋怨教师。会提问的人，就像木工砍木头，先从容易的地方着手，再砍坚硬的节疤，这样，问题就会容易解决；不会提问题的人却与此相反。善于对待学生发问的教师，就像撞钟一样，用力小，钟声则小，用力大，钟声则大，通过循循善诱，逐步解决。等到学生一点点地理解之后，再把最高深的知识传授给他。不善于对待学生发问的恰巧与此相反。以上这些，讲的是进行教学的方法。

【解析】

会学习的人，懂得学习的方法和技巧，自身主动性也足够，教师会很轻松地就让学生有所进益。这类学生能够从教师的“只言片语”中感受到老师给予的广博内涵和强大推动力，所以他们对老师是充满感激之情的。反之，就是另外一种情形了。

善，指擅长、善于。能称之为“善”者，一定是深谙此道，贯通精髓。选文中提到了善问与善待问两个问题。这两个问题的关键都在一个“善”字。在善问和善答中，揭示了学生的主体作用和教师的主导作用。古人云：“为学患无疑，疑则有进”。善问的学生，能够通晓“问”的含义和目的，知道“问”的价值和作用。问，是对学识的自我整理后发现“所得有所亏缺”的产物。“学起于思，思源于疑。”只有一个了解自己学习能力，懂得学习规律，对自己所掌握的学习内容有一定把握的学生才有可能会

"善问"。所以，我们在平时的学习中，不要盲目模仿别人去提问。也不要随意发问，自己能通过思考解决的问题就不去问。更不要对没有目的性的问题提问，这样的问题即使被对方解决，于己也是毫无用处的。但是对于自己真正存在困惑并且有提问必要的问题，一定要勇于提问，勇于探究。是否具有提问题的能力也是我们学习素养优劣的重要标志。"善待问"的老师是最有智慧的老师。这样的老师不会把问题的解决看作是最终目的。而是会把学生的提问看作是启迪学生思维、引导学生思路的绝佳契机，"小问小启，大问大启"。并会随着学生吸纳的进程，来调整自己指导的方向和深度。在师生的问答讨论中，使学生得到的不只是一个问题的答案，而是得到一种思维方式，一种全新的思想。让问题的价值远超于问题本身，使学生终身受益。如果一个"善问"者能有幸遇到一个"善待问"者，教学相长所碰撞出的智慧火花将如"星星之火可以燎原"。

【故事】

勇于提问的伽利略

伽利略17岁那年，考进了比萨大学医科专业。他喜欢提问题，不问个水落石出决不罢休。有一次上课，比罗教授讲胚胎学。他讲道："母亲生男孩还是生女孩，是由父亲的强弱决定的。父亲身体强壮，母亲就生男孩；父亲身体衰弱，母亲就生女孩。"比罗教授的话音刚落，伽利略就举手说道："老师，我有疑问。"比罗教授不高兴地说："你提的问题太多了！你是个学生，上课时应该认真听老师讲，多记笔记，不要胡思乱想，动不动就提问题，影响同学们学习！""这不是胡思乱想，也不是动不动就提问题。我的邻居，男的身体非常强壮，可他的妻子一连生了5个女儿。这与老师讲的正好相反，这该怎么解释？"伽利略没有被比罗教授吓倒，继续反问。"我是根据古希腊著名学者亚里士多德的观点讲的，不会错！"比罗教授搬出了理论根据，想压服他。伽利略继续说："难道亚里士多德讲的不符合事实，也要硬说是对的吗？科学一定要与事实符合，否则就不是真正的科学。"比罗教授被问倒了，下不了台。后来，伽利略果然受到了校方的批评，但是，他勇于坚持、好学善问、追求真理的精神却丝毫没有改变。正因为这样，他才最终成为一代科学巨匠。

【写作点拨】

1. 学生在谈"提问促进学习进步"的话题时，可以用选文作为文章开篇引起下文，也可以用选文来证明自己的观点看法。

2. 学生在塑造优秀教师形象时，可以引用选文丰富文章内容。

3. 学生在写关于"学习方法和学习心得体会"类的文章也可以引选文增强文章说服力。

【原文】

记问之学，不足[①]以为人师，必也其听语乎。力[②]不能问，然后语[③]之，语之而不知，虽舍[④]之可也。

【注释】

①不足：不够。②力：能力。③语：音"欲"，告诉。④舍：丢弃。指搁置，暂时放到一边。

【译文】

只靠记一点现学现卖的零碎知识来应付学生发问，是没有资格做老师的。一定要听取学生的提问，做到有针对性地讲解。只有当学生没有能力提出问题时，教师才开释给他听。要是讲解后还不理解，就暂时放到一边，留待以后再解释。

【解析】

本段选文简短精炼，而内容却丰富全面。选文针对施教者一共提出三方面主张。第一，对于自身学识储备量来讲，没有真才实学，没有独到的体验和认知，在教育中就没有发言权，也就没有资格做老师。只凭借现学现卖或者照本宣科的伎俩，只做知识从书本到学生大脑的"搬运工"，就"亵渎"了教育者的使命。美国著名教育心理学家盖茨说，如果有人向教师提出类似"您是教数学的老师吗？"这种问题，教师的回答应是"不是，我是教学生学数学的老师。"第二，教师的教育之道首先就要尊重学情，因材施教。教师要能够依据不同学生的不同特性和资质来选择教育手段。学生有独立思考能力，就不要进行启发引导。学生不具备学习能力，再对其进行讲解传授。第三，对待学困生，不要步步紧逼，要承认学生的成长是有一个漫长过程。在学生学习出现"困顿"的当口，强制学生接受吸收是没有成效的，同时还会让学生产生厌学恶师的后果。一定要耐心等待学生认知能力提升之后，再对其施教。不要因为学生暂时的迷惘而对其贬损甚至极早放弃，每一粒种子的花期不同，但不代表晚绽放的花朵就失去了生命的色彩。承认差异，承认过程，承认一切顺应自然的规律，才能让教育营造和谐。正如古人所讲："经师易得，人师难求"。

【故事】

孔夫子因材施教

有一次，孔子讲完课回到自己的书房，学生公西华给他端上一杯水。这时候，子路匆匆地走进来，大声地向老师讨教："先生，如果我听到一种正确的主张，可以立刻去做么？"孔子看了子路一眼，慢条斯理地说："总要问一下父亲和兄长吧？怎么能听到就去做吗！"子路刚出去，另一个学生冉有悄悄的走到孔子面前，恭敬地问："先生，我要是听到正确的主张，就应该立刻去实行吗？"孔子马上回答："对，应该立刻实行。"冉有走后公西华奇怪地问："先生，一样的问题你的回答怎么相反呢。"孔子笑了笑说："冉有性格谦恭，办事犹豫不决，所以我鼓励他临事果断，但是子路逞强好胜，办事不周全，所以我就劝他遇事多听取别人的意见，三思而行。"

【写作点拨】

1. 学生在写关于"教师的优秀品质"时，可以引用选文作为反面切入点，使文章文采斐然，让人觉得耳目一新。

2. 学生在写关于"人的成长和进步需要过程"等类似话题时，可以引用选文证明观点，丰富文章内容。

【原文】

良冶①之子，必学为裘②；良弓③之子，必学为箕④；始驾者反之，车在马前。君子察于此三者，可以有志于学矣。

【注释】

①冶：指会冶炼的人。②裘：指鼓风裘，用来给火增风的工具。③弓：指会制作弓箭的人。④箕：指树枝、树条。

【译文】

高明的冶金匠的儿子，（如果想要学到父亲的高超手艺）一定要先学制鼓风裘；高明的制弓匠的儿子，一定要先学会用柳条编成箭袋子；刚要学拉车的小马，要先放在车后跟着走。君子如果懂得了这三个例子中所含的道理，就可以在教学中有所成就了。

【解析】

人的任何一种知识都不会是天生就有，必须要依靠后天学习获得。教育的起步在于模仿。重视观察和勤于效仿是进入一个领域由生到熟的必经渠道。同时，"良冶之子，必学为裘"与"良弓之子，必学为箕"，是主张掌握一门知识之前，要先了解促成收获知识的必要条件。教师在教育中只有懂得先易后难、由浅入深、反复练习、循序渐进的施教之道，才能取得高效的教育成果。

【故事】

纪昌学射

周朝时，全天下最好的神射手是个叫飞卫的人，此人隐居在鹿台山。于是，纪昌决心去会会这位神射手。他历尽千难万险最终来到鹿台山找到了飞卫，说要和他比试一下射箭的本领。纪昌先射了一箭，射中了空中一只鸟。飞卫大笑起来，轻轻地摇了摇头。于是纪昌又射了一箭，射中了水中一条鱼。飞卫还是笑着摇头。世人都说天上的飞鸟和水中的游鱼最难射中。然而飞卫却以为这只是雕虫小技。纪昌被激怒了，他等待着飞卫射出他的那一箭。飞卫提起弓，不经意地射了一箭，射穿了一片正在飘落的树叶，却没有改变它飘落的轨迹。那片树叶只是在空中停了一秒钟，仿佛犹豫了一下，然后又慢慢地落下来。纪昌的心中一阵刺痛，这一射朴实无华然而却让纪昌彻底折服了。他决心向飞卫学习射术。

飞卫收下纪昌作徒弟后，对纪昌要求极其严格！刚开始学习时，飞卫对纪昌说："你是真的要跟我学射箭吗？要知道不下苦功夫是学不到真本领的。"纪昌表示："只要能学会射箭，我不怕吃苦，愿听老师指教。"于是，飞卫十分严肃地对纪昌说："你要先学会不眨眼，做到了不眨眼后才可以谈得上学射箭。"

回到家里，纪昌为了学会不眨眼，仰面躺在他妻子的织布机下面，两眼一眨不眨地直盯着他妻子织布时不停地踩动着的踏脚板。天天如此，月月如此，心里时刻想着飞卫老师对他的要求和自己向飞卫表示过的决心，就这样，纪昌一直坚持练了三年，中间从没间断过，即使锥子的尖端突然刺到了眼眶边，他的双眼也一眨不眨。于是纪昌整理行装，离别妻子回到飞卫那里去了。飞卫听完纪昌的汇报后却对纪昌说："还没有学到家哩。要学好射箭，你还必须练好眼力才行，要练到看小的东西像看到大的一样，看隐约模糊的东西像清晰的东西一样。你还要继续练习，练到了那个时候，你再来找我。"

纪昌又一次回到家里，选一根最细的牦牛尾巴上的毛，一端系上一个小虱子，另一端悬挂在自家的窗口上，两眼注视着吊在窗口牦牛毛下端的小虱子，目不转睛地看着。十天不到，那虱子似乎真的渐渐地变大了。三年过去了，眼中看着那个系在牦牛毛下端的小虱子又渐渐地变大了，大得仿佛像车轮一样。纪昌再看其他的东西，简直全都变大了，大得竟都像是巨大的山丘了。于是，纪昌马上找来用北方生长的牛角装饰的强弓，用出产在北方的蓬竹所造的利箭，左手拿起弓，右手搭上箭，目不转睛地瞄准那仿佛车轮大小的虱子，将箭射过去，箭头恰好从虱子的中心穿过，而悬挂虱子的牦牛毛却没有被射断。这时，纪昌才深深体会到要学到真本领非下苦功夫不可。

纪昌又一次来找到飞卫，飞卫听了他的讲述很为纪昌高兴，甚至高兴得跳了起来，并还用手拍着胸脯，走过去向纪昌表示祝贺说："你成功了，对射箭的奥妙，你已经掌握了啊！"

看来要学好本领，必须苦练基本功，必须持之以恒。只有坚持不懈地练习，才能精通。

【写作点拨】

1. 学生在写关于"学习方法"的文章时，可以应用选文丰富文采。
2. 学生在谈论"循序渐进"等话题时，可以引用选文证明观点，增强文章说服力。
3. 学生在谈"基础的重要性"等类似话题时，可以引用选文丰富文章内容。

《乐记》篇

【题解】

《乐记》是我国最早的一部具有比较完整体系的汉族音乐理论著作。它主要讲述了乐的产生和祭祀活动中的应用，总结了先秦时期儒家的音乐美学思想。

【原文】

凡音之起①，由人心生也。人心之动，物使之然也。感于物而动，故形于声；声相应②，故生变；变成③方，谓之音；比④音而乐之⑤，及干戚羽旄⑥，谓之乐也。乐者，音之所由生也，其本⑦在人心感于物也。

【注释】

①起：起始。②应：应和。③成：指按照……生成。④比：随着。⑤乐：用乐器演奏。⑥干戚羽旄：统指跳舞人手执的器具。⑦本：根本。

【译文】

大凡音的起始，都是由人心产生的。而人心的律动，是外物造成的。心有感于物而变动，再由声表现出来；声与声相应和，节奏发生变化；按照一定的方法、规律变化，就叫作音；随着音的节奏来用乐器演奏，再加上用干戚羽旄舞蹈，就叫作乐了。所以说乐是由音产生的，而其根本是人心有感于物造成的。

【解析】

"艺术来源于生活"。艺术的核心并不是技术，而是心灵。一切音乐都产生于人在生活中的内心感受。情感在心中激荡，便可通过声音表达出来。由此可见，音乐是表达人内心情感的方式。一旦心灵可以毫无障碍地表达，便能创造出完美的音乐效果。音乐由人心而生，音乐生而润泽人心，使人获得精神上的愉悦享受或情感共鸣。

【故事】

《二泉映月》的故事

无锡的惠山，树木葱茏，藤萝摇曳。山脚下有一泓清泉，人称“天下第二泉”。

有一年的中秋之夜，小阿炳跟着师父来到二泉边赏月。水面月辉轻淌，银光粼粼，阿炳静静地倾听着泉声。突然，师傅问他：“你都听到了什么声音？”小阿炳摇摇头，因为除了淙淙的流水声响，他什么声音也没有听到。师父说：“你年纪尚小，等你长大了，就会从二泉的流水中听到许多奇妙的声音。”小阿炳望着师父饱经岁月风霜的脸庞，懵懂地点了点头。这件事过去十多年后，师父早已离开人世，阿炳也因患眼疾而双目失明。他整天戴着墨镜，操着胡琴，靠着卖艺悲凉度日。但是生活的穷困和疾病的折磨，泯灭不了阿炳对音乐的热爱和对光明的向往。他多么希望有一天能再次睁亮双眼，重新过上安定幸福的生活啊！

又是一季中秋夜，阿炳在邻家少年的搀扶下来到了二泉边。月光仍是清凉似水，明月静影如沉璧，但阿炳却再也看不见这月色了。一如往昔的只有那淙淙的流水声萦绕在他的耳畔。他想起了师父说过的话，想到了自己坎坷的经历。渐渐地，渐渐地，他似乎听到了深沉的叹息，伤心的哭泣，激愤的倾诉，倔强的呐喊……听着，听着，阿炳的心颤抖起来。他禁不住拿起二胡，他要通过琴声把积淀已久的情怀倾吐给这茫茫月夜。他的手指在琴弦上不停地游走，就连那流水和月光都动情，幻化成了一个个动人的音符，从琴弦上流泻而出。起初，琴声连绵婉转，有如山泉从幽谷中蜿蜒而来，缓缓流淌。这似乎是阿炳在赞叹惠山二泉的优美景色，在怀念对他恩重如山的师父，在回忆曾经的美好，在思索自己走过的人生道路。随着旋律的起伏升腾，步步高昂，乐曲进入了高潮。它以不可抵挡的力量，表达出对命运的抗争，抒发了对美好未来的无限向往。月光照水，水波映月，乐曲久久地在二泉池畔回响，舒缓跌宕，恬静而又激荡。阿炳用这动人心弦的琴声告诉人们，他爱那支撑他度过悲苦一生的音乐，他爱那美丽秀郁的家乡，他爱那惠山的清泉，他爱那照耀清泉的月光……

就这样，一首不朽的乐曲诞生了，这就是二胡曲《二泉映月》。

【写作点拨】

学生在写有关“音乐”的话题时，可以引用选文谈对音乐的认识，为文章增添文采。

《杂记》篇

【题解】

本篇章主要以杂记记录诸侯及士的丧事礼制。

【原文】

君子有三患[1]：未之闻，患弗得闻也；既闻之，患弗得学也；既学之，患弗能行也。君子有五耻：居其位，无其言，君子耻之；有其言，无其行，君子耻之；既得之而又失之，君子耻之；地有余而民不足，君子耻之；众寡均[2]而倍焉，君子耻之。

【注释】

①患：忧虑、担忧。②均：均匀。

【译文】

君子有三种忧虑：没有听说过的东西，担心自己一直没机会知道；已经听说到的东西，担心自己学不会；已经学会的东西，担心不能付诸实际行动。君子还有五种自感羞耻的事：在其位而不谋其政，君子引以为耻；谋其政而不能实行，君子引以为耻；已经实行的却半途而废，君子引以为耻；地广而民稀，君子引以为耻；与别国人口一样多而人家的财富比自己多一倍，君子引以为耻。

【解析】

这段选文从反面角度说明了衡量君子的标准。第一，君子要能够有强烈的求知欲望，并能将学之所得应用于实践工作中去。一个人只有擅长审视自己，严格要求自己，全方面考察自己，才能把自己锻造成优秀英才。第二，君子应该在其位而谋其政。并能做到持之以恒，勤于政事并能有所成就。第三，有能力在综合国力竞争中让自己的国家富饶强大。在工作中极大限度地挖掘自身潜能，让自己不仅能胜任本职工作。第四，应该有创新和改革的勇气，有卓越的工作成效，以便更好地为国家服务。我们初中生也要向这样的标准努力，让自己富有积极向上的探索欲望和挑战精神。在学习和生活中，努力做一个强者，不气馁也不服输，面对各方面的挑战，要让自己不仅能够胜任，而且能够驾驭和掌控。

【故事】

邹忌进谏齐王的故事

齐国的邹忌身高八尺多，而且身材魁梧，容貌美丽。有一天早晨他穿好衣服戴好帽子，边照镜子，边对他的妻子说："我与城北徐公相比，哪一个美？"他的妻子说："您美极了，徐公哪里能比得上您呢？"城北的徐公，是齐国的美男子。邹忌不相信自己会比徐公美，于是又问他的妾说："我与徐公相比谁更美？"妾说："徐公哪里能比得上您呢！"第二天，一位客人来拜访，邹忌与他坐着闲谈。邹忌问客人说："我和徐公谁更美？"客人说："徐公不如您美啊。"第三天，徐公来了，邹忌仔细地端详他，自己认为不如徐公美；再照镜子看看自己，又觉得远不如人家。晚上，他躺在床上想这件事，说："我的妻子认为我美的原因，是偏爱我；妾认为我美的原因，是惧怕我；客人认为我美的原因，是有事情想要求于我。"

邹忌由家里发生的这件小事，突然就想到了国家朝政上的大事。因此邹忌赶紧上朝拜见齐威王。他对齐威王说："我知道自己确实不如徐公美。可是我的妻子偏爱我，我的妾惧怕我，我的客人对我有所求，所以他们都认为我比徐公美。如今的齐国，土地方圆千里，有一百二十座城池，宫中的妃子及身边的侍从，没有不偏爱大王的；朝中的大臣，没有人不惧怕您的；国内的百姓，没有不对大王有所求的。由此看来，大王受蒙蔽一定很深了！"

齐威王听了之后深有感悟，赞扬邹忌是一个有心的臣子，对国事尽职尽责。紧接着齐威王就下了一道命令："所有大臣、官吏、百姓，能够当面批评我过错的人，得上等奖赏；能够上书劝谏我的人，得中等奖赏；能够在公共场所指责议论我的过失，并能传到我的耳朵里的人，得下等奖赏。"政令刚一下达，许多官员都来进言规劝，宫廷就像集市一样喧闹；几个月以后，有时偶尔还有人来进谏；满一年以后，即使想说，也没有什么可进谏的了。

燕、赵、韩、魏等国听说了这件事，都到齐国来朝见齐王。齐国君臣一心，各司其职，才有内政修明，国家富强。

【写作点拨】

1. 学生在写关于"自尊心、责任心、上进心"等话题时，可以引用选文增强文采。

2. 学生在写关于"君子德行"类的文章时，可以引用选文进行反面立意。

【原文】

子贡观于蜡[①]。孔子曰："赐[②]也乐乎？"对曰："一国之人皆若狂，赐未知其乐也！"子曰："百日之蜡，一日之泽[③]，非尔所知也。张而不弛，文武[④]弗能也；弛而不张，文武弗为也。一张一弛，文武之道也。"

【注释】

①蜡：指蜡祭。②赐：子贡的名字。③泽：同“释”，放松的意思。④文武：文王武王。

【译文】

子贡观看年终的蜡祭，孔子问他：“赐啊，你看出蜡祭给人们带来的巨大欢乐了吗？”子贡答道：“全国的人都像是在发酒疯，我还没看出来乐在何处！”孔子说。“人们辛勤劳作一年，好不容易才在这一天释放、放松一下，这是你所体会不到的。让民众一味紧张而没有一天轻松，即使文王、武王也不能把天下治理得好；让民众一味轻松而没有一天紧张，文王、武王也不会这么做。该紧张时紧张，该放松时放松，这才是文主、武王治理天下的办法。”

【解析】

“一张一弛，文武之道”中的“道”就是指我们今天所说的劳逸结合。无论是国君治国还是普通人做事都要张弛有度。这是对自然规律和生命规律的尊重和顺从。人的精力和体力都有一定的限度，超越了这个极限而不去缓解调整，人就会头脑木讷，精神崩溃，体力不支，从而也就没有了劳动效率。“休息”是为了更好的工作，“会休息”的人才会工作。我们在日常的学习中，也要学会张弛结合，不要一味勤奋刻苦而忽略了学习效率，那样将“欲速则不达”。

【故事】

杜甫独酌

杜甫在苏州当刺史时公务繁忙，有时候太过劳累就以喝酒排遣。杜甫喝酒喜欢独酌，他常常独自一人慢慢品味，每次喝酒消遣总要浪费一天的光阴。跟随他的仆役很是不能理解，有一天，终于斗胆问杜甫：“大人每日公务劳顿，有时吃饭睡觉的工夫都没有，怎么能舍得浪费一天来品酒呢？”杜甫听后大笑说：“我是以一天的酒醉来解除九天辛劳啊。如果没有九天的疲劳，怎么能治理好州里的百姓？如果没有这一天的酒醉，怎么能娱乐自己的身心？如果一味疲劳，怎么能有精力继续为国为民做事？我这是用酒来让自己张弛有度啊。”

【写作点拨】

1. 学生写关于“劳逸结合”的文章时，可以引用选文增强文章舒服力。

2. 学生在写“明君治国之道”的时候，可以引用选文丰富文章内容。

《祭义》篇

【题解】

本篇章主要是对祭祀双亲的态度和礼制的阐述。

【原文】

祭不欲数[①]，数则烦，烦则不敬。祭不欲疏[②]，疏则怠，怠则忘。是故君子合诸天道，春禘[③]秋尝。秋，霜露既降，君子履之，必有凄怆之心，非其寒之谓也。春，雨露既濡，君子履之，必有怵惕[④]之心，如将见之。乐以迎来，哀以送往，故谛有乐而尝无乐。

【注释】

①数：指多次。②疏：指稀少。③禘：天子、诸侯宗庙之祭，春曰钓，夏曰谛，秋曰尝，冬曰羔。④怵惕：心惊的感觉。

【译文】

祭祀的次数不能太多，太多就会使人感到厌烦，有厌烦之心就会对神不敬。祭祀的次数也不能太少，太少就会使人怠惰，有怠惰之心就会导致忘掉祖先。所以君子按照自然的运行规律，春天举行钓祭，秋天举行尝祭。秋天来了，霜露覆盖大地，君子脚踩在霜露之上，一定会有凄凉之感；这不是由于天气的寒冷，而是因为触景生情，想起了死去的亲人；春天来了，雨露滋润大地，君子脚踏在雨露之上，一定会怦然惊心，希望如万物复苏一样重见死去的亲人。人们以快乐的心情迎接亲人的归来，以悲哀的心情送别亲人的离去，所以钓祭奏乐而尝祭无乐。

【解析】

古人在很多事情的处理上都非常“人性化”，因为他们承认和尊重自然的客观规律。祭祀的次数只有安排得“恰到好处”才合乎“人性”，也才更合乎“礼”的标准。这也就是我们今天所说的善于把控自己做事的分寸。每件事一定有一个“黄金分割点”，它是处理问题的最佳尺度，需要我们有能力去探索把握。亲人逝去了，化作一抔尘土。但只要心里一直在真切怀念，心便会因外物而动，“感时花溅泪，恨别鸟惊心”，任何外物都是内心真情的载体，任何外物也都能拨动最柔软的心弦。人们按照时令的特点进行的两次祭祀，使得自然的景象能和人的心境恰好契合，让人们的哀思和怀念能在自然的风霜雨露中溶化，让哀思更深邃，让思念更绵长。

【原文】

先王之所以治天下者五：贵[1]有德，贵贵[2]，贵老，敬长，慈幼。此五者先王之所以定天下也。贵有德，何为也？为其近于道[3]也。贵贵，为其近于君也；贵老，为其近于亲也；敬长，为其近于兄也；慈幼，为其近于子也。

【注释】

①贵：尊重、崇尚。②贵贵：第一个贵是动词，指尊重；第二个贵是名词，指尊贵的，有地位的人。③道：规律、道理。

【译文】

先王用来治理天下的原则有五条：让大家都来尊重有德行的人，尊重有地位的人；尊重老年人，尊敬年长的人，爱护下一代。这五条，就是先王之所以能够使天下安定的原因。尊重有德的人，这是为什么呢？因为有德的人最懂得规律标准。尊重有地位的人，是因为他们最接近国君。尊重老年人，是因为他们就像是自己的双亲。尊敬年长的人，是因为他们就像是自己的兄长。爱护下一代，是因为他们就像是自己的子女。

【解析】

一个社会的稳定发展首先要以社会关系友善和谐为基础。选文中提到的五种人，包括道德的楷模、统治阶层代表，以及能体现长幼有序的尊长身份和社会上的弱势群体。这五类人如果能得到社会的尊重，就是相当于尊重规范、尊重统治、尊重各种社会关系。那么百姓就会顺应统治管理，社会尊卑有序，安定祥和，并有良好的社会风气，自然能“定天下”。“先王之所以治天下”的原则在我们今天也同样实用。“尊”是人性本善的表现，是关系和睦的根基，是对生命的敬畏，也是人们内心的大爱。只有有了尊重才能达到社会的祥和和文明。

【故事】

张良敬老的故事

秦朝末年，张良谋杀秦始皇没有成功，便逃到下邳隐居。一天，他在镇东石桥上闲走，遇到了一位白发苍苍、胡须很长的老人。老人手持拐杖，身穿褐色衣服，走到张良跟前，故意把鞋子掉到了桥下，然后便叫张良去帮他捡起来。张良觉得很惊讶，也觉得老人很无礼，心想：你是谁啊？敢让我帮你捡鞋子？张良甚至想举起拳头揍对方。但见他年老体衰，而自己却年轻力壮，便克制住自己的怒气，到桥下帮他捡回了鞋子。谁知这位老人不仅不道谢，反而大咧咧地伸出脚来说：“替我把鞋穿上！”张良心底大怒：嘿，这老头儿，我好心帮你把鞋捡回来了，你居然还得寸进尺，要让我帮你把鞋穿上，真是过分!张良正想脱口大骂，但又转念一想，反正鞋子都捡起来了，干脆好人做到底，谁让他年纪大呢。于是张良又默不作声地替老人穿上了鞋。张良的恭敬尊老赢得了这位老人认可，又经过几番考验，这位老人终于将自己用毕生心血注释而成的《太公兵法》送予张良。张良得到这本奇书，日夜诵读研究，之后便成为满腹韬略、智谋超群的汉代开国名臣。

【写作点拨】

1. 学生在谈"尊重"的话题时，可以引用选文，丰富文采。

2. 学生在谈"和谐社会"等相关话题时，可以引用选文，证明观点，丰富文章材料。

【原文】

子曰："立爱自亲①始，教民睦也。立敬自长②始，教民顺也。教以慈睦，而民贵有亲。教以敬长，而民贵用命③。孝以事亲，顺以听命，错④诸天下，无所不行。"

【注释】

①亲：指双亲。②长：指兄长。③命：听命，服从。④错：通"措"，放置。

【译文】

孔子说："君主想要立爱于天下，应当从教育百姓爱自己的双亲开始，这样百姓就可以和睦相处。君主想要立敬于天下，应当教育人民先敬从自己的兄长，这样就可以使百姓懂得顺从。教导百姓友爱和睦，百姓就会以事奉双亲为美德。教导百姓尊敬兄长，人民就会以顺从命令为美德。以孝心事奉双亲，以顺从的态度听从尊长的命令。天下人人如此，就不会有办不到的事情。"

【解析】

人人都有父母，人人都爱自己的父母，那么，自上而下一片祥和；人人都有兄长，人人都敬从兄长，那么，自左及右一片和睦。所以，爱父母与敬尊长构成了社会安定和谐的经纬图画，从而形成良好的社会风尚。当今社会亦然。我们每一个家庭都是社会的一个组成元素，如果在家庭内部能够亲和友爱，那么同样亲和友爱的家庭就共同为构建"和谐社会"贡献力量。

【写作点拨】

学生在谈"和谐社会"等相关话题时，可以引用选文，证明观点，丰富文章材料。

【原文】

天下之礼，致①反始②也，致鬼神③也，致和用也，致义也，致让也。致反始，以厚其本也，致鬼神，以尊上也，致物用，以立民纪也，致义，则上下不悖④逆矣，

致让，以去争也。合此五者，以治天下之礼也，虽有奇邪而不治者，则微[5]矣！

【注释】

①致：指招致。②始：初始。③鬼神：指逝去的祖先。④悖：违逆。⑤微：指少。

【译文】

天下的礼能让人们不忘初始，不忘祖宗，开发资源以便利用，树立道义，提倡谦让。不忘初始，意在让人饮水思源而不忘根本。不忘祖宗，意在使人知道尊上。开发资源以便利用，意在使人民的生活有保障。树立道义，意在明确社会道德规范。提倡谦让，意在消除争讼。把这五项作用合起来，就构成了治理天下的无所不包的"礼"，即使可能还有些坏人坏事不能根除，那也是微乎其微的了。

【解析】

这一则指出了制定"礼"和按"礼"行事的目的及意义。"礼"如果成了社会普遍行为规范，那么会有利于培养人们的感恩之心、和睦之意。会让人们自觉地遵守道义，有意识地致力于生活生产的有力保障。在这种大的环境氛围下，整个国家都在和谐发展的步调之中。即使暂时有些不和谐的音符存在，也不会影响社会安定富强的主旋律。

【故事】

皇甫绩守信求责

皇甫绩是隋朝有名的大臣。他三岁的时候父亲就去世了，母亲一个人难以维持家里的生活，就带着他回到娘家住。

外公见皇甫绩聪明伶俐，又没了父亲，怪可怜的，因此格外疼爱他。外公叫韦孝宽，韦家是当地有名的大户人家，家里很富裕。由于家里上学的孩子多，外公就请了个教书先生，办了个自家学堂，当时叫私塾。皇甫绩就和表兄弟们都在自家的学堂里上学。外公是个很严厉的老人，尤其是对他的孙辈们，更是严加管教。私塾开学的时候，就立下规矩，谁要是无故不完成作业，就按照家法重打二十大板。有一天，上午上完课后，皇甫绩和他的几个表兄躲在一个已经废弃的小屋子里下棋，一贪玩，不知不觉就到了下午上课的时间，大家都忘记做教师上午留的作业。

第二天，这件事被外公知道了，他把几个孙子叫到书房里，狠狠地训斥了一顿。然后按照规矩，每人重打二十大板。外公看皇甫绩年龄最小，平时又很乖巧，再加上没有爸爸，不忍心打他。于是，就把他叫到一边，慈祥地对他说："你还小，这次我就不罚你了，不过，以后不能再犯这样的错误。不做功课，不学好本领，将来怎么能成大事？”皇甫绩和表兄们相处得很好，小哥哥们都很爱护他。看到小皇甫绩没有被罚，心里都很高兴。可是，小皇甫绩心里很难过，他想：我和哥哥们犯了一样的错误，耽误了功课，外公没有责罚我，这是心疼我。可是我自己不能放纵自己，应该也按照私塾的规矩，重打二十大板。于是，皇甫绩就找到表兄们，求他们代外公责打自己二十大板。表兄们一听，都扑哧一声笑了出来。皇甫绩一本正经地说：“这是私塾里的规矩，我们都向外公保证过触犯规矩甘愿受罚，不然的话是就不遵守诺言。你们都按规矩受罚了，我也不能例外。”表兄们都被皇甫绩这种信守学堂的规矩、诚心改过的精神感动了，于是，就拿出戒尺打了皇甫绩二十大板。

后来皇甫绩在朝廷里做了大官，但是这种从小养成的信守诺言、勇于承认错误的品德一直没有丢，这使得他在文武百官中享有很高的声望。

【写作点拨】

学生在谈“和谐社会”等相关话题时，可以引用选文，证明观点，丰富文章材料。

【原文】

乐正子春下堂而伤其足，数月不出，犹①有忧色。门弟子曰：“夫子之足瘳②矣，数月不出，犹有忧色，何也？”乐正子春曰：“善如尔之问也！吾闻诸曾子，曾子闻诸夫子曰：‘天之所生，地之所养，无人为大。父母全③而生之，子全而归之，可谓孝矣。不亏其体，不辱其身，可谓全矣。’故君子顷步④而弗敢忘孝也。今予忘孝之道，予是以有忧色也。壹⑤举足而不敢忘父母，壹出言而不敢忘父母。壹举足而不敢忘父母，是故道而不径，舟而不游，不敢以先父母之遗体⑥行殆。壹出言而不敢忘父母，是故恶言不出于口，忿言不反于身。不辱其身，不羞其亲，可谓孝矣。”

【注释】

①犹：还。②瘳：音“抽”，痊愈。③全：保全。④顷步：指迈步。⑤壹：每一次。⑥先父母之遗体：意思是说自己是死去父母生命的延续。

【译文】

乐正子春走下堂时不小心扭伤了脚，好几个月出不了门，还面带忧色。他的弟子不解地问他：“老师的脚伤了，几个月不出门，现在已经好了，脸上还有忧色，这是为什么呢？”乐正子春说：“你问的太好了！我听曾子说过，而曾子也是从孔子那儿听到：‘天所生，地所养，没有比人更高贵的。父母完整地把自己生了下来，做儿子的也要把身体完整地还给父母，这才叫作孝。不使身体受到损伤，不使名声受到污辱，这才叫作完整。’所以君子举手投足都不敢忘掉孝道。现在我扭伤了脚，是忘掉孝道的表现，所以我才面有忧色啊。每抬一次脚都不敢忘掉父母，每说一句话都不敢忘掉父母。因为每抬一次脚都不敢忘掉父母，所以走路的时候光走大道而不走邪径，过河的时候要乘船而渡而不游泳而渡，不敢拿已故父母的遗留下的作为生命延续的身体去冒险。因为每说一句话都不敢忘掉父母，所以不说伤害他人的话，别人的辱骂也绝不会反攻到自己身上。不让自己的身体受辱，也就等于不让自己的父母受辱，做到这一点，可以称得上孝了。”

【解析】

儒家思想提倡“身体发肤受之于父母，不可妄动”，这是在说我们的生命是父母血肉的延续，我们对自身的爱护其实就是对父母付出的尊重。其次，我们只有自爱，才会免得父母为我们劳神操心。

儒家思想还主张，“尽孝”需要“终其一生”，这里不是说要终父母一生，而是要终子女的一生。不是父母逝去我们的行孝就可以停止了，行孝将伴随子女终身进行。父母逝去，我们要终身怀念，我们要终身去爱父母生前之所爱，我们更要终身爱自己。我们爱自己的身体，因为那就是父母身体的延续。我们爱自己的名誉，因为那就不使父母生前的清誉受损。我们对自己的爱和尊重就是对父母的爱和尊重，就是尽了最大的孝。

我们今天虽然对这样的思想内容有些生疏，但生活中我们却在践行着这样的思想。比如说，我们在家里有客人的时候表现得彬彬有礼，是为了体现我们良好的家庭教育和家族风度；我们出去工作或者学习，总想取得优异的成绩，想给父母和亲人争光；我们总是注意出行的安全，及时向父母汇报，怕父母为我们忧心等等。当我们能把父母放到心里最重要的位置上的时候，我们的行为就会不自觉地合乎规矩，我们的内心就会不自觉地端正，进而就会塑造出完美的人格和完美的人生。

【故事】

黄香尽孝

在中国的古书上，有“香九龄，能温席”的记载。讲的就是我国古代“黄香温席”的故事。

黄香小时候，家中生活很艰苦。在他九岁时，母亲就去世了，黄香非常悲伤。他本就非常孝敬父母，在母亲生病期间，小黄香一直不离左右，守护在妈妈的病床前，母亲去世后，他对父亲更加关心、照顾，尽量让父亲少操心。冬夜里，天气特别寒冷。那时，农户家里又没有任何取暖的设备，确实很难入睡。一天，黄香晚上读书时，感到特别冷，捧着书卷的手一会就冰凉冰凉的了。他想，这么冷的天气，父亲一定很冷，他老人家白天干了一天的活，晚上还不能好好地睡觉。想到这里，小黄香心里很不安。为让父亲少挨冷受冻，他读完书便悄悄走进父亲的房里，给他铺好被，然后脱了衣服，钻进父亲的被窝里，用自己的体温温暖了冰冷的被窝之后才招呼父亲睡下。黄香用自己的孝敬之心，暖了父亲的心。黄香温席的故事，就这样传开了，街坊邻居人人夸奖黄香。

夏天到了，黄香家低矮的房子显得格外闷热，而且蚊蝇很多。到了晚上，大家都在院里乘凉，尽管每人都不停地摇着手中的蒲扇，可仍不觉得凉快。入夜了，大家也都困了，准备睡觉去了，这时，大家才发现小黄香一直没有在这里。“香儿，香儿。”父亲忙提高嗓门喊他，“爸爸，我在这儿呢。”说着，黄香从父亲的房中走出来，满头的汗，手里还拿着一把大蒲扇。“你干什么呢，怪热的天气！”爸爸心疼地说。“屋里太热，蚊子又多，我用扇子使劲一扇，蚊虫就跑了，屋子也显得凉快些，您好睡觉。”黄香说。爸爸紧紧地搂住黄香，“我的好孩子，可你自己却出了一身汗呀！”以后，黄香为了让父亲休息好，晚饭后，总是拿着扇子，把蚊蝇扇跑，还要扇凉父亲睡觉的床和枕头，使劳累了一天的父亲早些入睡。

九岁的小黄香就是这样孝敬父亲，人称温席的黄香，天下无双。他长大以后，人们说，能孝敬父母的人也一定懂得爱百姓，爱自己的国家。事情正是这样，黄香后来做了地方官，果然不负众望，为当地老百姓做了不少好事，他孝敬父母的故事，也千古流传。

【写作点拨】

1. 学生在谈关于“孝”的话题时，可以引用选文作为例子证明观点，丰富文章内容。

2. 学生在谈关于“孔孟思想”的话题时，可以引用选文，为文章增色。

【原文】

昔者有虞氏贵德而尚齿①，夏后氏贵爵而尚齿，殷人贵富而尚齿，周人贵亲而尚齿。虞、夏、殷、周，天下之盛王也，未有遗②年者。年之贵乎天下久矣！次③乎事亲④也。

【注释】

①尚齿：尊重年长的人。②遗：遗忘。③次：次于。④事亲：孝顺父母。

【译文】

从前虞舜之时，虽然尊重有德的人，但也尊重年长的人；夏代虽然尊重有爵的人，但也尊重年长的人；殷代虽然尊重有钱的人，但也尊重年长的人；周代虽然尊重有亲属关系的人，但也不忘尊重年长的人。虞、夏、殷、周四代，是人们公认的盛世，他们都没有忘记对年长者的尊重。由此看来，尊长是很久以来的事了，其重要性仅次于孝顺父母。

【解析】

这段选文以公认的盛世虞、夏、殷、周为例来说明尊长的重要。尊长为先，对于捋顺社会秩序，使天下知恭顺至关重要，是为了形成良好社会氛围和精神风貌。

【故事】

刘琎束带

南北朝时候，南朝齐有一个人，姓刘，单名是一个琎字，表字子敬，就是刘瓛的弟弟。他为人正直，在南宋朝泰豫年间，曾经做过明帝的挽郎。有一次，他的哥哥刘瓛半夜里在隔壁房间叫他的名字，但是刘琎并没有答应。等到下了床，穿好了衣服，到了哥哥床前立正了以后，才答应。刘瓛责怪他的弟弟，怎么答应得这样迟。刘琎从容对他的哥哥说道："之前我因为身上的带子还没有束好，深恐礼貌不周，得罪了兄长，所以不敢随随便便地答应。"刘琎敬重哥哥，成这个样子，后来做了一代有名的臣子。

【写作点拨】

1. 学生在写关于"尊长"类话题时，可以引用选文，丰富文章内容。

2. 学生在谈"上古时期社会状况"时，可以引用选文作为证明材料。

【原文】

曾子曰："孝有三：大孝尊亲，其次弗辱，其下能养。"公明仪问于曾子曰："夫子可以为孝乎？"曾子曰："是何言与？是何言与？君子之所为孝者，先意①承志，谕②父母于道。参③直④养者也，安能为孝乎？"

【注释】

①意：想法。②谕：向……表明。③参：指曾参，即曾子。④直：只、只是。

【译文】

曾子说："孝有三等。第一等的孝是能光耀父母，第二等孝是不侮辱父母的名誉，第三等的孝是能够赡养父母。"曾子的学生公明仪向曾子问道："老师您可以说是已经做到了'孝'字吧？"曾子答道："这是哪儿的话！这是哪儿的话！君子的所谓孝，是不等父母有所表示就把父母想办的事办了，同时又能使父母放心自己的所作所为都是合乎正道的。我只不过是能赡养父母罢了，怎能说是做到了'孝'字呢！"

【解析】

《论语》中有这样的句子：子游问孝，子曰："今之孝者是谓能养。至于犬马皆能有养，不敬，何以别乎？”意思是说，子游问孔子什么是孝，孔子说“现在许多人认为孝就是能养父母，给父母吃喝。其实你养狗养马也是这样养，如果只认为给饭吃就能做到真正孝敬父母，那跟养狗养马又有什么区别呢？”孔子的话指出，真正的孝应该是“敬”。“敬”是恭敬，是顺从，是尊重而不辱没。曾子在孔子的观点之上，又把“孝”分为三等。最低级的孝是赡养，其次是不让自己父母的名誉因自己受到损害。最大的孝是能理解父母的心意，让父母因有优秀的儿女而自豪。在这个选段中我们也可以看出曾子沉稳、谦逊之风。我们今天有好多人，已经走进了对“孝”的认识误区。他们认为只有有了财富才能尽孝，否则就没有尽孝的能力。只有有了金钱，才能给父母买好的房子住，才能让父母吃好喝好。还有一些未成年人，认为自己没有收入，还在靠父母供养，只有等长大了才能尽孝。这些想法都是错误的。一个人什么时候最幸福？是在觉得内心舒畅，心情愉悦的时候最幸福。这种感受的获得不单是通过物质享受得到的。父母以孩子为荣耀，觉得自豪是幸福；父母不为孩子操心，觉得有孩子是有快乐，这是幸福；孩子善解人意，能和父母心意相通，父母也会觉得幸福。所以，无论富贵还是贫穷，无论年长还是年幼，“尽孝”都可以随时就做到。

【故事】

挨杖伤老

汉朝时候有个叫韩伯愈的人，孝敬父母，本性纯良，是一位出了名的孝子。韩伯愈的母亲对他管教很严格，只要稍微有点过失，就举杖挥打。有一天，伯愈在挨打时竟然伤心地哭了起来。他母亲觉得奇怪，问道：“往常挨打时，你都能接受，今天为什么哭了？”伯愈回答道：“往常母亲打我我觉得疼痛，知道母亲还有力气，身体硬朗，但是今天感觉不到疼痛，知道母亲身体衰弱，体力不支，所以十分伤心，禁不住流下了泪水，并不是疼痛不能忍受。”有诗颂曰：体念母亲情至忱，母棰轻重甚关心；一朝知母力衰退，顿起心酸泪湿襟。

【写作点拨】

1. 学生在谈对“孝”的认识的时候，可以引用选文，丰富文章内容。
2. 学生在谈“曾子思想”的时候，也可以引用选文，丰富文章材料。

《祭统》篇

【题解】

本篇章主要记录祭祀内容的划分，祭祀的主要活动和祭祀的意义。

【原文】

凡治人之道，莫急[①]于礼。礼有五经[②]，莫重于祭。夫祭者，非物自外至[③]者也，自中出生于心也。心怵[④]而奉之以礼，是故唯贤者能尽[⑤]祭之义。

【注释】

①急：迫切需要。②五经：指礼的五种表现形式。③至：达到。④怵：悲伤。⑤尽：指完全明白。

【译文】

在管理百姓的各种方法之中，没有比礼更重要的了。礼有吉、凶、宾、军、嘉五种，其中最重要的便是祭礼。祭礼，并不是外界强迫你怎么做，而是一种发自内心深处的自觉行动。季节变化，时序推移，人们感物伤怀，触景生情，不由地就会想起死去的亲人，这种思念感伤的情绪通过祭之以礼来表达。所以只有贤者才能完全理解祭礼的意义。

【解析】

当我们真正自发而且投入地的去做一件事的时候，才是真正走进这事件本身，体会出真正的意义。发自内心的祭礼，是出于心灵的需求，是对自己情感的自然疏导，能够真心纯意地去做，才能懂得祭礼对于自己的特殊意义。祭礼是这样，我们日常行善或者学习也都是如此。我们每个人几乎都有过“奉献爱心”的行动。如果我们只是为了做而做，为了赢得“美誉”而做，那么我们是游离于“行善”之外的。只有我们是在恻隐之心的驱动之下，为了倾淌内心积满的“善意”，才能在“行善事”的过程中体味到自己得到的快乐，才能真正理解“爱心”所承载的重量。学习中，只有真正地从知识的需要出发，主动地走进学习中去，才能体会到学习带给我们的成就感和快乐。

【写作点拨】

1.学生在谈“行事要深得其旨”的时候，可以引用选文，丰富文章材料。

2.学生在谈“做事要发自内心才有好效果”的时候，可以引选文增加文采。

《经解》篇

【题解】

本篇章主要阐述了天子的德行和以礼治国的重要性。

【原文】

孔子曰："入其国，其教①可知也。其为人也：温柔敦厚，《诗》教也；疏通知远②，《书》教也；广博易良③，《乐》教也；洁静精微④，《易》教也；恭俭庄敬，《礼》教也；属辞比事，《春秋》教也。故《诗》之失，愚；《书》之失，诬⑤；《乐》之失，奢⑥；《易》之失，贼；《礼》之失，烦；《春秋》之失，乱。其为人也：温柔敦厚而不愚，则深于《诗》者也；疏通知远而不诬，则深于《书》者也；广博易良而不奢，则深于《乐》者也；洁静精微而不贼，则深于《易》者也；恭俭庄敬而不烦，则深于《礼》者也；属辞比事而不乱，则深于《春秋》者也。"

【注释】

①教：指教化。②远：指历史。③易良：指平易善良。④精微：指有细致的观察能力。⑤诬：指说话虚妄不实。⑥奢：过分。

【译文】

孔子说："进入一个国家，只要看看，就可以知道该国的教化如何了。那里的人们如果是温和柔顺、敦厚朴实，那就是《诗》教的结果；如果是通晓远古之事，那就是《书》教的结果；如果是心胸广阔平易善良，那就是《乐》教的结果；如果是清洁沉静、观察力强，那就是《易》教的结果；如果是端庄、节俭、恭敬，那就是《礼》教的结果；如果是善于辞令和铺叙，那就是《春秋》教的结果。学者如果学《诗》学过了头，就会愚蠢；如果学《书》学过了头，就会狂妄；如果学《乐》学过了头，就会过分；如果学《易》学过了头，就会迷信；如果学《礼》学过了头，就会烦琐；如果学《春秋》学过了头，就会犯上作乱。作为一个国民，如果温和柔顺、朴实忠厚而不愚蠢，那就是真正把《诗》学好了；如果通晓远古之事而不狂妄，那就是真正把《书》学好了；如果心胸广阔坦荡而不过分，那就是真正把《乐》学好了；如果清洁沉静、洞察细微而不迷信，那就是真正把《易》学好了；如果端庄恭敬而不烦琐，那就是真正把《礼》学好了；如果善于辞令和铺叙而不犯上作乱，那就是真正把《春秋》学好了。"

【解析】

这段选文从内容表面上看是在谈如何考察一个国家的教化，实际上是在谈社会风尚形成的手段。社会风尚的形成要利用《诗》《书》《乐》《易》《礼》及《春秋》对百姓的教化作用。换句话说，《诗》《书》《乐》《易》《礼》及《春秋》对于形成良好社会风尚至关重要。同时也提出，一个国家有教化的标志表现在民风、民俗、胸怀、眼界、风格等诸多方面。而这不仅是在古代，即使是在文明高度发展的今天，这些对社会风尚的评判标准也仍旧适用。既然六艺对于“化民成俗”如此关键，是不是只要一味追求就可以更好？选文中的回答是否定的。对于任何一种事物的掌握和运用都应该有“度”，“过犹不及”的道理适用于一切生活实践。那又该怎样处理这其中的关系呢？真正的利用好六艺，是要在其起到教化作用的同时适可而止，“可”就是最佳的效果，有所增益又能避其缺漏。这些都是需要统治阶级宏观把握调控的。

《论语》中有“学而不思则罔，思而不学则殆”的句子。努力进学是对的，但如果只一味进学，而没有思考，人就会迷惘困惑，收效甚微。勤于思考也是好的，但只注重思考，而没有新增的知识去解决问题，人就会疲困、懈怠。所以说，任何一种事物益处的突显，都是要在一定范围之内的。凡事如果做过了，必然会走向反面，得到不好的结果。古人推崇“中庸”之道，就是以利他之心待人待物，不偏不倚，就可做到恰到好处。若善于将此信念时时运用到生活中，便无往而不利。无论学习还是工作，都要对这一点有清醒的认识。

【故事】

过犹不及，物极则反

有一次，鲁定公饶有兴致地问颜回：“先生，您听说过东野毕很擅长于驾马吧？”

颜回答道：“擅长是很擅长，不过他的马将来必会跑掉。”鲁定公听了很不高兴，东野毕擅长驾马是众所周知之事，可如今，颜回却说他驾的马必会跑掉，不知颜回是何用心。便对着旁边的人说：“原来君子也会诬人啊！”颜回听后，并没有辩白什么，退了出去。

在颜回离开后三天，掌管畜牧的官员突然跑来报告鲁定公说：“东野毕驾的马不听指唤，挣脱缰绳，车旁的两匹马拖着中间的两匹马，一起回到马厩里了。”鲁定公一听，惊坐而起，急忙唤人派车将颜回招来。

颜回到后，鲁定公便向颜回请教道：“前天，寡人问您东野毕擅长驾马的事，先生您说，擅长是很擅长，但是他驾的马必将跑掉。不知您是如何预先知道的呢？”颜回起身答道："臣是以政事推测出来的。以前的时候，舜帝善于使用民力，造父擅长使用马力。舜帝不穷尽民力，造父不穷尽马力，因此在舜王的那个时代，没有避世隐居或是逃走的人，而造父手下，也没有不听指示逃离的马。但现在东野毕在驾马的时候，虽然骑着马，拿着缰绳，姿态很端正，驾马的缓急快慢，进退奔走，也很合适，只是当经历险阻到达远方之后，马已经筋疲力尽了，他却仍然对马责求不止，臣是从这里推想到的。"鲁定公很赞赏地说道："原来如此啊！果真如您所言。不过，先生您话中的含义很大，能不能再稍进一步说明呢？"颜回说："臣曾听说过，当鸟被逼急时就要啄人，兽逼急了就用爪子乱抓，而人被逼得没办法时便要欺诈、叛乱，马被逼过头了自然就会逃奔。从古到今，没有能使其手下处于极点，而自己没有危险的啊！"

鲁定公听了颜回的话后很高兴，感到非常受益，也很佩服颜回的智慧与德行，便将此事告诉了孔夫子，夫子听后，微笑着说："这就是颜回之所以为颜回了，都是这个样子的啊，难道还值得赞许吗？"

颜回观东野毕驾马，却以舜王政事断定有佚马之后果，看似二者之间并无关联，然而道理却相同，那就是：过犹不及，物极则反。

【写作点拨】

1. 学生在谈"过犹不及，物极则反"的话题时，可以引用选文丰富文章材料。

2. 学生在谈"六艺的作用价值"时，可以引选文作为证明材料。

3. 学生在谈"社会风尚的形成"的相关话题时，可以引用选文丰富内容。

【原文】

天子者，与天地参①。故德配②天地，兼利万物，与日月并明，明照四海而不遗③微小。其在朝廷，则道④仁圣礼义之序；燕⑤处，则听雅、颂之音；行步，则有环佩之声；升车⑥，则有鸾⑦和之音。居处有礼，进退有度，百官得其宜，万事得其序。《诗》云："淑人君子，其仪不忒⑧。其仪不忒，正是四国。"此之谓也。发号出令而民说⑨，谓之和；上下相亲，谓之仁；民不求其所欲而得之，谓之信；除去天地之害，谓之义。义与信，和与仁，霸王之器也。有治民之意而无其器，则不成。

【注释】

①参：配合成三的。②配：相匹配。③遗：遗漏。④道：说。⑤燕：通"宴"，安定闲适。⑥升车：指登车。⑦鸾：通"銮"，指装饰在车马上的铃铛。⑧不忒：合乎规矩不走样。⑨说：通"悦"。

【译文】

所谓天子，就是与天地组合成老大、老二和老三的人。所以他的道德应该是可以与天地匹配的，他的恩惠利及万物，他的明亮如同日月，普照天下而没有遗漏任何一个角落。在朝廷上，他开言必讲仁圣礼义之事；退朝休息，必听中正和平之乐；走路之时，身上的佩玉会发出有节奏的声响；登车之时，车上的铃铛发出悦耳的声响。升朝与退朝，都按礼行事；走路与登车，都有一定规矩；百官各得其所，万事井然有序。《诗经》上说："我们的国君是个仁善君子，他的言行从不走样。因为他的言行从不走样，所以是四方各国的好榜样。"说的就是这种情况。天子发号施令而得到百姓热情拥护，这叫作"和"；上下相亲相爱，这叫作"仁"；百姓想要的东西不用开口就能得到，这叫作"信"；为百姓消除天灾人祸，这叫作"义"。义与信，和与仁，是称霸称王的工具。有称霸称王的意愿，而无称霸称王的工具，是达不到目的的。

【解析】

以我们今天的角度审视这段文字，我们会发现选文是在谈领袖的个人作为和风度对一个国家发展、稳定的影响。因为领袖的特殊身份和地位，他的行为举动都会备受关注。领袖良好的形象及自我的严格要求都会被关注和效仿。作为最高统治者，如果言行上令人信服，举动上被人认可，德行上使人钦佩，那么便可"和、仁、信、义"，国家自然和顺昌盛。

【写作点拨】

1. 学生在谈"领导者的示范作用"的时候，可以引用选文证明观点。

2. 学生在谈"优秀领导者对于集体或国家的重要性"的时候，可以引用选文丰富文章材料。

【原文】

礼之于正①国也：犹衡②之于轻重也，绳墨之于曲直也，规矩之于方圜也。故衡诚县③，不可欺以轻重；绳墨诚陈，不可欺④以曲直；规矩诚设，不可欺以方圜；君子审礼，不可诬以奸诈。是故，隆礼由礼，谓之有方⑤之士；不隆礼、不由礼，谓之无方之民。敬让之道也，故以奉宗庙则敬，以入朝廷则贵贱有位，以处室家则父子亲、兄弟和，以处乡里则长幼有序。孔子曰："安上治民，莫善⑥于礼。"此之谓也。

【注释】

①正：整治、治理。②衡：秤。③县：通"悬"。④欺：欺骗。⑤方：指道义、道理。⑥善：好。

【译文】

用礼来治国，就好比用秤来称轻重，用绳墨来画曲线直线，用规矩来画方形圆形。所以，如果把秤认真地悬挂起来，是轻是重是骗不了人的；把绳墨认真地陈设那里，是曲线是直线是骗不了人的；把规矩认真地陈设那里，是方形是圆形是骗不了人的；如果君子深明于礼，那么任何诡诈的伎俩也是骗不了人的。所以，重视礼、遵循礼的人，叫作有道之士；不重视礼、不遵循礼的人，叫作无道之民。礼的运用以敬让为贵，把礼运用到宗庙之内，就会人人恭敬；把礼运用到朝廷之上，就会贵贱有别；把礼运用到家庭之内，就会父子相亲、兄弟和睦；把礼运用到乡里之中，就会形成尊老爱幼的风气。孔子说："教导人民恭敬和顺，没有比用礼仪道德来感化更好的办法了。"就是说的这个意思。

【解析】

任何事物想要摒除障碍、有条不紊地向前发展，都需要有一种"规矩"来进行约束和规范。这种"规矩"在古代社会中被称作是"礼"。有了"礼"，就有了衡量的标准，有了"礼"便会各得其所，互不相扰。在"礼"的规范之下，一切都是有条理、有层次、有计划、有步骤和有目的的。"礼"的运行，能让矛盾消失，会使社会和睦，在孔子看来，治理好国家，让一切都顺乎民意、顺乎发展、顺乎自然，没有比行"礼"更好的方式了。

但不管光阴怎样流逝，历史如何变迁。我们对恭敬、和睦、尊长爱幼这样美好社会风尚的追求从未曾改变。放下"安上治民"不谈，我们每一个人在这样的社会氛围中也都终将是受益者。

【故事】

"六尺巷"的故事

清代中期，有个"六尺巷"的故事。据说当朝宰相张英与一位姓叶的侍郎都是安徽桐城人，两家毗邻而居，都要起房造屋，为争地皮，发生了争执。张老夫人便修书北京，要张英出面干预。这位宰相到底见识不凡，看罢来信，立即作诗劝导老夫人："千里家书只为墙，让他三尺又何妨？万里长城今犹在，不见当年秦始皇。"张母见书明理，立即把墙主动退后三尺，叶家见此情景，深感惭愧，也马上把墙让后三尺。这样，张叶两家的院墙之间，就形成了一条六尺宽的巷道，成了有名的"六尺巷"。

"六尺巷"的故事告诉我们，礼让、和睦是中华民族的传统美德，古代开明之士尚能如此，我们今天同学之间、邻里之间处理小是小非时也要理解、谦让。事情就是这样：争一争，行不通；让一让，六尺巷。

【写作点拨】

1. 学生在写关于“和谐社会的标准”时，可以引用选文丰富文章内容。

2. 学生在谈“社会规范对于社会发展”的作用时，可以引用选文作为证明材料。

【原文】

故朝觐之礼，所以[①]明君臣之义也。聘问之礼，所以使诸侯相尊敬也。丧祭之礼，所以明臣子之恩也。乡饮酒之礼，所以明长幼之序也。昏姻之礼，所以明男女之别也。夫礼，禁乱[②]之所由生，犹坊[③]止水之所来也。故以旧坊为无所用而坏[④]之者，必有水败；以旧礼为无所用而去[⑤]之者，必有乱患。故昏姻之礼废，则夫妇之道苦，而淫辟[⑥]之罪多矣。乡饮酒之礼废，则长幼之序失，而争斗之狱[⑦]繁矣。丧祭之礼废，则臣子之恩薄，而倍[⑧]死忘生者众矣。聘觐之礼废，则君臣之位失，诸侯之行恶，而倍畔[⑨]侵陵[⑩]之败起矣。

【注释】

①所以：是用来。②禁乱：禁止一切祸乱。③坊：同“防”，提防。④坏：破坏。⑤去：丢弃。⑥辟：音“必”，罪名。⑦狱：官司、案件。⑧倍：通“背”，背叛、反叛。⑨畔：通“叛”。⑩陵：侵犯。

【译文】

所以制定了朝觐之礼，是用来表明君臣之间的位分；制定了聘问之礼，是用来让诸侯互相尊敬；制定了丧祭之礼，是用来让臣子明白不忘记君亲之恩；制定了乡饮酒之礼，是用来明白尊老敬长的道理；制定了男婚女嫁之礼，是用来表明男女的有所区别。礼，可以用来禁止祸乱发生，就好比堤防可以防止河水泛滥那样。所以，如果认为早先的堤防没有用处而加以破坏，一定会酿成水灾；认为老辈子的礼没有用处而废弃不用，一定会导致天下大乱。所以说，如果废弃男婚女嫁之礼，夫妇之间的关系就会遭到破坏，而淫乱苟合的坏事就多了；废弃乡饮酒之礼，就会导致人们没老没少，没大没小，而互相争斗的官司就多了；废弃丧祭之礼，就会导致作臣子的忘掉君亲之恩，而背叛死者、忘记祖先的人就多了；废弃朝觐、聘问之礼，就会导致君臣之间的名分丧失，诸侯的行为恶劣，而背叛君主、互相侵犯的祸乱就会产生了。

【解析】

这段文字承接上段选文，主要从正反两方面来谈有“礼”与无“礼”的巨大差异。简而言之，有“礼”就有文明尊重、感恩廉耻。无“礼”就会粗野忘恩、淫辟祸乱。并用生动的比喻，把“礼”比作“堤防”，形象地表现出了“礼”在防范、规矩、治理上无法取代的作用。

【故事】

以恶传恶

很久以前，有一户人家，家里有五口人，三代同堂，爷爷奶奶、爸爸妈妈和一个儿子。爷爷、奶奶七八十岁了，老了，走不动了，爸爸妈妈很讨厌老人，觉得他们是一个包袱。两人一商量，决定把爷爷奶奶丢进大山里去。一天晚上，他们把爷爷奶奶装进一个大竹篮里，两人把他们抬进大山。当他们正准备把爷爷奶奶扔下不管时，他们的儿子在旁边说话了："你们把爷爷奶奶丢在大山里，这个大篮子就不要丢了。"父母感到很奇怪，问儿子，为什么要把篮子带回家。儿子回答："等你们老的时候，我也要用这个大篮子抬你们进山，把你们丢进大山里。"爸爸妈妈听了，心里慌了，赶紧把爷爷奶奶抬回家，好心侍候，再也不敢不孝敬父母了。

【写作点拨】

1. 学生在写"社会规范对社会发展的作用"时，可以引用选文，增强文章说服力。

2. 学生在谈"重视社会规范"等话题时，可以引用选文中的比喻句，增添文章文学色彩。

【原文】

故礼之教化也微①，其止②邪也于未形，使人日③徙④善远⑤罪而不自知也。是以先王隆⑥之也。《易》曰："君子慎⑦始，差若毫厘，缪⑧以千里。"此之谓也。

【注释】

①微：从细微之处开始。②止：终止。③日：一天天。④徙：转移、变化。⑤远：远离。⑥隆：指重视。⑦慎：谨慎。⑧缪：指谬误、差错。

【译文】

所以，礼的教化作用是从看不见的细微之处开始的。在邪恶的事还没有发生的时候就将它制止了，它使人们在不知不觉地日积月累中弃恶扬善，所以先王对它非常重视。《易》上说："君子对事情的开始非常慎重。如果开始的时候有一点不起眼的差错，结果就可能会导致极大的祸害。"说的就是这个道理。

【解析】

这个选段是《经解》篇的结尾部分。主要强调"礼"的教化作用是在一切细微之处潜移默化地进行的。"礼"如同无声的绵绵雨丝，淅沥温婉地润泽万物生灵，最终使之根基饱满，枝干壮硕，开枝散叶，缤纷繁茂。要崇尚"礼"，看重"礼"中的每一处细节，使之不被遗失和忽略，否则，将后患无穷。

这个选段让我们感触更多的是对“微”的认识。“微”指代一切细微之处。“微小”往往可以铸就大业，“微小”也常常引发祸患。古语讲“千里之堤，溃于蚁穴”就是很好的例子。刘备在临终前在给其子刘禅的遗诏中说“勿以恶小而为之，勿以善小而不为”，劝勉儿子要进德修身，有所作为。好事要从小事做起，积小成大，也可成大事。坏事也要从小事开始防范，否则积少成多，也会坏大事。小善积多了就成为利天下的大善，而小恶积多了则“足以乱国家”。

我们中学生在学习和生活中，也要“防微杜渐”，有些坏习惯不能任其滋生。同时也要“集腋成裘”，让自己的好习惯从一点一滴养成。因为习惯成就性格，性格成就命运。

【故事】

一个钉子引发的恶果

有一个很生动的故事，说的是英格兰王室的查理三世与亨利伯爵决战时，由一个钉子而引发的蝴蝶效应。决战当天查理三世让马夫去备战马，这时候铁匠正给马钉马掌，事出紧急，铁匠钉了三个掌后，发现没有钉第四个掌的钉子了，马夫催铁匠：“能不能快点、再快点。”铁匠说：“我需要点儿时间砸出两个钉子。”马夫急切地说：“我说过已经不能等了，我听见军号声了，你能不能凑合点？”“我能把马掌钉上，但可能不够结实。”“能不能挂住？”马夫问。“应该能，但我没把握。”“好吧，就这样，我们都吃罪不起。”终于决战开始了，查理三世冲锋陷阵，勇不可当，突然一个马掌掉了，战马跌翻在地，查理也被掀到马下。主帅之意外顿时令军心大乱，亨利伯爵趁势大举反攻，不仅化险为夷，还转败为胜，得掌权柄。这一切当然还有其他因素使然，但最重要的因缘际会则始于一个钉子，正所谓：少了一个铁钉，丢了一个马掌；丢了一个马掌，跌倒一匹战马；跌倒一匹战马，俘虏一个国王；俘虏一个国王，输了一场战争；输了一场战争，失去一个国家。因小失大如厮者，确实令世人不胜唏嘘。

【写作点拨】

1. 学生在谈“细节决定成败”等相关话题时，可以引用选文丰富文章内容。

2. 学生在谈“形成良好社会风气”的时候可以引用选文增强文采。

《哀公问》篇

【题解】

《哀公问》篇章是鲁哀公与孔子之间围绕“礼”和“政”的问答之辞。

【原文】

公曰：“今之君子胡[1]莫行之也？”孔子曰：“今之君子，好实[2]无厌[3]，淫德不倦，荒怠敖慢，固[4]民是尽，午[5]其众以伐有道，求得当[6]欲不以其所。昔之用民者由前，今之用民者由后。今之君子莫为礼也。”

【注释】

①胡：为什么。②实：财富，财物。③厌：满足。④固：固定，指束缚。⑤午：违逆、触犯。⑥当：指顺应、满足。

【译文】

哀公问道：“现在的君子为什么不这样依礼行事呢？”孔子说：“现在的君子，好财之心满足不了，品行恶劣，荒淫、怠惰、傲慢，尽其所能压制百姓。违逆民意而征伐有道之国，为了满足自己的欲望而不择手段。从前的君子对百姓是按照前一代讲的‘礼’去做，现在的君子却是按照刚才说的话去做，所以说，现在的君子是不讲究礼的呀！”

【解析】

孔子在回答哀公问的时候，把重点放在了不依礼行事的君主的具体表现上。他们对欲望没有节制，对是非含混不明，对本末分辨不清。没有“礼”，他们就没有了约束，没有了原则，也没有了底线。不是因为君主荒淫而忽略了“礼”，而是因为不依礼行事的君主才会荒淫无度，甚至有亡国的恶果。

【故事】

无道的商纣

商纣是商朝最后一个君主，他残暴无道，荒淫无度。他当位时，大兴土木，强迫奴隶为他修建宫殿，还建造了一座高高的摘星楼，整天在上面与美女、美酒相伴，朝朝笙歌，夜夜曼舞，从此商朝的国都就改名为朝歌。

纣王有一个最宠爱的美妃叫妲己，妲己虽然貌美，但却是蛇蝎心肠。有一次纣王正和妲己饮酒，远远望见一老一少正在渡河，小的走在前面，已经过河而去，老的落在后面犹豫不前。纣王说：“小孩骨髓旺，不怕冷；老人骨髓空，怕冷。”妲己不信，纣王就命士兵把两人抓来，用斧子砸开他们的腿骨让妲己看。从此这条河被叫作“折胫河”。

比干看到纣王的所作所为就坦率地直谏，并带着他去太庙祭祀祖宗，给他讲历代先王的故事：商汤创业时的艰难，盘庚用茅草盖屋，武丁和奴隶一起砍柴锄地，祖甲约束自己喝酒从来不过三杯，唯恐过量误国……纣王表面点头称是，但并不真正改过，而且愈加荒淫暴虐。他不但在王宫里“流酒为池，悬肉为林”，而且还表演“真人秀”，“令男女裸而相逐其间，是为醉乐”。

他宠爱妲己，纵容妲己一切残忍的行为。因为妲己喜欢看人受虐的情景，有一种叫作炮烙的刑具，就是她发明的：用铜做成空心的柱子，行刑的时候，把犯人脱光衣服绑在柱子上，再把烧红的炭火放进铜柱子里活活烫死。妲己还说她有辨认腹中胎儿是男是女的本领，纣王就抓来一百个孕妇试验。妲己让她们先坐下再站起来，然后对纣王说：先抬左腿者是男，先抬右腿者是女。纣王不信，妲己就命人当场剖腹检验。

比干看到纣王和妲己害人取乐的场面，气得浑身发抖，一边自言自语“我是皇伯，强谏于王”，一边疾步走到纣王面前，直言他的错误，并且请求将妲己斩首，全门赐死！纣王愤愤地坐在那里，一句话也不说。比干继续说：“当年汤王时，天下大灾，饿殍塞途，汤王下车抚尸而哭，自责无德。又立即开仓济贫，饥者得食，寒者得衣，天下称颂。你今天的作为与先王的仁政背道而驰，若不改悔，天下就危险啦！”纣王听完气得拂袖而去。

比干回到家中，请来箕子和微子商议，让他们向纣王进谏。第二天，箕子去劝纣王，纣王却将箕子的头发剪掉，把他囚禁起来，微子进谏，纣王依然不听，微子只好抱着祖先的祭器远走他乡。大臣辛甲进谏了七十五次，纣王丝毫不改，于是投奔了周文王。比干觉得为人臣子不能像微子那样说走就走，就是杀头挖心也得据理力争。他冒着灭族的危险，连续三天进宫抨击纣王的过错。纣王被比干批评得无言以对，恼羞成怒地喝问：你为什么这样坚持？比干说：“君有诤臣，父有诤子，士有诤友，下官身为大臣，进退自有尚尽之大义！”纣王又问：“何为大义？”比干答：“夏桀不行仁政，失了天下，我王也学此无道之君，难道不怕丢失了天下吗？我今日进谏，正是大义所在！”纣王听到这里勃然大怒，于是说：“吾闻圣人之心有七窍，信有诸？”说罢，命人剖胸取心，比干毫无惧色，慷慨就戮。

许多大臣看到纣王已经无可救药了，纷纷弃商投周，纣王落到了众叛亲离的地步。而此时，周武王率军东征已经打到了孟津，背叛殷商来和周会盟的大小诸侯有八百多个，商王朝已是风中残烛，最后终于在无道中灭亡。

【写作点拨】

学生在谈“古代君主失德、无道”时，可以引用选文，增加文采。

【原文】

孔子侍坐于哀公，哀公曰：“敢问人道谁为大[①]？”孔子愀然[②]作色而对曰：“君之及此言也，百姓之德也！固[③]臣敢无辞而对？人道，政为大。”公曰：“敢问何谓为政？”孔子对曰：“政者正也。君为正，则百姓从政矣。君之所为，百姓之所从也。君所不为，百姓何从？”公曰：“敢问为政如之何？”孔子对曰：“夫妇别，父子亲，君臣严。三者正，则庶[④]物从之矣。”公曰：“寡人虽无似也，愿闻所以行三言之道，可得闻乎？”孔子对曰：“古之为政，爱人为大；所以治爱人，礼为大；所以治礼，敬为大；敬之至矣，大昏为大。大昏至矣！大昏既至，冕[⑤]而亲迎，亲之也。亲之也者，亲之也。是故，君子兴敬为亲；舍敬，是遗[⑥]亲也。弗爱不亲；弗敬不正。爱与敬，其政之本与！”

【注释】

①大：重要。②愀然：形容神色变得严肃。③固：难道。④庶：众、众多。⑤冕：指戴帽。⑥遗：丢掉。

【译文】

孔子陪坐在哀公身边。哀公问道：“请问，在做人的所有道理之中，哪一条最重要？”孔子听了以后肃然动容地回答道：“您问到这句话，真是百姓的福气。难道我敢回答不上来？在做人的道理中‘政’这一条最重要。”哀公问道：“请问什么叫作‘为政’？”孔子回答说：“所谓政，就是‘正’的意思。国君自身正，那么老百姓也就跟着正了。国君的所作所为，就是老百姓效仿的榜样。国君所不做的事，老百姓又能怎么去做？”哀公又问：“请问应该怎样去为政呢？”孔子回答道：“夫妇有别，父子相亲，君臣相敬，这三件事做好了，所有的其他事情也就跟着做好了。”哀公说：“寡人虽然不肖，却很愿意听一听做好这三件事的办法。可以说说吗？”孔子回答说：“古人为政，把爱护他人看得最重要。要做到爱护他人，礼最重要。一要做到礼，敬最重要。要做到不折不扣的敬，大婚最重要。大婚是最最重要的了！大婚的日子来到，要戴着礼帽穿着礼服亲自去迎娶，这是表示亲近她的意思。所谓亲近她，实质上就是尊敬她。所以君子以尊敬为亲，抛开尊敬也就是抛开了亲。没有爱也就没有亲，没有敬也就没有正。爱与敬，大概就是为政的根本问题吧！”

【解析】

这段对话，勾画出了鲁哀公勤政爱民、谦虚好学、善于思考探究的明主形象。作为君主能有这样的美德，是全天下百姓的幸事，也是君主自身的幸事。孔子指出社会上三种最基本也最重要的社会关系，分别是夫妻关系、父子关系和君臣关系。这三种关系如果处理得当，将会家庭和睦，社会和谐，政治稳定。所以孔子说把握好这三种关系是处理其他一切事务的根本。孔子还通过“迎娶”的例子，来形象生动地说明“敬”与“亲”之间的关系，指出两者是“礼”的核心精髓。

【写作点拨】

1. 学生在谈“古代明君形象”等类似话题的时候，可以引用选文来丰富文章内容。

2. 学生在谈“社会关系”的时候，可以引用选文的个别语句说明问题。

【原文】

孔子遂言曰：“昔三代明王之政，必敬其妻子[①]也，有道。妻也者，亲之主也，敢不敬与？子也者，亲之后也，敢不敬与？君子无不敬也，敬身为大。身也者，亲之枝也，敢不敬与？不能敬其身，是伤其亲；伤其亲，是伤其本；伤其本，枝从而亡。三者，百姓之象[②]也。身以及身，子以及子，妃以及妃，君行此三者，则忾[③]乎天下矣，大王之道也。如此，国家顺矣。”

【注释】

①妻子：指妻子和孩子。②象：象征。③忾：指遍及、到。

【译文】

孔子又接着说：“从前三代贤明天子的为政，一定要尊敬他的妻与子，这是很有道理的。所谓妻，乃是孝顺父母生前身后的家庭主妇，敢不尊敬吗？所谓子，乃是父母的后代，敢不尊敬吗？君子无所不用其敬，但尊敬自身却是最重要的。因为自身乃是父母生出的枝叶，敢不尊敬吗？不能尊敬自身，也就是伤害自己的父母。伤害自己的父母，也就是伤害自己的根本。伤害自己的根本，枝叶也就跟着死掉。自身、妻、子，这三者也是百姓的象征。由尊敬自身推广到尊敬百姓的自身，由尊敬自己的妻推广到尊敬百姓的妻，由尊敬自己的子推广到尊敬百姓的子，国君如果能够做到这三条，则普天之下人人都可以受到尊敬了。从前的大王就是这样做的。能这样做，国家就好治理了。”

【解析】

百姓处理好家庭关系会使家庭和睦，国君处理好家庭关系，会使国家顺和。因为国君能身体力行，推己及人，惠及天下。上到国君，下到黎庶，全民奉行，国家自然安固和美。

【故事】

唐太宗与长孙皇后

长孙氏十三岁嫁给李世民，李世民称帝后更是爱重长孙皇后，尊重她的看法，即使朝政大事也毫不避讳。他经常向长孙皇后询问朝中赏罚之事，长孙皇后不想回答时以“牝鸡之晨，惟家之索”为由拒绝干涉朝政。李世民却一定要和她讨论，再三询问，长孙皇后无奈之下决定不理睬丈夫，以沉默应对，对此李世民也毫无办法。朝政之外，长孙皇后和唐太宗的相处颇有闲情逸趣。有一日春景正盛，长孙皇后在内苑游玩，见桃花美丽，嫩柳扶风，便乘兴赋诗，名曰《春游曲》。太宗听闻后一再赞叹。九成宫作为避暑度假佳地，深得唐太宗的青睐。贞观六年，太宗和长孙皇后一起去九成宫避暑，兴之所至便携手妻子在九成宫中散步，历览台观。帝后二人走到西城背阴处时，突然发现所处位置的泥土异常湿润。太宗松开妻子，拿起手杖朝地下深掘，不多久，便冒出了泉水，帝后二人十分欣喜，欢快异常。太宗还让魏征撰文，欧阳询书刻《九成宫礼泉铭》，以作纪念。

【写作点拨】

1.学生在谈“家庭和睦”等类似话题时，可以引用选文增强文采。

2.学生在谈“领袖的模范作用”的时候，可以引用选文作为证明材料。

《仲尼燕居》篇

【题解】

《仲尼燕居》因文章开篇“仲尼燕居”得名。主要讲述的是孔子与弟子子张、子贡、子游谈论什么是“礼”以及“礼”的作用。

【原文】

仲尼燕①居，子张、子贡、言游侍，纵②言至于礼，子曰：“居③，女④三人者，吾语女礼！使女以礼周流⑤，无不遍也。”子贡越席而对曰：“敢问何如？”子曰：“敬而不中⑥礼谓之野，恭而不中礼谓之给⑦，勇而不中礼谓之逆。”子曰：“给夺⑧慈仁。”

【注释】

①燕：通“宴”，安定、闲适。②纵：指随意地。③居：坐。④女：通“汝”，你。⑤流：流行、传布。⑥中：音“重”，符合。⑦给：指口齿伶俐。⑧夺：强取。

【译文】

孔子在家闲坐，子张、子贡、子游在一旁侍立，在随意谈论的时候说到了礼。孔子说“你们三个人都坐下，我来给你们讲一讲什么是礼，以便你们能够到处运用，处处普及。”子贡马上离开坐席问道：“请问老师要讲的礼是怎样的呢？”孔子回答说：“虽然内心恭敬但却不合乎礼的要求，那叫粗野；虽然外表恭顺但却不合乎礼的要求，那叫花言巧语；虽然勇敢但却不合乎礼的要求，那叫乱来。”孔子又补充说道：“花言巧语只是勉强让人觉得仁慈。”

【解析】

这段选文从轻松愉快的谈话氛围中开始。弟子向孔子提问什么是“礼”，孔子用了三个精简有力的排比句指出了对“礼”的认识。简而言之就是：真正的“礼”是发自内心的恭顺和恭敬。否则一切外在的形式都让人觉得虚假，令人生厌。孔子给弟子讲“礼”还有一个意义深远的目的，那就是“使女以礼周流，无不遍也”。想通过弟子作为知识思想的传输通道，让“礼”的光彩四处闪耀，造福社稷，造福于民。对话是孔子与弟子探讨问题，传授知识的重要方式。孔子在讲授中注重对学生的独立思考能力的培养，鼓励学生大胆提问，同时又非常擅长抓准教育时机。孔子的教育语言生动而又简练，由浅入深，循循善诱。抛弃孔子伟大的思想不谈，单就孔子这种依循教育规律，尊重学生的教育方式就值得我们今天的教育者借鉴。

【写作点拨】

1. 学生在谈“孔子教学风格”的时候可以引选文来丰富文章内容。

2. 学生谈“做事应从内心开始”时，可以引选文，增强文章表现力。

【原文】

子曰：“师，尔[①]过，而商也不及。子产犹众人之母也，能食之，不能教也。”子贡越席而对曰：“敢问将何以为此中者[②]也？”子曰：“礼乎礼。夫礼所以制中也。”子贡退，言游进曰：“敢问礼也者，领[③]恶而全[④]好者与？”子曰：“然。”“然则何如？”子曰：“郊社之义，所以仁[⑤]鬼神也；尝禘之礼，所以仁昭穆[⑥]也；馈奠之礼，所以仁死丧也；射乡之礼，所以仁乡党也；食飨之礼，所以仁宾客也。”子曰：“明乎郊社之义、尝禘之礼，治国其如指诸掌而已乎？是故以之居处有礼，故长幼辨[⑦]也；以之闺门之内有礼，故三族和也；以之朝廷有礼，故官爵序也；以之田[⑧]猎有礼，故戎事闲[⑨]也；以之军旅有礼，故武功成也。是故宫室得其度，量鼎得其象，味得其时，乐得其节，车得其式，鬼神得其飨，丧纪得其哀，辨说得

其党，官得其体，政事得其施，加于身而错于前，凡众之动得其宜。”

【注释】

①尔：你。②中者：中间，这里指恰到好处。③领：治理、处理。④全：保全。⑤仁：对……表示仁爱。⑥昭穆：指祖先。⑦辨：区分。⑧田：通“畋”。⑨闲：熟识。

【译文】

孔子又说：“师，你做事往往有些过，而商却往往做得不够。子产就像是百姓的慈母，他能让百姓吃饱饭，但却不知道怎样教育他们。”子贡又马上离开坐席答话说：“请问怎样做才能做到恰到好处呢？”孔子说：“只有礼呀！礼就是用来把握分寸使人做到恰到好处的。”子贡退下来，子游又上前问道：“请问礼的作用是不是在于治理丑恶而保全善美？”孔子说：“是的。”子游又接着问：“究竟怎样治理丑恶保护善美呢？”孔子回答说：“郊天祭地之礼，就在于对鬼神表示仁爱；秋尝夏谛之礼，就在于对祖先表示仁爱；馈食祭奠之礼，就在于对死者表示仁爱；乡射、乡饮酒之礼，就在于对乡党表示仁爱；招待宾客的食飨之礼，就在于对宾客表示仁爱。”孔子又接着说：“如果明白了郊天祭地、秋尝夏禘之礼的含义，那么对于如何治理国家就会心中有数，就好比用手指头在手掌上指指画画一样简单。所以，因为日常生活有了礼，长辈和晚辈就有分别了；因为家门之内有了礼，祖孙三代就和睦了；因为朝廷之上有了礼，官职爵位就有条不紊了；因为田猎之时有了礼，军事训练就熟练了；因为军队之中有了礼，作战目的就达到了。因为有了礼，宫室的建造就合乎制度，量鼎的制造就不失分寸，五味就各得其时，乐曲的演奏就与身份、场合吻合，车辆的建造就合乎规定，鬼神就得到合乎要求的祭飨，丧事就会办得恰如其分，解说事情就不会离题千里，百官的职能就会互不混淆，各项政令就能得到施行；如果一个人能够用礼指挥自己身体力行，而且时时不忘，那么他无论干什么都会干得恰到好处。”

【解析】

这个选段指出了“礼”是一切行为的标准线，有了“礼”，任何事物都将有规有矩。并指出了各种祭祀之礼运行的益处遍及政治、社会、家庭等各个方面，从正面阐述了“礼”的益处。“礼”就像一把量尺，丈量着人们行为的分寸，“礼”又像“规矩”，圈画着和谐的方圆。如果一个人能按“礼”行事，他将时时完美，处处合宜。

【故事】

无以规矩，不成方圆

在我国春秋和战国之交，中国有一位当之无愧的科技发明之父，他叫鲁班。

传说鲁班在赤水河畔修建双凤台寺庙，所建亭子要建成亭子座是圆的，而亭子外观是方的，而这些亭子对当今的建筑师来说，是十分容易的事，可二千五百多年前，要建好这样一座亭子，那是难上加难，基本上是办不到的事。

鲁班受观音大士所托而修建双凤台寺庙，而观音大士是受玉帝圣旨做事，观音大士不能在规定时间内建好那座寺庙，她就得受到玉帝的惩罚。鲁班整天冥思苦想，依旧没有好方法建好那些圆底方形的亭子。天上的赤足大仙也为鲁班建亭子的事着急，他很看重鲁班的好学的品质，他有意无意地说："做什么都要讲良心，都要对得起天和地，更要对得起自己。"鲁班听了赤脚大仙这么一说，他的心里忽然一亮，做什么事都要讲良心，其实是暗喻要他量圆的中心距离而建，即如今讲的圆的半径。有了圆的半径长度，就可以建成规矩方圆的房子，也可以说对得起天（天庭）和地（地下的两只凤凰），更要对得起自己的量心和良心。"做人要对得起良心，要对得起自己和别人的良心。"这也是鲁班在赤水河畔建双凤台寺庙所留下给赤水河儿女的为人之道。做人有了良心和量心，就会有了规矩成得了方圆。

如今双凤台寺庙没有了，只留下鲁班在赤水河畔建寺庙的传说故事，也留下了没有规矩不成方圆的古训，那是赤水河儿女精神文化中的精华。

【写作点拨】

学生在谈到"孔子对礼的认识"的时候，可以引用选文丰富文章内容。

【原文】

子曰："礼者何也？即事之治也。君子有其事，必有其治①。治国而无礼，譬犹瞽②之无相与，伥伥③乎其何之？譬如终夜有求④于幽室之中，非烛何见？若无礼，则手足无所错，耳目无所加，进退揖让无所制。是故以之居处，长幼失其别，闺门三族失其和，朝廷官爵失其序，田猎戎事失其策，军旅武功失其制，宫室失其度，量鼎失其象，味失其时，乐失其节，车失其式，鬼神失其飨，丧纪失其哀，辨说失其党，官失其体，政事失其施，加于身而错于前，凡众之动失其宜。如此则无以祖洽于众也。"

【注释】

①治：治理、管理。这里指治理的方法。②瞽：指盲人。③伥伥：迷茫的样子。④求：寻求。

【译文】

孔子说："礼是什么呢？礼就是做事的方法。君子有要做的事，那就必定有做事的办法，治理国家而没有礼，那就好比瞎子走路而没有人陪伴，迷迷茫茫不知该往哪里走；又好比整夜在暗室中寻找东西，没有火把能看见什么？如果没有礼，就会手脚不知该往哪儿放，耳朵不知该听什么，眼睛不知该看什么，在社交场合是该进该退该揖该让都不知道。这样一来，日常生活中长辈晚辈也就没有了区别，家庭内部三代人也失去了和睦，朝廷上的官爵也乱了套，田猎和军事训练也毫无计划，作战打仗也没有了规矩，五味和四时乱配，乐曲不合时宜和场合，车辆的制造也不依规矩，祭祀鬼神过程混乱，丧事办得不像丧事，解释问题离题千里，百官的职守不合实际，政令得不到推行，在这种情况下去身体力行、时时不忘，那就会抬手动脚都出毛病。这样一来，就会无法领导和团结百姓了。”

【解析】

这个选段承接上一选段而来，从反面论证了失“礼”的祸害。没有了“礼”的约束和指正，天下一切都将一团混乱糟糕。选文还运用了生动的比喻，把“无礼”比成盲人行、暗室寻，既没有前进的方向，内心还充满恐惧和苦闷。

【写作点拨】

学生在谈“没有社会规范的坏处时”可以引用选文作为证明材料，为文章增色。

【原文】

子曰：“礼也者，理也；乐也者，节[①]也。君子无理不动，无节不作。不能诗，于礼缪[②]；不能乐，于礼素[③]；薄于德，于礼虚。”子曰：“制度在礼，文[④]为在礼，行之其在人乎！”

【注释】

①节：指节制。②缪：错误。③素：指苍白、呆板。④文：指纹饰。

【译文】

“所谓礼，就是道理；所谓乐，就是节制。没有道理的事君子不做，没有节制的事君子不做。如果不能赋《诗》言志，在礼节上就会出现差错；能行礼而不能用乐来配合，礼就显得单调呆板。如果道德浅薄，即便行礼也只是一个空架子。”孔子又说：“各种制度是由礼来规定的，各种文饰行为也是由礼来规定的，但要实行起来，却是非人不可呀！”

【解析】

这段文字层层递进，提出了“礼”之所成关键在靠人的践行。是人在内心有所惊动，自发行使的一种行为，“礼”是心意的载体，也是心意的诠释，同时，“礼”又让心意更加虔诚和忠实。

【故事】

不守规矩比暴力更可怕

朋友很喜欢旅行，一年中大半时间都在外地，这次好不容易回来，本地的朋友纷纷赶来为他接风洗尘。岁末年关，正是酒店红火的时候，包间早已被预订一空。朋友也不是挑剔的人，便临时在大厅里凑合凑合。

邻桌坐着四个男的，带着一个七八岁的小孩，小孩很调皮，在大人中间钻来钻去，经常趁大人不注意猛地抽掉他们的筷子。一个好像是孩子爸爸的人便警告他："要是再敢这样就打你屁股。"可能是怕被打屁股，小孩收敛了一些。可没过几分钟，就又开始调皮捣蛋了。爸爸一把把他拖到一边，举起手来作打屁股状。小孩一转身跑到另一个人身后，冲爸爸做起了鬼脸。看着小孩调皮的样子，我们不禁大笑。

朋友没笑，他说："我给你们讲个故事吧。上个月我去胶东，经过一个村子，突然一条大狗从远处向我冲来，你们说在那种情况下我该怎么办？""跑肯定是不行的，最好的办法是用石头打它。"一人说。"对，乡下有句俗话叫'狗怕蹲下'，当你蹲下时狗以为你要捡地上的石头打它，狗是很怕石头的，所以就会落荒而逃。"朋友说。"原来狗还有这个弱点啊，那以后不用再怕狗了，一看狗来了蹲下就行了"另一人笑道。"我当时就是这么做的。"朋友说，"那条狗向我冲过来时，我一蹲下它就转身跑了。我正要继续赶路，旁边突然跑过来一位大爷，从地上捡起一块石头，使劲朝狗扔过去，正好打在狗腿上，狗叫了一声，跑得更远了。"一人笑道："这位大爷真够无聊的，狗都被你吓跑了，他还扔石头干吗？简直是多此一举！""真的是多此一举吗？"朋友看着我们说，"当时为了礼貌，我向大爷道谢，可大爷却不领情，还有点生气地说：'你蹲下就要打它一下，老不打，狗就不信你了，乱套了。'"朋友顿了顿，接着说："我觉得大爷说得很有道理。狗之所以怕人蹲下，就是因为人会捡石头打它，这是长期以来形成的一个条件反射，也算是人与狗之间的一个协议。你要是打破了这个协议，蹲下了却没打它，它就会无所适从，一次两次没事，次数多了它就不再相信你了，不管你蹲下是不是真打它，它都会扑过来咬你，吃亏的最终还是你。"一人说："看来，那位大爷表面上是在帮你打狗，其实在更深的层次上也是为了全村人长久的安全，是在维护一种秩序。""对。"朋友说，"很多时候，不守规矩比暴力更可怕。暴力只是破坏表面的东西，而不守规矩却是破坏了一种秩序，把根基都动摇了。"

【写作点拨】

学生在谈"君子品行"的时候可以引用选文前半部分，增加文章文学色彩。

【原文】

子张问政，子曰："师乎，前，吾语女乎！君子明于礼乐，举而错[①]之而已。"子张复问，子曰："师，尔以为必铺几筵、升降酌献酬酢，然后谓之礼乎？尔以为必行缀兆、兴羽籥、作钟鼓，然后谓之乐乎？言而履[②]之，礼也；行而乐之，乐也。君子力[③]此二者，以南面而立，夫是以天下大平也。诸侯朝，万物服体，而百官莫敢不承事矣。礼之所兴，众之所治也；礼之所废，众之所乱也。目巧之，室则有奥阼，席则有上下，车则有左右，行则有随，立则有序，古之义也。室而无奥阼，则乱于堂室也；席而无上下，则乱于席上也；车而无左右，则乱于车也；行而无随，则乱于涂[④]也；立而无序，则乱于位也。昔圣帝、明王、诸侯，辨贵贱、长幼、远近、男女、外内，莫敢相踰[⑤]越，皆由此涂出也。"三子者既得闻此言也，于夫子昭然若发蒙[⑥]矣。

【注释】

①错：通"措"，实行。②履：践行。③力：尽力。④涂：通"途"。⑤踰：越过。⑥蒙：眼瞎。

【译文】

子张问到如何从政。孔子说："师啊，你上前来，听我给你讲！君子从政，不过是首先自己在礼乐方面明了，然后再拿来付诸实践罢了。"子张似乎没太明白，就又继续发问。孔子于是接着说道："师，你以为只有铺设几筵，升堂下堂，献酒进馔，举杯酬醉，这样做了才算是礼吗？你以为只有在缀兆上扭来扭去，挥动羽籥，敲钟击鼓，这样做了才算是乐吗？其实，说到就能做到，这就是礼，做起来又使人感到快乐，这就是乐。君子只要在这两点上尽力做好，不需要有多费劲，天下就会太平。于是诸侯都来朝拜，万物各得其所，百官无不恪尽职守。礼如果得到了重视，百姓们就得到了治理；礼被扔到了一边，百姓们就会作乱。举例来说，屋室有室奥和台阶之分，座席有上下之分，乘车有左右之分，行路有先后之分，站立要各就其位。自古以来就是如此。如果屋室没有室奥和台阶之分，堂与室就混乱了；如果席位没有上下之分，座位就混乱了；如果乘车没有左右之分，车上的位置就混乱了；如果行路不分先后，道路就混乱了；如果站立没有顺序，谁的位置在哪里也就混乱了。从前圣明的帝王和诸侯，分别贵贱、长幼、远近、男女、内外的界限，使他们不敢互相逾越，用的都是这个办法啊！"三个学生听了孔子的这一番高论，心中豁然开朗，好像瞎子重见光明一样。

【解析】

子张向孔子问政，孔子把政的根本落实到对"礼"的认同和实行。重视"礼"，

"礼"之所益将覆盖天下无所遗漏，当政者只要抓住"礼"这个根本，就将轻而易举地走向太平盛世。

【故事】

晏子谏齐景公

齐景公特别喜欢鸟。有一次他得到了一只漂亮的鸟，就派一个叫烛邹的人专门负责养这只鸟。可是几天后，那只鸟飞跑了。齐景公气坏了，要亲手杀死烛邹。晏子站在一旁请求说："是不是先让我宣布烛邹的罪状，然后您再杀了他，让他死得明白？"齐景公答应了。晏子板着脸，严厉地对被捆绑起来的烛邹说："你犯了死罪，罪状有三条：大王叫你养鸟，你不留心让鸟飞了，这是第一条。使国君为一只鸟就要杀人，这是第二条。这件事如果让其他诸侯知道了，都会认为我们的国君只看重鸟而轻视老百姓的性命，从而看不起我们，这是第三条。所以现在要杀死你。"说完，晏子回身对齐景公说："请您动手吧。"听了晏子的一番话，齐景公明白了晏子的意思。他干咳了一声，说："算了，把他放了吧。"接着，齐景公走到晏子面前，拱手说："若不是您的开导，我险些犯了大错误呀！"这就是晏子用自己的智慧规劝国君的故事。

【写作点拨】

学生在谈"没有秩序的危害时"可以引用选文。

学生谈"君子品行"时，可以引中间一段文字，增强文章说服力。

《孔子闲居》篇

【题解】

《孔子闲居》篇因篇首"孔子闲居"而得名。主要讲的是孔子在家休息的时候，与弟子子夏讨论有关君主如何做好"百姓的父母"的内容。

【原文】

孔子闲居，子夏侍。子夏曰："敢问《诗》云'凯弟①君子，民之父母'何如斯可谓民之父母矣？"孔子曰："夫民之父母乎！必达于礼乐之原②，以致五至，而行三无，以横③于天下，四方有败④，必先知之。此之谓民之父母矣。"

子夏曰："民之父母，既得而闻之矣，敢问何谓五至？"孔子曰："志之所至，诗亦至焉。诗之所至，礼亦至焉。礼之所至，乐亦至焉。乐之所至，哀亦至焉。哀乐相生。是故，正明目而视之，不可得而见也；倾耳而听之，不可得而闻也；志气

塞[⑤]乎天地，此之谓五至。”

子夏曰：“五至既得而闻之矣，敢问何谓三无？”孔子曰：“无声之乐，无体之礼，无服之丧，此之谓三无。”子夏曰：“三无既得略而闻之矣，敢问何诗近之？”孔子曰：“‘夙夜其命宥密[⑥]’，无声之乐也。‘威仪逮逮[⑦]，不可选[⑧]也’，无体之礼也。‘凡民有丧，匍匐[⑨]救之’，无服之丧也。”

【注释】

①凯弟：应为“恺悌”，指和乐平易。②原：指水源、源头。③横：充溢、充满。④败：灾、祸灾。⑤塞：充满。⑥宥密：宥音“右”，宥密指心存仁厚宁静。⑦逮逮：同“棣棣”，指雍容娴雅的样子。⑧选：挑选。⑨匍匐：指尽力。

【译文】

孔子在家休息，子夏在旁边侍立。子夏问道：“请问《诗》上所说的‘平易近人的君王，就好比是百姓的父母’，怎样做才可以被叫作是‘百姓的父母’呢？”孔子回答说：“说到‘百姓的父母’，他必须通晓礼乐的本源，达到‘五至’，做到‘三无’，并用来惠普于天下，不管任何地方出现了灾祸，他一定最先知道。做到了这些，才算是百姓的父母啊！”

子夏说：“什么是‘百姓的父母’，学生已经听明白了。还想请问，什么叫作‘五至’？”孔子回答说：“既有爱民之心至于百姓，就会有爱民的诗歌至于百姓；既有爱民的诗歌至于百姓，就会有爱民的礼至于百姓；既有爱民的礼至于百姓，就会有爱民的乐至于百姓；既有爱民的乐至于百姓，就会有哀民不幸之心至于百姓。哀与乐是相生相成。这种道理，瞪大眼睛来看，你无法看得到；支起耳朵来听，你无法听得到；但君王的这种思想却充塞于天地之间。这就叫作‘五至’。”

子夏说：“什么是‘五至’，学生已经听明白了。再请问什么叫作‘三无’？”孔子回答说：“没有声音的音乐，没有形式的礼仪，没有丧服的服丧，这就叫作‘三无’。”子夏说：“什么是‘三无’我已经差不多知道了，再请问什么诗最接近‘三无’的含义？”孔子回答说：“‘日夜谋政，志在安邦’，这句诗最近乎没有声音的音乐；‘仪态安详，无可挑剔’，这句诗最近乎没有形式的礼仪；‘看到他人有灾难，尽力去救援’，这句诗最近乎没有丧服的服丧。”

【解析】

孔子在这段文字中明确的是能做“百姓的父母”的君主该具备怎样的德行。“君主”这个词汇已经随岁月的烟尘淡出历史的舞台，今天再读孔子这段教诲，却让我们懂得了如何去审视我们身边的“官员”。作官的人只有不图名利，不求回报，不做表面功夫，“先忧而后乐”，心中有百姓，一心为百姓，这样才能称得上是合格的官员。而官员这甘心为民的志气，也同样会“塞乎天地”。

【写作点拨】

1. 学生在写关于“评价领袖或者地方官员”之类的话题时，可以引用选文丰富文章内容。

2. 学生在谈论关于“孔子教学内容和风格”的时候可以引用选文，增强文章说服力。

【原文】

子夏曰：“三王之德，参于天地，敢问：何如斯可谓参于天地矣？”孔子曰：“奉三无私以劳[①]天下。”子夏曰：“敢问何谓三无私？”孔子曰：“天无私覆，地无私载，日月无私照。奉斯三者以劳天下，此之谓三无私。”

【注释】

①劳：慰劳。

【译文】

子夏问道：“三王（夏禹、商汤、文王）的德行，与天地并列而为三。请问怎样才可以称作是与天地并列而为三呢？”孔子答道：“要遵奉‘三无私’的精神，以恩德慰劳天下百姓。”子夏接着问道：“什么叫作‘三无私’呢？”孔子答道：“就是像天那样无私地覆盖万物，像地那样无私地承载万物，像日月那样无私地照耀万物。按照这三条来招揽天下百姓，就叫作‘三无私’。”

【解析】

“心底无私天地宽”，孔子认为如果想做和“三王”一样功盖千秋、泽被后世的君主，最关键的一点就是要做到“无私”。“无私”就会平和，就会公正，就会把心摆正，把路走直。就会把百姓所需看作是自己最重要的事，百姓也自然会顺从和乐。

【写作点拨】

1. 学生在写关于“无私”的话题时，可以引用选文增强文章表现力。

2. 学生在写关于“优秀领导者具备的标准”的时候，可以引用选文来作为文章的证明材料。

《坊记》篇

【题解】

本篇主要记述有关君子忠君尊长的德行和礼制。

【原文】

子云："君子之道，辟则坊[1]与，坊[2]民之所不足者也。大为之坊，民犹逾之。故君子礼以坊德，刑以坊淫，命[3]以坊欲。"

子云："小人贫斯约[4]，富斯骄；约斯盗，骄斯乱。礼者，因[5]人之情而为之节文，以为民坊者也。故圣人之制富贵也，使民富不足以骄，贫不至于约，贵不慊[6]于上，故乱益亡[7]。"

子云："贫而好乐，富而好礼，众而以宁者，天下其几矣。《诗》云：民之贪乱，宁[8]为荼毒。故制国不过千乘，都城不过百雉[9]，家富不过百乘。以此坊民。诸侯犹有畔者。"

【注释】

①坊：名词，堤防。②坊：动词，防范。③命：命令、教令。④约：贫困。⑤因：依照。⑥慊：指不满、怨恨。⑦亡：失去、丢失。⑧宁：宁可、宁愿。⑨雉：城墙面积的丈量单位。

【译文】

孔子说："君子的治民之道，打个比方来说，就好像是堤防。它是为了防止百姓出现过失。虽然很仔细地为之设防，百姓中还是有人犯规。所以君子用礼来防止道德上的过失，用刑来防止邪恶的行为，用教令来防止贪婪的欲望。"

孔子说："小人贫则穷困，富则骄横；穷困了就会去偷盗，骄横了就会去乱来。所谓礼，就是顺应人的这种情形而制定的控制标准，以作为防止百姓越轨的堤防。所以，圣人制定出了一套富贵贫贱的标准，使富起来的人不骄横，贫穷的人不穷困，取得一定社会地位的人不会对上级不满，所以犯上作乱的事就日趋减少。"

孔子说："贫穷而能苦中作乐，富贵而能彬彬有礼，人多却都能安守本分，普天之下能做到的人寥寥无几。《诗》上就说：'有些人贪心作乱，心安理得地去残害无辜的人。'所以做出规定，诸侯的兵车不得超过千乘，国都的城墙不得超过百雉，家的兵车不得超过百乘。用这种办法来防范百姓，诸侯还有叛乱的。"

【解析】

这个选段集中谈了“礼”作为行为标准来说最重要的一个作用：控制人的欲念。利用对物质条件的约束最终达到控制人各种邪恶之意的滋生。由此看来，“礼”钳制了人欲望的膨胀，也折杀了罪恶的萌芽。“礼”充分地显示了在维护社会秩序中所担负的职能。当今社会，“礼”已然化为乌有，但我们可以用新时期的社会规范和社会道德标准来约束自己，这也是对人控制力和自律性的严格考验。我们要控制自己的惰性、贪念、邪念等不良欲念，以免误入歧途。

【故事】

控制欲望

美国船王哈利曾对儿子小哈利说：“等你到了23岁，我就将公司的财政大权交给你。”

谁想，儿子23岁生日这天，老哈利却将儿子带进了赌场。老哈利给了小哈利2000美元，让小哈利熟悉牌桌上的伎俩，并告诉他，无论如何不能把钱输光。小哈利连连点头，老哈利还是不放心，反复叮嘱儿子，一定要剩下500美元。小哈利拍着胸脯答应下来。然而，年轻的小哈利很快赌红了眼，把父亲的话忘了个一干二净，最终输得一分不剩。走出赌场，小哈利十分沮丧，说他本以为最后那两把能赚回来，那时他手上的牌正在开始好转，没想到却输得更惨。老哈利说，你还要再进赌场，不过本钱我不能再给你，需要你自己去挣。小哈利用了一个月时间去打工，挣到了700美元。当他再次走进赌场，他给自己定下了规矩：只能输掉一半的钱，到了只剩一半时，他一定离开牌桌。然而，小哈利又一次失败了。当他输掉一半的钱时，脚下就像被钉了钉子般无法动弹。他没能坚守住自己的原则，再次把钱全都压了上去，还是输个精光。老哈利则在一旁看着，一言不发。走出赌场，小哈利对父亲说，他再也不想进赌场了，因为他的性格只会让他把最后一分钱都输光，他注定是个输家。谁知老哈利却不以为然，他坚持要小哈利再进赌场。老哈利说，赌场是世界上博弈最激烈、最无情、最残酷的地方，人生亦如赌场，你怎么能不继续呢？小哈利只好再去打短工。他第三次走进赌场，已是半年以后的事了。这一次，他的运气还是不佳，又是一场输局。但他吸取了以往的教训，冷静了许多，沉稳了许多。当钱输到一半时，他毅然决然地走出了赌场。虽然他还是输掉了一半，但在心里，他却有了一种赢的感觉，因为这一次，他战胜了自己。老哈利看出了儿子的喜悦，他对儿子说：“你以为你走进赌场，是为了赢谁？你是要先赢你自己！控制住你自己，你才能做天下真正的赢家。”

从此以后，小哈利每次走进赌场，都给自己制定一个界线，在输掉10%时，他一定会退出牌桌。再往后，熟悉了赌场的小哈利竟然开始赢了：他不但保住了本钱，而且还赢了几百美元。这时，站在一旁的父亲警告他，现在应该马上离开赌桌。可头一次这么顺风顺水，小哈利哪儿舍得走？几把下来，他果然又赢了一些钱，眼看手上的钱就要翻倍——这可是他从没有遇到过的场面，小哈利无比兴奋。谁知，就在此时，形势急转直下，几个对手大大增加了赌注，只两把，小哈利又输得精光。从天堂瞬间跌落地狱的小哈利惊出了一身冷汗，他这才想起父亲的忠告。如果当时他能听从父亲的话离开，他将会是一个赢家。可惜，他错过了赢的机会，又一次做了输家。

一年以后，老哈利再去赌场时，小哈利俨然已经成了一个像模像样的老手，输赢都控制在10%以内。不管输到10%，或者赢到10%，他都会坚决离场，即使在最顺的时候，他也不会纠缠。老哈利激动不已，因为他知道，在这个世上，能在赢时退场的人，才是真正的赢家。老哈利毅然决定，将上百亿的公司财政大权交给小哈利。听到这突然的任命，小哈利倍感吃惊："我还不懂公司业务呢。"老哈利却一脸轻松地说："业务不过是小事。世上多少人失败，不是因为不懂业务，而是控制不了自己的情绪和欲望。"

【写作点拨】

1. 学生在谈"控制欲望或者欲念的恶果"等话题时，可以引用选文增强文章说服力。

2. 学生在谈"物质与欲念"之间关系的时候，可以引用选文丰富文章内容。

3. 学生在谈"道德对人的约束"的时候，可以引用选文作为证明材料，增强文章感染力。

【原文】

子云："上酌①民言，则下②天上施；上不酌民言，则犯也；下不天上施，则乱也。故君子信让以莅③百姓，则民之报礼重。《诗》云：'先民有言，询于刍荛④。'"

【注释】

①酌：斟酌、考虑。②下：下达、颁布。③莅：指治理、掌管。④刍荛：指割草打柴的人。

【译文】

孔子说："在上位的人如果能够听取百姓的意见，那么百姓就把上边的政令看作是上天下发的一般；如果不能听取百姓的意见，百姓就会犯上；百姓不把上边的政令看作是上天下达的就会作乱。所以，君子用诚信谦让来治理百姓，百姓就会以重礼相报。《诗经》上这样说过：'前辈有这样的教导，就是对于割草打柴的人也要不耻下问。'"

【解析】

用我们今天的话来讲，这个选段中孔子强调的是当权者“虚心听取群众意见”。唐太宗说过：“民为水，君为舟。水能载舟，亦能覆舟。”一个国家的主体部分是由民众构成的，符合民意，民顺则君定国定。不符合民意，必将引起百姓的抵触和反抗。百姓的意见是百姓从自身生存实际出发，以自身利益为根本出发点的，一旦百姓利益受到触犯，社会必将动荡不安。孔子引用《诗经》当中的句子，也是为了增强自己思想的说服力。今天的领导干部也都是社会公仆，只有虚心听取群众意见，才能彻底做到为人民服务，然后才会受到百姓的尊重和爱戴。

【故事】

赵威后重民

有一次，齐襄王派使臣出使赵国。因为赵国国君赵惠文王的妻子赵威后是一位不寻常的王后，她协助赵惠文王把赵国治理得颇为出色，因而在诸侯王的心目中也很有威望。于是，齐襄王便特意修了一封国书给赵威后。使臣到达齐国后，向赵威后转达齐襄王的问候并递交了国书。赵威后接过国书，并没有马上启阅，而首先问齐国使臣：“贵国今年的年成好不好？没有什么灾害吧？老百姓也没有什么大的病痛、灾难吧？齐王他也好吗？”齐国使臣听了，很不满意，就说：“我是奉齐王的命令，专程来问候您的，按照礼仪，王后您也该先问齐王好。现在您却先问年成，百姓的生活，最后才问到齐王，这岂不是抬高卑贱而压低尊贵了吗？”赵威后微微一笑，耐心地启导他说：“你说得不对呀，想想看，要是没有好的年成，百姓哪能生活得下去，若是没有百姓，又哪儿还有君主。”说到这里，她略一停顿，又以强调的语气说：“所以，我才那样问您，而没有按以往的惯例行事，舍本而先问末。”齐国使臣聆听了这番教诲，面红耳赤，但却对贤明的赵威后佩服至极。

【写作点拨】

1. 学生在谈“优秀领导者的标准”时，可以引用选文，丰富文章内容。

2. 学生在谈“虚心听取他人意见”时，可以引用选文来为文章增色。

3. 学生在谈“虚心听取群众意见”时，可以引用选文来证明观点。

【原文】

子云：“君子弛[①]其亲之过，而敬其美。”《论语》曰：“三年无改于父之道，可谓孝矣。”《尚书》云：“高宗三年其惟不言，言乃讙[②]。”子云：“从命不忿[③]，微[④]谏不倦，劳[⑤]而不怨，可谓孝矣。”《诗》云：“孝子不匮[⑥]。”子云：“睦于父母之

党[⑦]，可谓孝矣。故君子因睦以合族。”

【注释】

①弛：放弃、丢开。②谨：通“欢”，喜悦的意思。③忿：怨恨。④微：不显露，指含蓄。⑤劳：忧愁。⑥匮：匮乏。⑦党：亲族。

【译文】

孔子说：“君子不把父母的过错记恨在心，但对父母的美德却敬佩不能忘怀。”《论语》上说：“三年不改变父亲生前的主张，可以说是孝子了。”《尚书》上说：“高宗守丧三年，一句话都不讲；可是等到守丧期满一开口讲话，就受人拥护。”孔子说：“听从父母的教导毫不懈怠，含蓄地规劝父母不知疲倦，为父母担忧而毫无怨言，这样的儿子可以称得上孝顺了。”《诗经》上说：“孝子对父母的孝心是无穷无尽的。”孔子说：“能够与父母的亲人也和睦相处，才可以称作孝。所以君子经常招待族人聚餐以加强团结。”

【解析】

这个选段又从多角度谈论了关于“孝”的标准。主要表现在无论何时何事都不记恨、怨恨父母，无论为父母做些什么都心甘情愿、不知疲倦、心存感恩。能够亲父母之所亲，志父母之所志。并且还引用了《论语》、《尚书》中的句子来表明对“孝”的认识。今天的少年，不必再为不知如何尽孝而烦恼，《坊记》又为我们铸造了流淌孝义的河渠，心存善根，无悔付出是根本。

【故事】

芦衣顺母

“亲憎我，孝方贤。”春秋时代，有个孝子叫闵子骞。他的母亲去世比较早，父亲娶了继母，又生了两个弟弟。继母对他不好，常常虐待他。一年冬天，后母用芦花给他做衣服，而给他的两个弟弟做的是棉衣。芦花做衣服看起来很蓬松，但是不保暖。刚好他父亲带他外出，让他驾马车。因为天气太冷，冷风飕飕，衣服又不保暖，所以他就冻得发抖。父亲看了以后很生气，衣服已经穿得这么厚了还在发抖，是不是有意要诋毁后母。一气之下，就拿起鞭子抽打闵子骞。结果鞭子一打下去，衣服破了，芦花飞出来，父亲这才明了，原来是后母虐待自己的孩子，所以很生气。回到家里，当下就要把他的后母休掉。可是子骞对后母并不记恨，反而有些同情后母，小子骞觉得不能因为这么一件小事就休掉后母，于是他跪下来对自己的父亲说：“父亲，请你不要赶后母走，因为毕竟还有两个小弟弟呀!有母亲在的时候，只有我一个人寒冷，如果母亲走了，我和两个弟弟都会挨饿受冻的。”在这种情形之下，闵子骞至诚的孝心丝毫不减，而且还想到兄弟和家庭的和乐。这一分真诚让他的父亲息怒，这一分真诚也让他的后母生起惭愧之心。闵子骞这份孝心转化了家庭的恶缘，致使家庭从此幸福和乐。

【写作点拨】

1. 学生在谈“孝”的含义时，可以引用选文丰富文章内容。

2. 学生在谈“心存善念，常怀感恩”的话题时，可以引用选文为文章增色。

【原文】

子云：“父母在，不称老，言孝不言慈；闺门之内，戏①而不叹。”君子以此坊民，民犹薄于孝而厚于慈。子云：“长②民者，朝廷敬老，则民作孝。”子云：“祭祀之有尸也，宗庙之主也，示民有事也。修宗庙，敬祀事，教民追孝也。”以此坊民，民犹忘其亲。

【注释】

①戏：开玩笑。②长：指执掌。

【译文】

孔子说：“父母健在，做儿子的不敢自称老。平常要关注对父母如何孝顺，不要关注做父母的应该怎样疼爱自己。家门之内，只可引逗父母高兴，不可在父母面前唉声叹气。”君子用这些礼节来规范百姓，百姓还是关注孝道的少，企求父母疼爱得多。孔子说：“身为统治者，如果能够在朝廷上做到敬老，那么百姓就会兴起孝顺之风。”孔子说：“祭祀时候有尸，宗庙中设立神主，这是向人们指出应该尊奉的对象。修建宗庙，恭恭敬敬地进行祭祀，这是教育百姓不要忘掉死去的亲人。用这种办法来教育百姓，百姓还有忘掉亲人的。”

【解析】

用具体的要求规范为人子的孝行，是为了引起社会对孝的广泛关注，是用外力来牵制人“意念”。这种约束，会让人分秒不忘尊卑，时刻合乎规矩，岁年平和恭顺，最终成为稳定社会秩序的重要基础。

【故事】

千叟宴

千叟宴最早始于康熙年间，盛于乾隆时期，是清宫中规模最大，与宴者最多的盛大御宴。千叟宴在清代共举办过四次。清帝为表明治国有方，太平盛世，并表示对老人的关怀与尊敬，特意举办“千叟宴”。

乾隆五十年（1785），四海承平，天下富足。适逢清朝庆典，乾隆帝为表示其皇恩浩荡，在乾清宫举行了千叟宴。宴会场面之大，实为空前。被邀请的老人约有三千名，这些人中有皇亲国戚，有前朝老臣，也有的是从民间奉诏进京的老人。在座老人中有不少是饱学鸿儒，当众吟诗联句，即席用柏梁体选百联句被史官记录入史。乾隆皇帝还亲自为90岁以上的寿星一一斟酒。当时推为上座的是一位最长寿的老人，据说已有141岁。当时乾隆和纪晓岚还为这位老人做了一个对子，"花甲重开，外加三七岁月；古稀双庆，内多一个春秋。"根据上联的意思，两个甲子年120岁再加三七二十一，正好141岁。下联是古稀双庆，两个七十，再加一，正好141岁。堪称绝对。

【写作点拨】

1. 学生在谈"古代君主优秀品德"的时候可以引用选文丰富文章内容。

2. 学生在谈"孝"的具体表现时，可以引用选文增强文章表现力。

《中庸》篇

【题解】

《中庸》主要阐述的是"中庸"之道和"诚"的观念。《中庸》因"中庸"之道而得名。

【原文】

天命[①]之谓性；率性[②]之谓道；修[③]道之谓教。道也者，不可须臾[④]离也：可离，非道也。是故君子戒慎乎其所不睹[⑤]，恐惧[⑥]乎其所不闻。莫见乎隐，莫[⑦]显乎微。故君子慎其独[⑧]也。喜、怒、哀、乐之未发[⑨]，谓之中。发而皆中[⑩]节，谓之和。中也者，天下之大本也。和也者，天下之达道也。致中和，天地位焉，万物育焉。

【注释】

①天命：天生的资质。②率性：率，循、沿着。率性，依着本性。③修：按照。④须臾：一会儿。⑤睹：看到。⑥恐惧：指惊恐、惧怕。⑦莫：没有不。⑧独：单独、独自。⑨发：指表现出来。⑩中：符合。

【译文】

人的天生资质叫作"性"，顺着本性行事叫作"道"，按照"道"的原则来提高修养叫作"教"。"道"是不可以片刻离开的，如果可以离开，那就不是"道"了。所以，品德高尚的人在没有人看见的地方也是谨慎的，在没有人听见的地方也是有所戒惧的。越是在隐蔽的地方表现得越是明显，越是细微的地方越是显著。所以，品德高尚的人在一人独处的时候也是谨慎的。喜怒哀乐没有表现出来的时候，叫作"中"；表现出来以后符合节度，叫作“和”。“中”，是人人都有的本性；“和”，是大家遵循的原则，达到“中和”的境界，天地便各在其位了，万物便生长繁育了。

【解析】

这是《中庸》的第一章，从“道”不可片刻离开引入话题，强调“慎其独”的问题，要求人们真心诚意地顺着本性行事，加强自律性，按照“道”的原则修身养性。有了“道”并能按照原则修养，才可以谈到“中和”，也就是“中庸”。当一个人有了喜怒哀乐的情绪，但还没有表现出来时，心中是平淡冲和的，所以叫作“中”，但这种情绪的外露又不可避免，必然要表现出来。表现出来如果符合常理，有节度，这就叫作“和”。二者和谐协调，这便是“中和”。人人都达到“中和”的境界，大家心平气和，社会秩序井然，天下也就太平无事了。

【故事】

杨震慎独

东汉时期有个人叫杨震，是弘农华阴人。他的八世祖杨喜，在汉高祖时因功被封为赤泉侯。高祖杨敞，汉昭帝时任丞相，并被封为平安侯。他的父亲杨宝，熟习《欧阳尚书》。哀、平二帝时，杨宝隐居民间，以教书为业。光武帝认为杨宝的节操很高尚，建武年间，特地派官家车辆征召他入朝做官，但他因年老有病，未及成行，老死家中。

杨震少年时代就喜欢学习，曾向太常卿桓郁学习《欧阳尚书》，明习经学，博览群书，对学问有探究精神。当时的儒生因此说他是“关西孔子杨伯起”。平常客居在湖城，几十年都不回复州郡的隆重礼聘，人们都说他错过大好年华，但他的志向却愈发坚定。后来有冠雀衔三只小黄鱼，飞到讲堂前，人们拿上鱼对他说：“蛇鳣是卿大夫的官服的象征。数目为三的，是三台的规定。先生从此要高升了。”杨震五十岁时，才开始在州郡做官。

大将军邓骘听到他有才能就举荐他，推举他为杰出人才，屡次升迁为荆州刺史、东莱太守。在他上任时，途径昌邑。先前他所举荐的荆州秀才昌邑令王密拜见他，在夜里揣着十斤金赠给他。杨震说：“作为老朋友，我了解你，你却不了解老朋友，这是为什么呢？”王密说：“深更半夜没人知道。”杨震说：“上天知道，神明知道，我知道，你知道。怎么能说没人知道!”王密惭愧地退出客舍。

【写作点拨】

1. 学生在谈“自律、慎独”的话题时，可以引用选文增强文采。

2. 学生在谈“中庸与社会秩序之间的关系”的时候，可以引用选文证明观点。

【原文】

仲尼曰："君子中庸，小人反①中庸。君子之中庸也，君子而时②中。小人之中庸也，小人而无忌惮也。"

【注释】

①反：指违背。②时：随时，时时。

【译文】

仲尼说："君子中庸，小人违背中庸。君于之所以中庸，是因为君子随时都能做到适中，没有偏倚。小人之所以违背中庸，是因为小人肆无忌惮，不会把握分寸而走向极端。"

【解析】

孔子的学生子贡曾经问孔子："子张和子夏哪一个更贤一些？"孔子回答说："子张过分；子夏不够。"子贡问："那么是子张贤一些吗？"孔子说："过分与不够是一样的。"孔子与子贡的这段对话，主要说明了任何一种超出标准走向极端的态度和做法都是不对的。过分与不够貌似不同，其实质却都是一样的，都不符合中庸的要求。而如选文中指出的"君子而时中"才是正确的。中庸的要求是恰到好处，正如宋玉在《登徒子好色赋》中塑造的大美人东家之子一样："增之一分则太长，减之一分则太短；著粉则太白，施朱则太赤。"这个"刚刚好"不仅是体现了外貌美的无可挑剔，同时也是处理事情的最佳标准。

我们有时在生活和学习中，常常遇到这样的问题：如果我们遇事不太积极会觉得我们没有勇气，太过积极会觉得我们个性张扬。说话太少显得我们口齿木讷，说话太多让感觉聒噪反感。所以我们要学会培养自己"中"的心态、"和"的尺度，把握这个不偏不倚、不卑不亢的应对方式。

【故事】

杨修之死

东汉末年，名臣杨彪的儿子杨修才思敏捷，灵巧机智，后来成为"一代奸雄"东汉相国曹操的谋士，官居主簿，替曹操典领文书，办理事务。

有一次，曹操造了一座后花园。落成时，曹操去观看，在园中转了一圈，临走时什么话也没有说，只在园门上写了一个"活"字。工匠们不了解其意，就去请教杨修。杨修对工匠们说，门内添活字，乃阔字也，丞相嫌你们把园门造得太宽大了。工匠们恍然大悟，于是重新建造园门。完工后再请曹操验收。操大喜，问道："谁领会了我的意思？"左右回答："多亏杨主簿赐教！"曹操虽表面上称好，而心底却很忌讳。

有一天，塞北有人给曹操送了一盒精美的酥。曹操尝了一口，突然灵机一动，想考考周围文臣武将的才智，就在酥盒上竖写了“一合酥”三个字，让使臣送给文武大臣。大臣们面对这盒酥，百思不得其解，就向杨修求教。杨修看到盒子上的字，竟拿取餐具给大家分吃了。大家问他：“我们怎么敢吃魏王的东西？”杨修说：“是魏王让我们一人一口酥嘛!”在场的文臣武将都为杨修的聪敏而拍案叫绝。而后，曹操问其故，杨修从容回答说：“盒上明明写着‘一人一口酥’，岂敢违丞相之命乎？”曹操虽然喜笑，而心头却很妒嫉杨修。

曹操多猜疑，生怕别人暗中谋害自己，常吩咐左右说：“我梦中好杀人，凡我睡着的时候，你们切勿近前!”有一天，曹操在帐中睡觉，故意落被于地，一近侍慌忙取被为他覆盖。曹操即刻跳起来拔剑把他杀了，复上床睡。睡了半天起来的时候，假装做梦，佯惊问：“何人杀我近侍？”大家都以实情相告。曹操痛哭，命厚葬近侍。人们都以为曹操果真是梦中杀人，惟有杨修又识破了他的意图，临葬时指着近侍尸体叹惜说：“丞相非在梦中，君乃在梦中耳!”曹操听到后更加厌恶杨修。

曹操出兵汉中进攻刘备，困于斜谷界口，欲要进兵，又被马超拒守，欲收兵回朝，又恐被蜀兵耻笑，心中犹豫不决，正碰上厨师进鸡汤。操见碗中有鸡肋，因而有感于怀。正沉吟间，夏侯惇入帐，禀请夜间口号。曹操随口答道：“鸡肋!鸡肋!”夏侯惇传令众官，都称“鸡肋”行军主簿杨修见传“鸡肋”二字，便教随行军士收拾行装，准备归程。有人报知夏侯惇。夏侯惇大惊，遂请杨修至帐中问道：“公为何收拾行装？”修说：“以今夜号令，便知魏王不日将退兵归也，鸡肋者，食之无肉，弃之有味。今进不能胜，退恐人笑，在此无益，不如早归，来日魏王必班师矣。故先收拾行装，免得临行慌乱。”夏侯惇说：“公真知魏王肺腑也!”遂亦收拾行装。于是寨中诸将，无不准备归计。曹操得知此情后，唤杨修问之，杨修以鸡肋之意对。曹操大怒说：“你怎敢造谣言，乱我军心!”喝刀斧手推出斩之，将首级号令于辕门外。

【写作点拨】

1. 学生在谈“做事有分寸”时，可以引选文丰富文章内容。

2. 学生在谈“君子与小人处事风格的不同”时，可以引用选文增强文章说服力。

【原文】

子曰：“舜其大知[①]也与！舜好问而好察迩[②]言，隐恶而扬善，执其两端，用其中[③]于民。其斯以为舜乎！”

【注释】

①知：通“智”。②迩：浅近。③中：适中。

【译文】

孔子说：“舜可真是具有大智慧的人啊！他喜欢向人问问题，又善于分析别人浅近话语里的含义。隐藏人家的坏处，宣扬人家的好处。过与不及两端的意见他都掌握，采纳适中的用于老百姓。这就是舜之所以为舜的地方吧！”

【解析】

舜是古代贤君的代表，他的贤有一方面是体现在“中庸”之道上，具体表现在“隐恶而扬善，执其两端”，这是领导的艺术。这种领导艺术被孔子如此称赞，是因为这样的“中庸”背后所包含的巨大智慧。要做到“隐恶扬善”，得有博大的胸襟和宽容的气度。要做到“执两用中”，既要有对于中庸之道的自觉意识，而且得有丰富的经验和过人的见识。难怪孔子认为舜是有“智”之君。

【故事】

子罕中和

楚国人士尹池为楚国出使到宋国去，宋相司城子罕在家里宴请他。子罕故意让士尹池观看他家院子周围的情况。南边邻居的墙向前突出却不拆了它取直，西边邻居家的积水流过子罕的院子却不加制止。士尹池询问这是为什么，司城子罕说：“南边邻居是工匠，是做鞋的。我要让他搬家，他的父亲说：‘我家靠做鞋谋生已经三代了，现在如果搬家，那么宋国那些要买鞋的，就不知道我的住处了，我将不能谋生。希望相国您怜悯我。’因为这个缘故，我没有让他搬家。西边邻居院子地势高，我家院子地势低，积水流过我家院子很正常，所以没有加以制止。”士尹池回到楚国，楚王还要发兵攻打宋国，士尹池劝楚王说：“不能攻打宋国。它的君主贤明，它的相国仁慈。贤明的人能得民心，仁慈的人别人能为他出力。楚国去攻打它，大概不会成功，而且要被天下人所耻笑!”

由于士尹池到宋国进行了调查研究，因而阻止了楚王攻打宋国。世人沿着合乎天理的大道前进，人们的胸襟自然宏朗，前途必然光明无限。宋国国相子罕，以正治国，以德为本，必然得到人们的拥护，而且以自己的仁德阻止了楚国攻打宋国。反之，假如子罕充满了私欲，那么私欲的道路却是非常狭隘的，根本就谈不上个人的前途事业，只要往前走一步就会弄得满身污浊，久而久之会陷进泥潭中，也就无法以自己的仁德阻止楚国攻打宋国了。

【写作点拨】

1. 学生在谈“君主德行和领导艺术”的时候，可以引用选文作为说明材料。

2. 学生在谈“舜”这个人物时，可以引用选文丰富文章内容。

【原文】

子曰：“人皆曰：‘予知。’驱而纳诸罟擭[1]陷阱之中，而莫之知辟[2]也。人皆曰：‘予知。’择乎中庸，而不能期月[3]守也。”

【注释】

①罟擭：捕禽兽的工具。②辟：通“避”。③期月：满一个月。

【译文】

孔子说：“人人都说自己聪明，可是被驱赶到罗网陷阱中去却不知躲避。人人都说自己聪明，可是选择了中庸之道却连一个月时间也不能坚持。”

【解析】

《红楼梦》里形容王熙凤有这样一句话：机关算尽太聪明，反误了卿卿性命。这就是在说，人有的时候只是“自以为”自己聪明，最后聪明反被聪明误。自作聪明就会自以为是，自以为是就容易无所顾忌而走极端，甚至都被陷害了，还不知道自己失误在哪里。还有一种人，他们能认识到自己处理问题的正确方法是什么，但却不能持之以恒。虽然知道适可而止的好处，知道选择中庸之道作为立身处世原则的意义。但好胜心难以满足，欲壑难填，结果是越走越远，无法把握自己，不知不觉间又放弃了适可而止的初衷。这两种人都是假聪明不是真智慧。

【写作点拨】

1. 学生在谈“真聪明与假聪明”的话题时，可以引用选文增强文章说服力。

2. 学生在谈“控制欲念，中庸处事之道”的时候，可以引用选文丰富文章内容。

【原文】

子曰：“回[1]人也，择乎中庸，得一善[2]，则拳拳[3]服膺[4]而弗失之矣。”

【注释】

①回：指弟子颜回。②善：好处。③拳拳：忠谨、恳切的样子。④膺：胸。

【译文】

孔子说：“颜回就是这样一个人，他选择了中庸之道，得到了它的好处，就恳切地把它记在心上，再也不让它失去。”

【解析】

这段文字孔子以心爱的学生颜回为例，指出行走在中庸之道上必须持之以恒。本选段中颜回也恰好与上文“自作聪明”的人形成对比，在孔子的语气里充满了对颜回的认可和赞赏，同时也为颜回“得一善”而欣慰。“人众时，守住嘴。独处时，守住心”，颜回身上最宝贵的不是他选择了中庸之道，而是在选择了正确的道路能够一直坚守，永不遗忘、放弃。这是一种坚持，一种信念，内心里一种无形的约束力和驱动力。

【故事】

蘧伯玉慎独

卫国的国君卫灵公一天晚上和妻子夜坐，听到车声辚辚，由远及近，到宫门而止，过了宫门又响了起来。卫灵公问妻子：“不知道是谁经过？”夫人答道：“这一定是蘧伯玉。”卫灵公问：“你怎么知道是他？”夫人回答说：“蘧伯玉是卫国的贤大夫，此人仁而有智，对上恭敬，他必定不会因为暗中无人而废礼，所以我料定是他。”卫灵公出外叫人去打听，果然是蘧伯玉。但卫灵公回到屋里却瞒着夫人说：“偏偏不是蘧伯玉。”夫人一听，便向卫灵公表示祝贺。卫灵公莫名其妙地问道：“夫人为什么要向我祝贺啊？”夫人答道：“我原以为卫国只有一个蘧伯玉，现在却又多了一个和他一样的人，国多贤臣，国之幸也。所以我要向您表示祝贺。”卫灵公叹道：“妙极！”就将实话告诉了妻子。

【写作点拨】

1. 学生在谈“信念、信仰”的时候，可以引用选文作为证明材料。

2. 学生在谈“颜回”这个人物的时候，可以引选文，丰富文章内容。

【原文】

子路问强。子曰：“南方之强与？北方之强与？抑而强与？宽柔以教，不报无道，南方之强也，君子居①之。衽②金革，死而不厌，北方之强也，而强者居之。故君子和而不流，强哉矫！中立而不倚，强哉矫！国有道，不变塞焉，强哉矫！国无道，至死不变，强哉矫！”

【注释】

①居：占有。②衽：席子，这里指用……做席子。

【译文】

子路问什么是强。孔子说：“你是问南方的强呢？还是北方的强呢？还是你认为的强呢？用宽容柔和的精神去教育人，人家对我蛮横无理也不报复，这是南方的强，品德高尚的人具有这种强。用铠甲当枕席征战战场，死而后已，这是北方的强，勇武好斗的人就具有这种强。所以，品德高尚的人和顺而不随波逐流，这才是真强啊！保持中立而不偏不倚，这才是真强啊！国家政治清平时不改变志向，这才是真强啊！国家政治黑暗时坚持操守，宁死不变，这才是真强啊！”

【解析】

这一则在教育方法上，突显了孔子“因材施教”的教育特点。子路性情鲁莽，勇武好斗，所以孔子教导他：人有体力的强，也有精神力量的强，但真正的强不是匹夫之勇的强，而是精神力量的强。精神力量的强体现为和而不流，柔中有刚。只有谙于中庸之道的人才能拥有这种强大。因为他们能够坚持自己的信念不动摇，宁死不改变志向和操守。孔子这是在利用一切教育时机教诲自己的弟子，让他们走“正道”。

【故事】

蔺相如与廉颇

战国时期，有七个大国，它们是齐、楚、燕、韩、赵、魏、秦，历史上称为“战国七雄”。这七国当中，又数秦国最强大，秦国常常欺侮赵国。有一次，赵王派蔺相如到秦国去交涉。蔺相如见了秦王，凭着机智和勇敢，给赵国争了很大的光。秦王见赵国有这样的人才，就不敢再小看赵国了。赵王看蔺相如这么能干。就先封他为“大夫”，后封为上卿。

赵王这么看重蔺相如，可气坏了赵国的大将军廉颇。他想：我为赵国拼命打仗，功劳难道不如蔺相如吗？蔺相如光凭一张嘴，有什么了不起的本领，地位倒比我还高！他越想越不服气，怒气冲冲地说：“我要是碰着蔺相如，要当面给他点儿难堪，看他能把我怎么样！”

廉颇的这些话被蔺相如知道后，他立刻吩咐自己手下的人，叫他们以后碰着廉颇手下的人，千万要让着点儿，不要和他们争吵。以后，他自己坐车出门，只要听说廉颇打前面来了，就叫马车夫把车子赶到小巷子里，等廉颇过去了再走。廉颇手下的人，看见上卿这么让着自己的主人，更加得意忘形了，见了蔺相如手下的人，就嘲笑他们。蔺相如手下的人受不了这个气，就跟蔺相如说：“您的地位比廉将军高，他骂您，您反而躲着他，让着他，他越发不把您放在眼里啦！这么下去，我们可受不了。”蔺相如心平气和地问他们：“廉将军跟秦王相比，哪一个厉害呢？”大伙儿说：“那当然是秦王厉害。”蔺相如说：“对呀！我见了秦王都不怕，难道还怕廉将军吗？要知道，秦国现在不敢来打赵国，就是因为国内文官武将一条心。我们两人好比是两只老虎，两只老虎要是打起架来，不免有一只要受伤，甚至死掉，这就给秦国造成了进攻赵国的好机会。你们想想，国家的事儿要紧，还是私人的面子要紧？”蔺相如手下的人听了这一番话，非常感动，以后看见廉颇手下的人，都小心谨慎，总是让着他们。

蔺相如的这番话，后来传到了廉颇的耳朵里。廉颇惭愧极了。他脱掉一只袖子，露着肩膀，背了一根荆条，直奔蔺相如家。蔺相如连忙出来迎接廉颇。廉颇对着蔺相如跪了下来，双手捧着荆条，请蔺相如鞭打自己。蔺相如把荆条扔在地上，急忙用双手扶起廉颇，给他穿好衣服，拉着他的手请他坐下。蔺相如和廉颇从此成了很要好的朋友。这两个人一文一武，同心协力为国家办事，秦国因此更不敢欺侮赵国了。

【写作点拨】

1. 学生在谈“君子之风或中庸之道”时，可以引用选文个别语句丰富文章内容。

2. 学生在谈“因材施教”时，可以引用选文来证明观点。

【原文】

君子素①其位而行，不愿乎其外。素富贵，行乎富贵；素贫贱，行乎贫贱：素夷狄②，行乎夷狄；素患难，行乎患难。君子无入而不自得焉。在上位，不陵③下；在下位，不援④上。正己而不求于人则无怨。上不怨天，下不尤人。故君子居易以俟命，小人行险以侥幸。子曰：“射⑤有似乎君子，失诸正鹄⑥，反求诸其身。”

【注释】

①素：一向、平素。②夷狄：指边缘地区。③陵：指凌驾于、欺凌。④援：指伸手去够。⑤射：指射箭。⑥鹄：箭靶子。

【译文】

君子安于现在所处的地位去做应做的事，不生非分之想。一直处于富贵的地位，就做富贵人应做的事；一直处于贫贱的状况，就做贫贱人应做的事；一直处于边远地区，就做在边远地区应做的事；一直处于患难之中，就做在患难之中应做的事。君子无论处于什么情况下都是安然自得的。处于上位，不欺侮在下位的人；处于下位，不攀缘在上位的人。端正自己而不苛求别人，这样就不会有什么抱怨了。上不抱怨天，下不抱怨人。所以，君子安居现状来等待天命，小人却铤而走险妄图获得非分的东西。孔子说：“君子立身处世就像射箭一样，射不中，不怪靶子不正，只怪自己箭术不行。”

【解析】

这则选段强调“素位而行，安分守己”，也是在说一个人要正确认识到自己所处的位置、身份和能力，对自己有一个客观清醒的评价。不是做想要做的事，而是做适合自己的事。任何成功的追求、进取都是在对现状恰如其分的适应和处置后取得的。一个不能适应现状，在现实面前手足无措的人是很难取得成功的。只有先适合，然后才能游刃有余，再进一步积累、创造自己的价值。并且，处于适合的位置之后，还要保持心态的平衡。能甘心于“适合”而不好高骛远或者妄自菲薄。

【故事】

孔夫子论智者

有一天，孔子的学生子路、子贡、颜渊三人与孔子讨论“何谓智者？”

首先，子路说：“智者，乃使人知己。”也就是说，世上有许多人总在埋怨别人不了解自己，因此能使别人来了解自己，就称得上智。

孔子听了，只是微微一笑。

接着，子贡又提出了不同的意见，他说：“智者，知人之事。”即了解他人，知道他人的价值、性格及才能，能够做到如此地步，才算得上是智。

孔子听了，认为把这种“知人”的人称为“士”就可以了，但还称不上士君子。当然，子贡的回答已比子路更进了一步。

最后，颜渊——孔子的得意门生，乃起身直言：“智者，乃知己。”

孔子听了颜渊的回答，很是满意，极其欣喜，称赞道：“正如你所言，这种人称得上是‘士君子’了。”

【写作点拨】

1. 学生在谈“安守本分”的话题时，可以引用选文增加文采。

2. 学生在谈“适合最重要”时，可以引用选文增强文章说服力。

【原文】

凡为天下国家有九经①。曰：修身也，尊贤也，亲亲也，敬大臣也，体群臣也，子②庶民也，来③百工也，柔远人也，怀④诸侯也。修身，则道立；尊贤则不惑；亲亲，则诸父昆⑤弟不怨；敬大臣，则不眩⑥；体群臣，则士之报礼重；子庶民，则百姓劝；来百工则财用足；柔远人，则四方归之；怀诸侯，则天下畏之。齐明盛服，非礼不动，所以修身也；去谗远色，贱货而贵德，所以劝贤也；尊其位，重其禄，同其好恶，所以劝亲亲也；官盛任使，所以劝大臣也；忠信重禄，所以劝士也；时使薄敛，所以劝百姓也；日省⑦月试，既禀称事，所以劝百工也；送往迎来，嘉善而矜⑧不能，所以柔远人也；继绝世，举废国，治乱持危，朝聘以时，厚往而薄来，所以怀诸侯也。凡为天下国家有九经，所以行之者一也。

【注释】

①经：常规、原则。②子：慈爱。③来：招致。④怀：安抚。⑤昆：兄。⑥眩：迷惑、迷乱。⑦省：视察。⑧矜：哀怜、同情。

【译文】

治理天下和国家有九条原则。那就是：修养自身，尊崇贤人，亲爱亲族，敬重大臣，体恤群臣，爱民如子，招纳工匠，优待远客，安抚诸侯。修养自身就能确立正道；尊崇贤人就不会思想困惑；亲爱亲族就不会惹得叔伯兄弟怨恨；敬重大臣就不会遇事没有办法；体恤群臣，士人们就会竭力报效；爱民如子，老百姓就会忠心耿耿；招纳工匠，财物就会充足；优待远客，四方百姓就会归顺；安抚诸侯，天下的人都会敬畏了。像斋戒那样净心虔诚，穿着庄重整齐的服装，不符合礼仪的事坚决不做，这是为了修养自身；驱除小人，疏远女色，看轻财物而重视德行，这是为了尊崇贤人；提高亲族的地位，给他们以丰厚的俸禄，与他们爱憎相一致，这是为了亲爱亲族；让众多的官员供他们使用，这是为了敬重大臣；真心诚意地任用他们，并给他们以较多的俸禄，这是为了体恤群臣；使用民役不误农时，少收赋税，这是为了爱民如子；经常视察考核，按劳付酬，这是为了招纳工匠；来时欢迎，去时欢送，嘉奖有才能的人，救济有困难的人，这是为了优待远客；延续绝后的家族，复兴灭亡的国家，治理祸乱，扶持危难，按时接受朝见，赠送丰厚，纳贡菲薄，这是为了安抚诸侯。总而言之，治理天下和国家有九条原则，但实行这些原则的道理都是一样的。

【解析】

这一章节说明了治理国家的九项原则，以及以此为原则的依据和益处。这实际上也是《大学》里提出的“修身、齐家、治国、平天下”几个阶段的具体展开。这九项原则的确立，体现了统治中的“未雨绸缪”，考虑到了国家生存发展的各个方面。它可以作为政治上的纲领，也可以作为我们生活上的指导。从自身来讲要注意修身立德、敬老爱幼、友善亲人、和睦邻里、做合乎社会规范的事情。这样才能生活安定幸福。

【故事】

赵叔平数豆自检

北宋时期的赵叔平，自幼学习刻苦，天圣年间一举考中了进士。他一生注意品德修养，乐善好施，与人无怨，受到世人好评。赵叔平认为，人生一世应该多做善事，不做恶事。无论做善事，还是做恶事，都受思想支配。因此，他特别注重正心克己，不断清除私心杂念，使善心永远战胜恶意。为了检验自己的善恶之心，赵叔平曾找来三个器物，用一个器物装黑豆，一个器物装白豆，中间的器物空着。头脑中若有一善念萌生，他就取一个白豆投入中间的容器中，若有一点儿私念或恶意，就取一个黑豆投入中间的容器中。到了晚间，再把容器中的白豆和黑豆倒出来数一数，以检验一天中的善念和私心杂念各有多少。第一天过去了，赵叔平数了数容器中的白豆和黑豆，结果是黑豆多而白豆少，知道自己克己修养功夫还差得远。第二天，赵叔平又数了数容器中的白豆和黑豆，仍然是黑豆多而白豆少，但和第一天比起来，黑豆少了一个，白豆增加了一个。第三天，仍然是黑豆多白豆少，但和第二天比起来，黑豆又少了一个，白豆又增加了一个。过了一段时间，白豆和黑豆一样多了。又过了一段时间，白豆多而黑豆少了。又过了一段时间，容器中只有白豆而无黑豆了。赵叔平的心中只有善意而无私心杂念了。赵叔平就是这样严于克己，只要头脑中私心杂念一闪，就要立即去掉，永远使心地纯一为善，一辈子不做坏事。

【写作点拨】

1. 学生写“如何生活才能幸福”等话题时，可以引用选文，增强文章说服力。

2. 学生写“领导者治理国家的原则”时，可以引用选文，丰富文章内容。

【原文】

凡事豫①则立，不豫则废。言前定，则不跲②；事前定，则不困③；行前定，则不疚④；道前定，则不穷⑤。在下位不获乎上，民不可得而治矣。获乎上有道：不信乎朋友，不获乎上矣；信乎朋友有道：不顺乎亲，不信乎朋友矣；顺乎亲有道：反诸身不诚，不顺乎亲矣；诚身有道：不明乎善，不诚乎身矣。

【注释】

①豫：预备，事先准备。②跲：音“合”，绊倒。③困：指有困境。④疚：指内心痛苦。⑤穷：指走投无路。

【译文】

任何事情，事先有预备就会成功，没有预备就会失败。说话先有预备，就不会有言语的中断；做事先有预备，就不会遇到障碍；行为先有预备，就不会后悔；道路预先选定，就不会走投无路。在下位的人，如果得不到在上位的人信任，就不可能治理好平民百姓。得到在上位的人信任有办法：得不到朋友的信任就得不到在上位的人信任；得到朋友的信任有办法：不孝顺父母就得不到朋友的信任；孝顺父母有办法：自己不真诚就不能孝顺父母；使自己真诚有办法：不明白什么是善就不能够使自己真诚。

【解析】

充分的准备是成功的重要前提。事先有准备，就会心中有数，胸有成竹，有条不紊，遇变不惊。这种“未雨绸缪”的做法值得我们贯彻到实际生活中去，而不仅仅适用于政治范畴。我们在学习的时候，如果能够做好学习计划，按部就班，开始之前对可能出现的问题和困难做好预设，想好解决办法，那么我们的学习将是充实的、踏实的、也会是顺利的。一个人如果遇事先有谋划，并且能够得到人们的信任，那他就一定能担当起治理百姓的职责，而得到别人认可的前提是自身为人的诚信善良。

【故事】

晋文公失国不失信

春秋时期，中原霸主晋文公准备攻打原国，晋军出发时只携带着可供十天食用的粮食，打算用十天的时间拿下原国。到了第九天时，还没有打下原国，粮食也快吃完了。晋文公于是准备下令退兵。这时，有人从原国送来情报说，原国快支撑不住了，不出三天，他们的粮食也吃完了，兵力也用尽了，攻下原国，指日可待。面对这大好时机，晋文公身边的人也说："请国君再等一等吧！"没想到，晋文公却说："出师时，约定十天的时间，将士们的妻儿在家门口翘首以待，等待他们的归去，我怎能为得到原国失信于将士们呢？"于是，果断地下令退兵。原国人听说这件事后，都说："有君王像文公这样讲信用的，怎么可以不归附他呢？"于是原国的百姓纷纷归顺了晋国。

【写作点拨】

1. 学生在谈“计划的重要性”时，可以引用选文，增强文章说服力。

2. 学生在谈“为人诚信和善良是根本”的时候，可以应用选文丰富文章材料。

【原文】

诚者，天之道也；诚之者，人之道也。诚者，不勉而中①，不思而得，从容中道，圣人也。诚之者，择善而固执②之者也：博学之，审问之，慎思之，明辨之，笃③行之。有弗学，学之弗能，弗措④也；有弗问，问之弗知，弗措也；有弗思，思之弗得，弗措也；有弗辨，辨之弗明，弗措也；有弗行，行之弗笃，弗措也。人一能之，己百之；人十能之，己千之。果能此道矣，虽⑤愚必明，虽柔必强。

【注释】

①中：符合。②固执：指执着。③笃：切实。④措：指放置。⑤虽：即使。

【译文】

真诚是上天的原则，追求真诚是做人的原则。天生真诚的人，不用勉强就能做到，不用思考就能拥有，自然而然地符合上天的原则，这样的人是圣人。努力做到真诚，就要选择美好的目标执着追求：广泛学习，详细询问，周密思考，明确辨别，切实实行。要么不学，学了没有学会绝不罢休；要么不问，问了没有懂得绝不罢休；要么不想，想了没有想通绝不罢休；要么不分辨，分辨了没有明确绝不罢休；要么不实行，实行了没有成效绝不罢休。别人用一分努力就能做到的，我用一百分的努力去做；别人用十分的努力做到的，我用一千分的努力去做。如果真能够做到这样，虽然愚笨也一定可以聪明起来，虽然柔弱也一定可以刚强起来。

【解析】

“博学之，审问之，慎思之，明辨之，笃行之”，这说的是为学的几个层次，或者说是几个递进的阶段。“博学”是讲为学首先要广泛地猎取，培养兴趣和激起好奇心。“博”还意味着博大和宽容。惟有博大和宽容，才能兼收并蓄，使自己具有长远的眼光和开放的胸襟，因此博学乃能成为为学的第一阶段。“审问”为第二阶段，有所不明就要探究到底，要对所学有所质疑。问过以后还要通过自己的思考来仔细考察、分析，这就是“慎思”。“明辩”为第四阶段。学是越辩越明的，不辩，则所谓“博学”就会鱼龙混杂，含混不清，良莠不分。“笃行”是为学的最后阶段，就是既然学有所得，就要努力践履所学，使所学付诸生活实践，做到“知行合一”。“笃”还有忠贞不渝，专一务实，坚持不懈之意。只有有明确的目标、坚定的意志的人，才能真正做到“笃行”，从而完成“知识为生活服务”的最终目的。我们今天求学的人，大多数都是做到了起始的第一步“博学”，只有少数人能有心地进行“审问”、“慎思”、“明辨”，至于能“笃行”的那就更少之又少了。所以，卓越者为数不多，庸庸碌碌的人随处可见。他们之间唯一的差距就是学习品质。

【故事】

韦编三绝

孔子少年时勤奋好学，十七岁便因知识渊博而闻名鲁国。到了晚年，孔子喜欢阅读《易经》，但因其意义难懂，他一遍看不懂，就再翻阅、反复学习，直至弄通为止。春秋时的书，主要是以竹子为材料制造的，把竹子破成一根根竹签，称为竹“简”，用火烘干后在上面写字。竹简有一定的长度和宽度，一根竹简只能写一行字，多则几十个，少则八九个。一部书要用许多竹简，这些竹简必须用牢固的绳子之类的东西编连起来才能阅读。像《易》这样的书，当然是由许许多多竹简编连起来的，因此有相当的重量。孔子花了很大的精力，把《易》全部读了一遍，基本上了解了它的内容。不久又读第二遍，掌握了它的基本要点。接着，他又读第三遍，对其中的精神、实质有了透彻的理解。在这以后，为了深入研究这部书，又为了给弟子讲解，他不知翻阅了多少遍。这样读来读去，把串联竹简的牛皮带子也给磨断了几次，不得不多次换上新的再使用。最后，孔子把对《易经》的研究心得，写成了十篇文章，取名《十翼》。后人将《十翼》附在《易经》后面，作为《易经》的补充。即使读到了这样的地步，孔子还谦虚地说："假如让我多活几年，我就可以完全掌握《易》的文与质了。"

【写作点拨】

1. 学生在谈"求知的过程、学习方法或学习品质"的时候，可以引用选文丰富文章内容增强说服力。

2. 学生在谈"求学成败的关键"时，可以引用选文作为正面材料增强文采。

《大学》篇

【题解】

《大学》因篇首"大学之道"而得名。主要讲的是"为学"与"为政"以及它们之间的关系。篇章首先明确提出为学的宗旨，又提出达到天下太平的八个步骤。

【原文】

大学①之道，在明②明德，在亲③民，在止于至善。知止而后有定，定而后能静，静而后能安，安而后能虑，虑而后能得。物有本末，事有终始。知所先后，则近道矣。

【注释】

①大学：这里指关于政治、哲学等的"成人之学"。②明：指彰显发扬的意思。③亲：应为"新"。

【译文】

大学的宗旨在于弘扬光明正大的品德，在于推己及人，让百姓也能弃旧革新，在于使人达到最完善的境界。知道应达到的境界才能够志向坚定；志向坚定才能够心静不躁；心静不躁才能够安心清醒；安心清醒才能够思虑周详；思虑周详才能够有所收获。每样东西都有根本有枝末，每件事情都有开始有终结。明白了这本末始终的道理，就接近事物发展的规律了。

【解析】

这里所展示的，是儒学三纲八目中的三纲。所谓三纲，是指明德、新民、止于至善。“明明德”就是明确道德和加强道德的自我完善，发掘、弘扬自己本性中的善根，而摒弃邪恶的诱惑，从而达到能彰显德行的目的。“亲民”是指在有能力彰显德行之后，能够以自身所得去教化民众，让民众也能在德行、知识等方面弃旧革新有所改变。同时让自己和百姓都走在追求善的道路上，直到达到“至善”为止。当登临“至善”的巅峰，再做什么都是最接近一切社会和自认的规律，就没有做不好或者不成功的。这个纲目指出了为学的方向、要求和最终目的。今日为学，大多为实现功利而来。把为学作为赢得财富和利益的一条捷径、一种手段，而忽略了自身之所得对完善自我、服务社会、促进文明发展中所担负的责任。缺少责任感和使命感的求学，一定是狭隘和短暂的。

【故事】

救济乡里

明末的时候，桐城地方有一个张老员外，心存慈善，喜欢施舍。有一年，遇到荒收，米价上涨，一些狡猾奸诈的商人，看到这个情形，反而把米粮囤积起来，不肯出售。于是，老百姓们没有米吃就起了大恐慌。政府官员向朝廷报告这个灾情，却一直没有得到朝廷的拨粮回复。

张老员外看到这个情形，很是忧急。于是，他把家里的存米半价出售，为的是让老百姓们有米吃。大家听到这个消息，当然是快乐得不得了。但是，张老员外又想到一般贫苦的人，没有钱买米，仍然在挨饿，所以，他又办了一个施粥厂，受施的人隔天领餐券，统计了人数，煮着大量的粥，按照餐券发送，一日三餐，每餐白粥一大碗，咸菜一小碟，许多人空着肚子来，吃得饱饱地回去，大家都称颂张老员外是个活菩萨。而员外却很谦虚地说：“荒年米价比较贵，半价出售是为了怕奸商乘机赚钱，害得大家没有米吃，至于施粥的费用也不多，只要大家都有饭吃，我就觉得很安慰了。”

张老员外不断地将米半价出售，又持续地施粥给穷人，家里的钱也渐渐地用完了，但是，荒收的现象不可能马上平复，因为做善事当然不能半途中止，老员外心里十分焦急，他想：“我这时候如果把救济的事业停止了，贫民就会有饿死的可能，那我当初的救济不就等于白费了吗？救人必须救到底，现在我还有一部分家产，我应该把这些产业变卖了，继续救济乡里才是啊！”想定了主意，张老员外就去和夫人商量，他的夫人也是十分贤德的，听了他的话，非常赞成，并且说：“积存产业给子孙，如果不是积德，万一子孙不成才、没出息，就算是金山银山也会用尽，如果积德给子孙，虽然没有留家产给他们，但是将来如果子孙好，还是会富裕起来的！田地房屋，就由你做主变卖，我也有许多珠宝首饰也一起卖了吧！”员外听了，一直称赞夫人。于是，两人卖了值钱的东西，继续做善事，直到饥荒的现象消除了，他们才停止。

老员外过世后，到了第五代子孙张英，做到了宰相的位置，张英的儿子张廷玉，也继续着父亲的职位，以后的子孙，一代代都有官职，家中也都有产业，这些都是员外救济乡人所树的德行给子孙带来的好影响。

【写作点拨】

1. 学生在谈“学习的目的”的时候，可以引用选文说明问题。

2. 学生在谈“责任感和使命感”的时候，可以引用选文丰富文章内容，增强文章表现力。

【原文】

古之欲明明德于天下者，先治其国。欲治其国者，先齐其家。欲齐其家者，先修其身。欲修其身者，先正其心。欲正其心者，先诚其意。欲诚其意者，先致其知；致知在格物[①]。物格而后知至，知至而后意诚，意诚而后心正，心正而后身修，身修而后家齐，家齐而后国治，国治而后天下平。自天子以至于庶人，壹是[②]皆以修身为本。其本乱而末治者，否矣。其所厚者薄，而其所薄者厚，未之有也！此谓知本，此谓知之至也。

【注释】

①格物：推究事物的道理。②壹是：一律。

【译文】

古代那些要想在天下弘扬光明正大品德的人，先要治理好自己的国家；要想治理好自己的国家，先要管理好自己的家庭和家族；要想管理好自己的家庭和家族，先要修养自身的品性；要想修养自身的品性，先要端正自己的心思；要想端正自己的心思，先要使自己的意念真诚；要想使自己的意念真诚，先要使自己获得知识；获得知识的途径在于认识、研究万事万物。通过对万事万物的认识、研究后才能获得知识；获得知识后意念才能真诚；意念真诚后心思才能端正；心思端正后才能修养品性；品性修养后才能管理好家庭和家族；管理好家庭和家族后才能治理好国家；治理好国家后天下才能太平。上自国家君王，下至平民百姓，人人都要以修养品性为根本。若这个根本被扰乱了，家庭、家族、国家、天下要治理好是不可能的。不分轻重缓急、本末倒置却想做好事情，这也同样是不可能的!这就叫知道了根本，这就是认知的最高境界。

【解析】

这里所展示的，是儒学三纲八目中的八目。所谓八目，是指格物、致知、诚意、正心、修身、齐家、治国、平天下。它既是为达到“三纲”而设计的施行过程，也是儒家为我们所展示的为学进修的阶梯。这八目环环相扣，逐层递进，“格物”是最根本的起始，“平天下”是最终极的价值。其中包括“内修”和“外治”两个方面：前面四级“格物、致知，诚意、正心”是“内修”；后面三纲“齐家、治国、平天下”是“外治”。而其中间的“修身”一环，则是联结“内修”和“外治”两方面的枢纽，它与前面的“内修”项目连在一起，是“独善其身”；它与后面的“外治”项目连在一起，是“兼善天下”。这也是古代知识分子追求的至高境界。依时依世依据“穷”和“达”而把握自己的存在感。

【故事】

苏东坡建设杭州

苏东坡曾两度被贬到杭州做官，合计在一起大约五至六年的时间，就是在这五六年的时间里，苏东坡在杭州的历史上留下了整治杭州城市建设的记载。

苏东坡第一次到杭州任职的时间是公元1069年，那一年苏东坡三十六岁，任的官职是通判，是地位在知州官之下的地方官。苏东坡到任以后，致力于西湖水利和杭州城市发展的调查研究，西湖的疏浚取决于六井的畅通，苏东坡决定首先对杭州的六井进行大规模的通畅修复。

公元1070年，修复六井工程刚刚开工，苏东坡就被调离杭州。这一走，连苏东坡自己也没有想到，十六年后的公元1086年，五十四岁的他又第二次来到杭州任知州。十六年前疏浚西湖的愿望又一次被他提了出来，当时的西湖情况十分糟糕，湖面因杂草淤塞而大面积缩小，面临湮废的边缘。杭州的农业、手工业、交通运输业、人民生活和整个城市的发展都受到了威胁。西湖一旦湮废，不但沿湖的千顷农田将失去灌溉水源，而且西湖本身的鱼虾菱藕等水生物也将完全丧失。当时，杭州是全国酿酒业最为发达的城市之一，西湖一废，酿酒业必定无以为继，朝廷也将失去巨额酒业税源。另外，杭州当时有茆山和盐桥两条运河，它们纵贯南北，都和江南运河相沟通，是杭州城市的交通命脉。在湖水充沛的时期，它们以西湖为水源，不仅河道通畅无淤，而且河水还可以为城市居民所取用。但随着湖水的枯竭，运河就不得不依靠钱塘江水，结果是咸潮倒灌，沿河斥卤，而且大量泥沙会随着咸潮淤入运河，使运河每隔三年五载就必须疏浚，其耗费十分巨大。更为严重的是，随着西湖的湮废，杭州城居民将陷于咸水和苦水之中，百姓生存都成问题。面对着这样严重的威胁，具有城市建设发展远见的苏东坡做出了全面整治西湖和兴修杭州水系的计划，一面上奏朝廷，一面筹措工程经费，开始对西湖进行大规模的疏浚。

在这次对西湖的大规模疏浚工程中，西湖得到了全面深挖。苏东坡下令撤废了湖中私围的葑田，在今湖心亭一带全湖景深之处，建立了石塔三座，禁止在石塔范围内养殖菱藕，以防湖底的淤淀。又把疏浚出来的大量淤泥，在湖中建筑了一条沟通西湖南北岸的长堤，堤上修建了六座石桥以流通湖水，全堤遍植芙蓉、杨柳和各种花草。于是，六桥烟柳的景色，使西湖平添了无限妍媚。西湖疏浚以后，全湖又充满了一泓碧水，于是又在运河与西湖沟通之处建筑闸堰，使纵贯城市中心的盐桥运河专受湖水，与江潮隔绝，而使城市东郊的茆山运河专受江潮，两河互不干扰，做到了潮不入市。与此同时，苏东坡还征用士兵及民工对运河进行了大规模的疏浚。六井通，西湖畅，清水遍全城。

杭州因西湖之水而成为北宋规模空前的城邦，跃居当时全国第一大城市。北宋文学家欧阳修曾描写杭州的富庶是“邑屋华丽，盖十万余家”。苏东坡在杭州为官两任，两次为官都整治西湖，兴建水利，繁荣城市，造福百姓。后人怀念苏东坡，把西湖长堤称为苏堤。苏堤春晓，更是引人入胜的西湖佳景。

苏东坡不因个人得失而忘怀百姓。无论身居高位还是被贬降职，都时刻以造福百姓为自己的责任使命，千百年来为人所叹！

【写作点拨】

1. 学生在谈“人生学习的过程”时，可以引用选文，丰富文采，增强说服力。

2. 学生在谈“个人价值和社会责任感”时，可以引用选文丰富文章内容。

【原文】

子曰：“听讼，吾犹人也。必也使无讼乎！”无情者[①]不得尽其辞，大畏[②]民志，此谓知本。

【注释】

①无情者：指隐瞒实情的人。②畏：畏服。

【译文】

孔子说：“审理诉讼案子，我也和别人一样，目的在于使诉讼不再发生。”使隐瞒真实情况的人不敢花言巧语，以大德使人心畏服，这就叫作懂得了根本的道理。

【解析】

这一段中孔子谈论的是对“本”与“末”的认识。首先由诉讼的本意来阐释“物有本末，事有终始”的道理，强调凡事都要抓住根本。审案只是手段，手段的根本目的是使案子不再发生，这是表层，是“末”。使人心理畏服，崇尚道德而不再犯案才是目的，是根基，是“本”。这也是教化与治理的问题。教化是本，治理是末。正是由此出发，我们才能够理解《大学》强调以修身为本，齐家、治国、平天下都只是末的道理。

【故事】

釜底抽薪

东汉末年，军阀混战，河北袁绍乘势崛起。公元199年，袁绍率领十万大军攻打许昌。当时，曹操据守官渡（今河南中牟北），兵力只有二万多人。两军隔河对峙。袁绍仗着人马众多，派兵攻打白马。曹操表面上放弃白马，命令主力开向延津渡口，摆开渡河架势。袁绍怕后方受敌，迅速率主力西进，阻挡曹军渡河。谁知曹操虚晃一枪之后，突派精锐回袭白马，斩杀颜良，初战告捷。由于两军相持了很长时间，双方粮草供给成了关键。袁绍仗势从河北调集了一万多车粮草，屯集在大本营以北四十里的乌巢，因为他不把小小的曹操放在眼里，于是没有安排重兵。曹操探听乌巢并无重兵防守，决定偷袭乌巢，断其供应。他亲自率五千精兵打着袁绍的旗号，衔枚疾走，夜袭乌巢，乌巢袁军还没有弄清真相，曹军已经包围了粮仓。一把大火点燃，顿时浓烟四起。曹军乘势消灭了守粮袁军，袁军的一万车粮草，顿时化为灰烬，袁绍大军闻讯，惊恐万状，供应断绝，军心浮动，袁绍一时没了主意。曹操此时，发动全线进攻，袁军士兵已丧失战斗力，十万大军四散溃逃。袁军大败，袁绍带领八百亲兵，艰难地杀出重围，回到河北，从此一蹶不振。

【写作点拨】

学生在谈及“处理问题抓住根本”时，可以引用选文，丰富文章内容。

【原文】

所谓致知在格物者，言欲致吾之知，在即物而穷其理也。盖人心之灵莫不有知，而天下之物莫不有理，惟于理有未穷，故其知有不尽也。是以《大学》始教，必始学者即凡天下之物，莫不因其已知之理而益穷之，以求至乎其极。至于用力之久，而一旦豁然贯通焉，则众物之表里精粗无不到[①]，而吾心之全体大用无不明矣。此谓物格，此谓知之至也。

【注释】

①到：指被认识清楚。

【译文】

说获得知识的途径在于认识、研究万事万物，是指要想获得知识，就必须接触事物而彻底研究它的原理。人的心灵都具有认知能力，而天下万事万物都总有一定的原理。只不过因为这些原理还没有被彻底认识，所以使知识显得很有局限。因此，《大学》一开始就教学习的人接触天下万事万物，用自己已有的知识去进一步探究，以彻底认识万事万物的原理。经过长期用功，总有一天会豁然贯通，到那时，万事万物的里外巨细都被认识得清清楚楚，而自己内心的一切认识能力都得到淋漓尽致的发挥，再也没有闭塞。这就叫万事万物被认识、研究了，这就叫知识达到顶点了。

【解析】

"纸上得来终觉浅，绝知此事要躬行。"这一段表明了从格物到致知的过程。把认知的来源指向于实践，指向于积极主动的调查研究。对事物原理的探索是最直接也是最有效的获知手段。在探究的过程中，切身的认知和体会会生成独特的感悟，使得收获巨大。而随着知识量的增多又能更好地去"格物"，然后再"致知"，最终形成一个从实践到知识，再用知识指导实践的求知链圈，从而不断提升和超越。我们同学在今天学习的过程中，往往忽略了"格物"的重要性，省去了"格物"的过程，大多数知识的获得来源于书本，没有实践过程的吸纳往往都是肤浅和短暂的。理论和实践的脱离，也使知识成为"一纸空文"。所以现在一些"社会实践"和"生活实践"课程的安排就是为了解决这个问题，希望同学们能够通过实践取得认知，从而完成由"格物"到"致知"的过程。

【写作点拨】

1. 学生在写"实践出真知"的话题时，可以引用选文增强文章说服力。

2. 学生在谈"研究探索精神"时，可以引用选文丰富文章内容。

【原文】

所谓诚[1]其意者，毋自欺也。如恶[2]恶臭，如好[3]好色，此之谓自谦[4]。故君子必慎其独也！小人闲居为不善，无所不至，见君子而后厌然，掩其不善而著[5]其善。人之视己，如见其肺肝然，则何益矣？此谓诚于中[6]，形[7]于外，故君子必慎其独也。

【注释】

①诚：使……真诚。②恶：动词，厌恶。③好：动词，喜好。④谦：通“慊”，满足，满意。⑤著：明显、显出。⑥中：指内心。⑦形：指外在表现。

【译文】

使意念真诚的意思是说，不要自己欺骗自己。要像厌恶恶臭一样，要像喜爱美人一样，这样才叫心安理得。所以，品德高尚的人在一个人独处的时候一定也谨慎小心。品德低下的人在私下里无恶不作，一见到品德高尚的人便是反感躲闪的样子，掩盖自己所做的坏事而自吹自擂。殊不知，别人看他们，就像能看见他们的心肺肝脏一样清楚，这样做有什么好处呢？这就叫作内心的真实一定会表现在外表。所以，品德高尚的人在一个人独处的时候一定要谨慎小心。

【解析】

要做到真诚，最重要也是最考验人的便是“慎其独”。一个人在独处的时候也谨慎，简而言之，就是人前人后一个样。在没有监督的情况下，能够继续按照自己的原则去行事，而不是为了做给谁看，这是道德约束的最高境界。“慎独”之人人前真诚，人后也真诚，一切都发自肺腑，发自内心。而不能做到“慎独”的人总是自作聪明，惶恐不安，躲躲闪闪，闪烁其词。“若要人不知，除非己莫为。”自欺欺人，掩耳盗铃，总有被人看透，东窗事发的一天。

【故事】

不贪为宝

春秋时期，宋国有个叫子罕的官员，他品德高尚，为政清廉，从不接受别人的礼物，在百姓中很有威望。有一次，一个宋国人怀藏宝玉，兴冲冲地找到子罕说：“小人专程来给大人献宝，请大人收下。”子罕接过宝玉看了看说：“你还是拿走吧，我不能收。”献宝人以为子罕不识货，赶快走上前说：“这是块罕见的宝玉，价值连城，小人已经专门请人鉴定过了，这个宝贝实属难得，您就收下吧。”子罕听后笑着说：“我以不贪为宝，你以玉为宝，假如你将玉给了我，我们两人岂不都失去了宝，不如我们各自保留自己最爱的宝贝吧。”献宝人听后十分震撼，最后惭愧地离去了。

【写作点拨】

1. 学生谈“慎独”的话题时，可以引用选文，增强文章说服力。

2. 学生谈“君子与小人品行”时，可以引用选文作为证明材料，为文章增色。

【原文】

所谓修身在正[1]其心者，身有所忿[2]，则不得其正；有所恐惧，则不得其正；有所好乐，则不得其正；有所忧患，则不得其正。心不在焉，视而不见，听而不闻，食而不知其味。此谓修身在正其心。

【注释】

①正：端正。②忿：指怨恨。

【译文】

所说的修养自身的品性关键要先端正自己的心思，是因为心有愤怒就不能够端正，心有恐惧就不能够端正，心有喜好就不能够端正，心有忧虑就不能够端正。心思不端正就像心不在自己身上一样；虽然在看，但却像没有看见一样；虽然在听，但却像没有听见一样；虽然在吃东西，但却一点也不知道是什么滋味。所以说，要修养自身的品性必须要先端正自己的心思。

【解析】

有诚意之后就需要"正心"。也就是说要能端正心思，把握驾驭自己的感情，能够对自己的情绪进行调节，以保持中正平和的心态，集中精神修养品性。我们每一个人的喜怒哀乐等情绪的产生都是正常的，都是人心所不可缺少的，但是，如果我们不能对自己的情绪进行自检、自控和自察，任其随意泛滥膨胀，支使自己的行动，便会使心思失去端正。所以，正心不是要我们完全摒弃喜怒哀乐等情欲，做到"四大皆空"，不是绝对禁止，而是说要让端正的心思和理智的头脑来克制、驾驭情欲，使心思不被情欲所左右，从而做到情理和谐地修身养性。

【原文】

所谓齐其家在修其身者，人之其所亲爱而辟[1]焉，之其所贱恶而辟焉，之其所畏敬而辟焉，之其所哀矜而辟焉，之其所敖惰而辟焉。故好[2]而知其恶，恶而知其美者，天下鲜矣！故谚有之曰："人莫知其子之恶，莫知其苗之硕。"此谓身不修，不可以齐其家。

【注释】

①辟：侧，偏斜。②好：喜好。

【译文】

之所以说管理好家庭和家族要先修养自身，是因为人们对于自己亲爱的人会有偏爱；对于自己厌恶的人会有偏见；对于自己敬畏的人会有偏向；对于自己同情的人会有偏心；对于自己轻视的人会有偏意。因此，世上很少有人能喜爱某人又看到那人的缺点，厌恶某人又看到那人的优点。所以有谚语说："人都不知道自己孩子的缺点，人都不满足自己庄稼的茁壮。"这就是说明不修养自身就无法管理好家庭和家族的道理。

【解析】

在这里，修养自身的关键是克服情感上的偏私。由于偏私便会失去对事物正确的判断，不能做出公正客观的评价。在这样的情形之下是很难处理好问题的。所以说，只有先修身，才有可能站在公正的立场上对待问题，才能不偏向，不偏执、不偏袒，从而更好地管理好家庭，使家庭和睦。

【故事】

子文不偏私

楚国令尹子文家中有个人触犯了法律，廷理把他抓了起来，但听说是令尹的家人就给放了。子文找来廷理责备说："设立廷理就是要惩罚那些犯王令国法的人，那些正直的人执掌法律，柔和却不屈服，刚烈却不折服，现在你们违背法律而把犯人放掉，作为法官却不公正，心中怀有私念，这不是说明我有结党的意思吗？你怎么能够违背法律去做事呢？我掌握如此高的职位，是要给官员和百姓作表率的，官员和百姓们如果有人有怨言，我也不能免于法律的责罚。现在我的家人犯法的事情十分清楚，而你因为我的缘故而放了他，那岂不是我有不公正的私心吗？我掌握着一个国家的命运却让别人听到我有私心，是让我活着没有道义，如果那样都不如死了。"于是子文把他的家人交给廷理，说，"不给他判罪，我就死。"廷理害怕了，于是判了那个人的罪。楚成王听说了，来不及穿上鞋就去子文家中，说："我年纪小，安排法官安排错了人，让你受委屈了。"因此罢黜了廷理而且抬高子文的地位，让他管理内政，国家的老百姓听说了之后，说："令尹这样公正，我们这些人还有什么可担忧的呢？"

【写作点拨】

学生在谈"公平公正处理问题不偏私"的时候，可以引用选文，增强文章表现力。

【原文】

所谓治国必先齐其家者，其家不可教而能教人者，无之。故君子不出家而成教于国。孝者，所以事君也；弟[①]者，所以事长也；慈者，所以使众也。《诗》云："桃之夭夭，其叶蓁蓁。之子于归，宜其家人。"宜其家人，而后可以教国人。《诗》云："宜兄宜弟。"宜兄宜弟，而后可以教国人。《诗》云："其仪不忒，正是四国。"其为父子兄弟足[②]法[③]，而后民法之也。此谓治国，在齐其家。

【注释】

①弟：通“悌”，指兄弟友爱。②足：值得。③法：效仿。

【译文】

之所以说治理国家必须先管理好自己的家庭和家族，是因为不能管教好家人还能管教好别人，是没有的事。所以，有修养的人不出家门就受到了有关治国方面的教育：对父母的孝顺可以用于侍奉君主，对兄长的恭敬可以用于侍奉官长，对子女的慈爱可以用于统治民众。

《诗经》说：“桃花鲜美，树叶茂密，这个姑娘出嫁了，让全家人都和睦。”让全家人都和睦，然后才能够让一国的人都和睦。《诗经》说：“兄弟和睦。”兄弟和睦了，然后才能够让一国的人都和睦。《诗经》说：“容貌举止庄重严肃，成为四方国家的表率。”只有当一个人无论是作为父亲、儿子，还是兄长、弟弟时都值得人效法时，老百姓才会去效法他。这就是要治理国家必须先管理好家庭和家族的道理。

【解析】

先齐家才能治国，其实是个很简单的道理。古人一般都以家族聚居，人口众多，事务繁杂。如果在家的时候不能让自己的表现合乎不同的身份，连“小家”的人际关系都弄不好，事务都处理不清楚，到了“大家”，自然是胜任不了的。在家里，对待家人的态度是一个人德行的标志。如果能敬老爱幼、友善兄弟，那么就可以说有君子之德，而这种德行就是立足社会的根基。当人们对这种德行认可，那么也就自然而然地恭顺配合，从而才能治理好国家。

【故事】

赵孝争死

在汉朝的时候，有一个叫赵孝的人，字常平。他有一个弟弟叫赵礼，兄弟两个人相处得十分友爱。

有一年，由于收成不好，粮食减产歉收，饥荒严重，社会治安也很混乱。这一天，空中乌云密布，天色显得十分昏暗。一阵狂风过后，人们的心头仿佛都有一种不祥之兆。果然，一伙强盗突然占据了宜秋山，开始四处抢掠，百姓们都慌忙逃命，因为在这种严重的饥荒灾区，饥饿已经使强盗们失去了理性，甚至连吃人的事情也有所耳闻。强盗们在老百姓的家中大肆搜寻一阵，见找不出多少粮食和值钱的东西，一怒之下，他们就只好抓人，恰好把弟弟赵礼给捉走了。赵礼虽然身体瘦弱，但是穷凶极恶的强盗们也不肯放过他，将他五花大绑捆起来后，绑在一个树上，然后在旁边架起炉灶生起火来，开始烧水，准备拿赵礼来充饥。哥哥赵孝虽然幸运地躲过了这一劫，却找不到了弟弟。他心急如焚，四处打听，得知有人亲眼看见赵礼被强盗抓走了。

弟弟被掠走的消息让赵孝心如刀割。他焦急地想："我该怎么办？要是弟弟有个三长两短，可怎么对得起父母啊！我这个做哥哥的又怎么能再活在这个世上？弟弟是同胞骨肉，哪怕赔上自己的性命，我也要救出他。"想到这里，赵孝就下定了决心，循着强盗撤离的方向奔了过去。

赵孝救弟弟心切，很快就赶到了强盗那里，见到了被捆绑的弟弟，同时也看到旁边有一锅正呼呼冒着热气的开水。弟弟赵礼见哥哥来了，先是一阵惊喜，随后马上就哀叹起来，埋怨哥哥说："哥哥呀！您怎么可以到这个地方来呀！这不是白白送死来了吗？"此时赵孝也顾不上与弟弟搭话，就冲到强盗的面前，哀求强盗说："我弟弟是一个有病的人，而且身体也很瘦弱，他的肉一定不好吃，请你们放了他吧！"强盗们一听大怒，气汹汹地对赵孝说："放了他，我们吃什么？"赵孝听强盗这样一问，就赶紧说："要是你们放了赵礼，我愿意用自己的身体给你们吃，况且我的身体很好，没有病，还很胖。"强盗们听了赵孝的这番话，一下子都愣住了，他们没有想到天下还有这样甘愿送死的人，相互震惊地对视着。这时，就听见赵礼在旁边大声地喊："不行！不可以那样做的！"边上一个强盗就向赵礼吼道："为什么不行？"赵礼哭着说："被捉来的是我，被你们吃掉，这是我自己命里注定的，可是哥哥他有什么罪过呀？怎么可以让他去死呢？"听罢此言，赵孝连忙扑到弟弟面前，兄弟相拥在一起互劝对方要让自己去死，情急之下已是泣不成声。

这些无恶不作的强盗们，听着兄弟互相争死的话语，望着手足之间舍身相救的场面，被深深震慑住了。他们那坚封已久的恻隐之心，被这人间真情真义的感人场面唤醒了，也都不禁淌下了热泪。旋即，他们放走了兄弟两人。

后来，这件事辗转传到了皇帝那里，皇帝是一个深明仁义道德之君，不仅下诏书，封了兄弟二人官职，而且把他们以德感化强盗的善行昭示于天下，让全国百姓效仿学习。

【写作点拨】

1. 学生谈"处理家庭关系"的问题时，可以引用选文，丰富文章内容。
2. 学生谈"扮好自己的每一个角色"的时候，可以引用选文，增加文采。
3. 学生谈"小家与大家"的关系的时候，可以引用选文，增强说服力。

【原文】

所谓平天下在治其国者，上老[①]老，而民兴孝，上长[②]长，而民兴弟[③]，上恤孤，而民不倍[④]。是以君子有矩之道也。

【注释】

①老：动词，指尊敬。②长：动词，指尊重。③弟：通“悌”。④倍：通“背”，违背。

【译文】

之所以说平定天下要治理好自己的国家，是因为，在上位的人尊敬老人，老百姓就会孝顺自己的父母；在上位的人尊重长辈，老百姓就会尊重自己的兄长；在上位的人体恤救济孤儿，老百姓也会同样跟着去做。所以，品德高尚的人总是实行以身作则，推己及人的“矩之道”。

【解析】

所谓平天下，一般可解释为“平定天下”，也可以理解为安抚天下黎民百姓，使他们能够丰衣足食、安居乐业，而不是用武力平定天下。不管是哪种解释，在上位的人以身作则都是达到平天下目的的根本保障。从自身做起，百姓才会恭顺畏服。身体力行，百姓才会去效仿，从而才能形成良好的社会风尚。上位者的所作所为，是全天下人的榜样。

【写作点拨】

1. 学生在谈“领导作风建设”的时候，可以引用选文增强文章说服力。

2. 学生在谈“以身作则”相关话题时，可以引用选文作为证明材料为文章增色。

【原文】

所恶[①]于上，毋以使下；所恶于下，毋以事[②]上；所恶于前，毋以先后；所恶于后，毋以从前；所恶于右，毋以交于左；所恶于左，毋以交于右。此之谓矩之道。

【注释】

①恶：厌恶。②事：侍奉，对待。

【译文】

如果厌恶上司对你的某种行为，就不要用这种行为去对待你的下属；如果厌恶下属对你的某种行为，就不要用这种行为去对待你的上司；如果厌恶在你前面的人对你的某种行为，就不要用这种行为去对待在你后面的人；如果厌恶在你后面的人对你的某种行为，就不要用这种行为去对待在你前面的人；如果厌恶在你右边的人对你的某种行为，就不要用这种行为去对待在你左边的人；如果厌恶在你左边的人对你的某种行为，就不要用这种行为去对待在你右边的人。这就叫作“矩之道”。

【解析】

《论语》中讲“己所不欲，勿施于人”，意思是说，自己不愿意接受的事情，也不让别人接受，这是一种推己及人的过程。它告诉我们每个人都要设身处地地为他人考虑，怎样对待自己，就应该怎样对待他人。这也是对他人的关心、尊重和理解。选文中所说的也是这个道理，主要强调要换位思考，与人为善。

【故事】

推己及人

春秋时期，有一年冬天特别冷，齐国下大雪，连下了三天三夜还不停歇。人们要出门都觉得很烦恼，因为天冷、路又不好走，心中都期盼这场雪能停下来。

这一天，齐国的君主齐景公披了一件狐腋皮袍，坐在窗前欣赏雪景。齐景公愈看愈觉得景色迷人，心里盼着大雪能再多下几天，使得景色更加美丽。这时，齐国的大夫晏子进来了，齐景公兴致很高地对晏子说：“今年的天气真怪，你看，一连下了三天大雪，可是一点都不觉得冷，好像是春暖的时候呢。”晏子看景公的身体被暖和的皮袍裹得紧紧的，而且屋里又生了一盆熊熊的火，当然觉得像春暖的时候。这时，晏子故意问景公：“天气真的一点也不冷吗？”景公感觉很有趣地看了一眼晏子，笑着点点头，意思好像在说，难道我这么大的人，连天冷还是天热都感觉不出来吗？晏子知道景公不明白他为什么会这么问，就直接了当地对景公说：“大王，我听说从前的贤明君主，会在自己吃饱时想到也许有人在挨饿；当自己穿暖了，会想到也许有人在受冻；当自己舒舒服服地在家里过着快乐的日子时，也会想到也许有人在外面受苦。可是，您为什么却没有想到要为别人着想呢？”景公一听，知道自己错了，羞愧得面红耳赤。

【写作点拨】

1. 学生在写“换位思考或者推己及人”的时候，可以引用选文丰富内容。

2. 学生在谈“为官之道”的时候，可以引用选文作为证明材料。

【原文】

是故君子先慎乎德。有德此[①]有人，有人此有土，有土此有财，有财此有用。德者，本也；财者，末也。外本内末，争民施夺。是故财聚则民散，财散则民聚。是故言悖[②]而出者，亦悖而入；货悖而入者，亦悖而出。

【注释】

①此：乃，则。②悖：违背。

【译文】

所以，品德高尚的人首先注重修养德行。有德行才会有人拥护，有人拥护才能保有土地，有土地才会有财富，有财富才能供给使用，德是根本，财是枝末。假如把根本当成了外在的东西，却把枝末当成了内在的根本，那就会和老百姓争夺利益。所以，君王聚财敛货，民心就会失散；君王散财于民，民心就会聚在一起。这正如你说话不讲道理，人家也会用不讲道理的话来回答你；财货来路不明不白，总有一天也会不明不白地失去。

【解析】

这一则是讲君主的道德是一切的根本，有德行才可能有一切。如果把财富看作是根本，本末倒置，就会失去民心。在关爱百姓和收敛钱财之间，选择什么，最后就会得到什么。选择关爱百姓就会得到百姓关爱，选择聚敛钱财，就会销毁在钱财之中。

【故事】

宋仁宗爱民如子

宋仁宗是宋朝非常著名的皇帝，苏洵、苏东坡、王安石、司马光、欧阳修、范仲淹等一个个重量级的政治文化名人，都是宋仁宗一朝的名臣。我国近代化的两大创造——活字印刷术、罗盘（指南针），也都出现于仁宗年代。

宋仁宗虽贵为天子，但生活上特别简朴，他爱民如子，身体力行，是一个受人爱戴的好皇帝。接下来我们就来讲讲宋仁宗的故事。

宋仁宗特别省吃俭用，他在家宴上常穿再三洗过的衣服，床褥多是用粗绸制成。有一次，时值初秋，官员献上蛤蜊，宋仁宗问："这是从哪来的？多少钱？"答说每枚一千钱，共二十八枚。宋仁宗很不高兴，说："朕常常劝诫你们不要奢侈，如今一下筷子，就得花费两万八千钱，朕吃不下！"

宋仁宗还特别心善。有一次他在漫步，时不时地回头看，侍从们都不知道皇帝要干什么。宋仁宗回宫后，对嫔妃说道："朕渴坏了，快倒热水来。"嫔妃觉得奇怪，问宋仁宗："为何在外面的时候不让侍从服侍饮水，而要忍着口渴呢？"宋仁宗说："朕屡次回头，但没有看见他们预备镣子（水壶），假如朕问的话，必定有人要被处罚了，所以就忍着口渴回来再喝水了。"如此"贴心"的皇帝，历史上恐怕找不出第二个。

宋仁宗不仅"心善"，而且心胸开阔，能容人。苏轼的弟弟苏辙参加进士考试，竟然胆大包天地在试卷里写道："我在路上听人说，在宫中，美人数以千计，整天歌舞饮酒，醉生梦死。皇上既不关心大众的疾苦，也不跟大臣商议治国安邦的大计。"本来苏辙这些话纯属道听途说，与事实不符，考官们想给苏辙定罪，但宋仁宗却说："朕设立科举考试，本来即是要期待敢言之士。苏辙一个学生，勇于如此直言，应当特予功名。”所以苏辙反倒考上了进士。

宋仁宗不但对自己的子民仁慈，对他国之民也常怀仁爱之心。有一次，出使北方的使者陈述说高丽的贡物越来越少了，提议出动军队。宋仁宗说：“这仅仅是高丽国君的罪过。如今出动军队，国君定会被杀，但也会杀死许多无辜大众。”所以终究没有出兵。

宋仁宗爱护生灵，不仅仅是对人这样。一天早晨，宋仁宗对近臣说：“昨晚朕饿了，寝不安席，想吃烤羊肉。”近臣说：“陛下为何不降旨要烤羊肉？”宋仁宗：“朕听闻皇宫每次有讨取，外面就会认为这是一种制度，朕怕因此而致使外面每天夜里杀羊，来给朕预备，这样会杀生许多。”

宋仁宗还是一个头脑明智的君主。一夜，宋仁宗在宫中听到很热闹的丝竹歌笑之声，觉得古怪，问宫人：“此何处作乐？”宫人答复：“此民间酒楼作乐处。皇上您听，外面民间是如此快活，哪似咱们宫中如此冷落萧瑟也。”宋仁宗答复说：“你知道吗？正因我宫中如此萧瑟，外面子民才会如此高兴，假如我宫中像外面如此高兴，那么民间就会冷落萧瑟也。”民间的快乐胜过皇宫，这即是宋仁宗。所谓“以民为本”、“爱民如子”，宋仁宗应当是名副其实的了。

1063年，在位四十一年的宋仁宗逝世。这一音讯传出后，百姓们主动停市悼念，燃烧纸钱的烟雾飘满了京城的上空，致使天日无光。一个叫周长孺的官员来到今四川一带，看见即使是山沟里吊水的妇人们也头戴纸糊的孝帽悼念皇帝驾崩。

【写作点拨】

1. 学生在写“本与末或者德与财之间的关系”时，可以引用选文，增强文章说服力。

2. 学生在写“百姓与君主之间的关系时”，可以引用选文，丰富文章内容。

【原文】

《秦誓》曰：“若有一介臣，断断[①]猗[②]，无他技，其心休休[③]焉，其如有容焉。人之有技，若己有之。人之彦[④]圣，其心好[⑤]之，不啻[⑥]若自其口出，能容之，以能保我子孙黎民，尚亦有利哉！人之有技，疾[⑦]以恶之。人之彦圣，而违之俾[⑧]不通，不能容，以不能保我子孙黎民，亦曰殆哉！”唯仁人放流之，迸诸四夷，不与同中国。此谓唯仁人为能爱人，能恶人。

【注释】

①断断：专一的样子。②猗：相当于助词“兮”。③休休：形容宽容、气魄大。④彦：有才德。⑤好：指喜好、向往。⑥不啻：不只是。⑦疾：指怨恨。⑧俾：音“笔”，使。

【译文】

《秦誓》说："如果有这样一位大臣，忠诚老实，虽然没有什么特别的本领，但他心胸宽广，有容人的肚量。别人有本领，就如同他自己有一样；别人德才兼备，他心悦诚服，不只是在口头上表示，而是打心底里赞赏。用这种人，是可以保护我的子孙和百姓的，是可以为他们造福的啊！相反，如果别人有本领，他就妒忌、厌恶；别人德才兼备，他便想方设法压制、排挤，无论如何容忍不得。用这种人，不仅不能保护我的子孙和百姓，而且可以说是危险得很！"因此，有仁德的人会把这种容不得人的人流放，把他们驱逐到边远的四夷之地去，不让他们同住在国中。这说明，有仁德的人爱憎分明。

【解析】

这段选文主要强调君主在选拔重要官员的时候，官员的"德"与"才"孰轻孰重的问题。有德无才的人可以重用，因为他的"德"会让其倾其所能，毫无保留，忠心耿耿。"才"是可以通过学习和借鉴慢慢培养增长的，只要有"德"，最终一定会有"才"，这是毋庸置疑的。并且，德行的厚重会赢得别人的尊重和信服，让人自然而然地就来依附。心胸的宽广和无私，会让他招揽到同样贤德而有才华的人来为自己服务。而有些人有"才"无"德"，甚至无"德"无"才"，他们因嫉妒而不懂得赞赏，因敌视而不懂得合作，因狭隘而不懂得包容付出，他们最后终将成为国家的祸害。能否正确对待"德"与"才"的问题，也是考验君主是否圣明的一个角度。

【故事】

唐太宗用人

君主用人是否得当，直接关系到治理封建国家的成效。唐太宗李世民之所以能取得"贞观之治"的政绩，是和他善于用人分不开的。

唐太宗即位时，面临的是社会动乱、百废待兴的局面。他清醒地认识到"致安之本，在于得人"，"用善人则国治，用恶人则国乱"。因此，他选拔官吏，能够比较严格地坚持以才选人、以贤任人的原则。贞观时期的许多重要官员中，有原秦王府（唐太宗即位前封秦王）的旧属，也有从下层破格提拔上来的百姓；有隋朝的旧臣和敌方的降将，也有曾追随太子李建成反对过唐太宗的人。这说明，唐太宗不论他们是何出身，有何经历，都能够据贤量才加以任用。

官至中书令的马周，曾因家贫寄居在中郎将常何家，他替常何写了二十多条很有见地的政见上书朝廷，唐太宗看后非常赞赏，立即派人调查马周为人，等到得知人品忠正刚直，就即刻召见马周，委以要职。还有隋朝旧臣裴矩，虽然跟着隋炀帝干过一些坏事，但本人颇有才能，唐太宗扬其所长，想办法激发他原本忠善的本性，仍然让他继续作官，使裴矩在贞观时期发挥了积极作用。大臣魏征从前是太子李建成的心腹，在李建成同李世民谋夺皇位的生死争斗中，魏征曾为李建成献策要及早杀掉李世民。然而，知人善任的唐太宗发现魏征耿直忠诚，又有出色的政治才干，不仅不计前嫌，反而非常信任倚重，和他“上下同心”，关系“有同鱼水”。

唐太宗在用人上还有一个可贵之处——“拔人物不私于党”，就是说不搞裙带关系。有些长期跟随他出生入死、患难与共的原秦王府旧属，一直没有得到升迁，因而表示不满。对此，唐太宗严肃批评道，用人的标准在于德行和才干是否能称职，怎么能以关系的亲疏远近而论呢？由于唐太宗坚持选贤任能的用人标准，贞观时期涌现出一批治国治军有方的杰出将相，在朝廷中形成了一个相当有能力的统治集团。这对唐初恢复和发展社会经济，稳定和巩固封建统治，起了重要作用。

唐太宗为了维护自己的统治，基本上做到了唯才是用、唯贤是举；坚持“苟或不才，虽亲不用”的原则，并且具有“如其有才，虽仇不弃”的胸怀”，这在当时的社会条件下确实是难能可贵的。在漫长的中国封建社会里，虽然不乏善于用人的皇帝，但他们和唐太宗李世民相比，显然要逊色一等。

【写作点拨】

1. 学生在论述“德与才”的关系时，可以引用选文增强文章说服力。

2. 学生在谈论“君主品行”的时候，可以引用选文作为证明材料。

【原文】

生财有大道①：生之者众，食之者寡，为之者疾②，用之者舒③，则财恒④足矣！仁者以财发身，不仁者以身发财。未有上好仁而下不好义者也，未有好义其事不终者也，未有府库财非其财者也。

【注释】

①大道：指正道。②疾：快。③舒：指缓慢。④恒：永远、一直。

【译文】

获得财富也有正确的途径：生产财富的人多，消费财富的人少；生产财富的人勤奋，消费财富的人节省，这样，财富便会经常充足。仁爱的人以财富来修养自身的德行，不仁的人不惜以生命为代价去敛钱发财。没有在上位的人喜好仁德，而在下位的人却不喜好忠义的；没有喜好忠义而做事却做不成的；没有不把国库里的财物不当作自己的财富来爱惜的。

【解析】

这一则是在谈居上位的人如何对待“财富”和如何以身作则的问题。仁爱之人爱财但取之有道，不仁之人爱财却贪得无厌、不择手段。如果在上位的人能够以有道聚财，那么下面的人一定争相效仿，最后都能以德行来规范自己，能做到重德轻利、心无私念，就没有什么做不好的事情了。

【故事】

诸葛亮不重资财

三国时期，蜀国境内“刑法虽峻而无怨者”，很重要的一个原因，是蜀国名相诸葛亮严于律己，一身清廉使然。诸葛亮一生“抚百姓，示官职，从权制，开诚心，布公道”。

刘备三顾茅庐，诸葛亮深为其所感，之后跟随刘备征战南北，奇功屡建。刘备死后，诸葛亮“受任于败军之际，奉命于危难之间”，蜀国国事，事无巨细，每必亲躬。他5次亲率大军，北伐曹魏，与曹魏短兵相接。他严格要求子侄辈，不以自己位高权重而特殊对待。他亲派侄儿诸葛乔与诸将子弟一起，率兵转运军粮于深山险谷之中。为此，他专门给其兄诸葛谨写信说，诸葛乔“本当还成都”，但“今诸将子弟皆得转运”，“宜同荣辱”。马谡失街亭后，他引咎自责，上疏后主刘禅，“请自贬三等”，从此更兢兢业业、勤勉有加。“夙兴夜寐，罚二十以上，皆亲揽焉，所啖食不至四升。”长期的废寝忘食使他心力交瘁，积劳成疾，年仅54岁便英年早逝。诸葛亮以他的实际行动验证了自己“鞠躬尽瘁，死而后已”的诺言。

诸葛亮生前，在给后主的一份奏章中对自己的财产、收入进行了申报：“成都有桑800株，薄田15顷，子弟衣食，自有余饶。至于臣在外任，无别调度，随身衣食，悉仰于官，不别治生，以长尺寸。若死之日，不使内有余帛，外有赢财，以负陛下。”诸葛亮去世后，其家中情形确如奏章所言，可谓内无余帛，外无赢财。

诸葛亮病危时，留下遗嘱，要求把他的遗体安葬在汉中定军山，丧葬力求节俭简朴，依山造坟，墓穴切不可求大，只要能容纳下一口棺木即可。入殓时，只着平时便服，不放任何陪葬品。这就是一代名相诸葛亮死后的最高要求，其高风亮节实为可圈可点。

【写作点拨】

1. 学生在谈“金钱观”的时候可以引用选文，丰富文章内容。

2. 学生在谈“上行下效”的时候，可以引用选文作为证明材料。

《表记》篇

【题解】

本篇章主要阐释“鉴之于表”的君子之德。

【原文】

子言之：“归乎！君子隐而显[1]，不矜[2]而庄，不厉而威，不言而信。”

【注释】

①显：显著。②矜：矜持。

【译文】

孔子说：“还是回去吧!君子即使隐居山林，但因其德行高尚，也还是声名显扬；不必故作矜持而自然端庄，不必故作严厉而自然令人生畏，不必起誓而人们自然相信。”

【解析】

君子修身，外化于形。优秀的德行如芝兰之气，香远益清。一个人一旦形成一种独特的品格和气度，便会随时体现在细节之中。这种品德魅力，会形成强大的气场，征服人们的审美和心灵。

【写作点拨】

1. 学生在谈“一个人有高尚品德”的时候，可以引用选文为文采增色。

2. 学生在谈“优秀道德品质带来的影响”时，可以引用选文证明文章观点。

【原文】

子曰：“君子不失足[1]于人，不失色[2]于人，不失口[3]于人，是故君子貌足[4]畏也，色足惮也，言足信也。”

【注释】

①足：足指行动、举动。②色：指面部表情。③口：指言语表达。④足：足以。

【译文】

孔子说：“君子的一举一动，都不会让别人感到有失检点；一颦一笑，都不会让别人感到有失检点；一言一语，都不会让别人感到有失检点。所以君子的容貌足以令人生畏，君子的脸色足以令人畏惧，君子的讲话足以令人信服。”

【解析】

“君子自持”是说君子能够有自己的行为和道德准则，在一切情境当中都能有尺度地把握好自己的言行，都能合乎“礼”的标准。君子修养的高妙往往就体现在对自我的高要求和极强的自我约束力上。意端则身正，这种举止言行上的完美表现已经俨然成了君子的“样本”，人们自然而然心生崇拜和敬畏。所以，我们在与同学相处的过程中，如果期望得到大家的认可和尊重，首先就要从自重开始。用良好的形象博得喜爱，凭优秀的习惯赢得敬佩，以良好的品德受到尊重。

【故事】

甄彬退金

南北朝时期，有一个农夫叫甄彬。此人品行高洁，从来不取不义之财。这一年闹春荒，家里能吃的东西都吃完了，全家人饥肠辘辘。甄彬找到一捆萱麻，拿到当铺，典当了一点钱，买了些粮食，勉强度过了春荒。老天还算帮忙，这年风调雨顺，是个丰收年。秋后，甄彬卖了些粮食，凑齐了钱，到当铺里将那捆萱麻赎了回来。过了几天，甄彬的妻子拆开麻捆准备纺线时，猛然从里面掉出一个布包，啊，竟然包着五两黄金，一家人很是惊喜。甄彬对妻子和儿子们说：“这可能是当铺的伙计在收拾库房时，不小心把这包黄金裹进了麻捆里。按说，我们留下它也未尝不可，反正也不是我们自己拿的，别人也不知道，而且咱们家也太需要钱了。不过，话得说回来，古人云‘君子爱财，取之有道’，咱们人穷志不穷，不是我们该得的东西，不要说是五两黄金，就是一文钱也不能要!你们以为如何？”甄彬的妻子、孩子平日里深受他的影响，也都为人正派，他们都很赞成甄彬的意见。于是，甄彬立即将黄金送还给了当铺。

【写作点拨】

1. 学生在写“自我约束”等类似话题时，可以引用选文，丰富文章内容。

2. 学生在谈“君子品行”的时候，可以引用选文作为证明材料。

【原文】

子曰：“先王谥①以尊名，节②以一惠③，耻④名之浮⑤于行也。是故君子不自大其事，不自尚⑥其功，以求处⑦情；过行弗率⑧，以求处厚；彰人之善而美人之功，以求下⑨贤。是故君子虽自卑，而民敬尊之。”

【注释】

①谥：加封谥号。②节：节选。③惠：好的。④耻：耻于。⑤浮：在……之上。⑥尚：指推崇。⑦处：止、休。⑧率：做，从事。⑨下：在……之下。

【译文】

孔子说：“大臣死了以后，先王会给他加上一个谥号，以表彰他的一生。尽管死者在一生中做了许多好事，但在定谥号时，只截取他一生中最好的一点作为依据，其余的都忽略不提，这是因为耻于使名声超过实际做过的事。所以君子不夸大自己做过的事，不吹嘘自己的功劳，以求与实际相符合；有了过失，不再重犯，以求和自己的厚道相符合；表彰别人的优点，赞美别人的功劳，以求贤者能够居于上位。这样一来，君子尽管自己贬低自己，而民众对他却十分尊敬。"

【解析】

"位愈高，而心愈下"。君子谦逊、公正以及自律的优秀品德可以赢得人们的无比崇敬。即使君子再过谦虚，君子德行的熠熠光辉也会随着君子的谦和之风而愈加鲜明。我们要懂得，保持谦逊的品格，愿意从别人的视野中自行淡去，会让更多人更好地全方位了解自己的闪光之处。而骄傲作为一种自我膨胀的情绪，会冲淡我们原本具有的优秀品德，从而失去人心。

【故事】

蔡元培轶事

一次伦敦举行中国名画展，组委会派人去南京和上海监督选取博物院的名画，蔡元培先生与林语堂都参与了这件事。法国汉学家伯希和自认是中国通，在巡行观览时滔滔不绝，不能自已。为了表示自己是内行，伯希和向蔡先生说："这张宋画绢色不错""那张徽宗鹅无疑是真品"，以及墨色、印章如何等等。林语堂注意观察蔡先生的表情，他不表示赞同也不表示反对，只是客气地低声说："是的，是的。"一脸平淡冷静的样子。后来伯希和似有所悟，不再品头论足，闭口不言而又面有惧色。他从蔡元培的表情和举止上看出，自己好像说错了什么，似乎是出了大丑了。林语堂后来在谈及蔡元培先生时，还就伯希和一事感叹道："这是描绘中国人涵养，反映外国人卖弄的一幅绝妙图画。"

【写作点拨】

1. 学生在写关于"加封谥号"相关话题时，可以引用选文说明加封的原则和依据，丰富文章内容。

2. 学生在写关于"谦虚"的话题时，可以引用选文来为文章增色。

【原文】

子言之曰："后世虽有作[①]者，虞帝[②]弗可及也已矣。君天下，生无私，死不厚其子；子[③]民如父母，有憯怛[④]之爱，有忠利之教；亲而尊，安而敬，威而爱，富而有礼，惠而能散；其君子尊仁畏义，耻费轻实，忠而不犯，义而顺，文而静，宽而

有辨。”

【注释】

①作：兴起。②虞帝：指舜。③子：爱戴。④憯怛：指万分悲怜。

【译文】

孔子说：“后世虽有英明君王复起，也赶不上舜那么好了。他君临天下，活着时没有半点私心，死了也没为了私利而厚待儿子；爱护百姓就像父母爱护子女，既有对百姓的同情和关爱，也有为其带来实惠的教育；既有母亲之慈爱，又有父亲之尊严，安详而受到尊敬，严厉而受到亲爱，富有却又彬彬有礼，施惠于民而不求回报。他手下的大臣也都尊敬仁义，以只说不做为耻辱，尽心而不犯上，尽君臣之义而又和顺，文雅而又稳重，宽容而有分寸。”

【解析】

上古时代，君主的权利传递是遵循“禅让”，即选取有能力有威望的人继承君王位置。比如伊祁姓的尧让位给姚姓的舜，舜让位给姒姓的禹。选文是对舜一生德行的概括，孔子对舜的推崇和赞美表明了孔子认为的“明主”标准。

【故事】

舜的故事

舜的父亲又聋又瞎，性情十分暴躁，母亲却十分贤淑，舜在母亲的照料下幼年过得十分幸福。但后来，他的母亲得了重病，不久就离开人世。自母亲去世后，他父亲的性情变得更坏。后来父亲娶了继室并生下了弟弟象。从此父亲对继母更加宠爱。舜的继母是一个心胸狭窄的人，她常在父亲面前说舜的坏话，使舜常被父亲责打。但孝顺的舜没有因此而心生埋怨，仍然百般孝顺。但继母还是怕他会分去大半家业，因此一次又一次设计陷害舜，想把舜除掉。虽然继母和弟弟不断迫害，但舜从不介意。当他二十岁那年，他的孝行传遍千里。天子尧也因为地方官吏的推荐而召见舜。尧非常赞赏他的为人，便把两个女儿嫁给舜。而舜的孝行最终也感动了继母和弟弟，一家人最终和和乐乐地过日子。而尧把君主的位置禅让给舜，在舜的治理下国家得以兴盛太平。

【写作点拨】

1. 学生在谈“君子品行”时，可以引用选文，丰富内容增加文采。

2. 学生在谈“领导策略”时，可以引用选文，增加说服力。

【原文】

子曰：“君子不以口誉①人，则民作忠②。故君子问人之寒，则衣③之；问人之

饥，则食[4]之；称人之美，则爵[5]之。”

【注释】

①誉：动词，称赞。②忠：指忠厚的民风。③衣：给……穿衣。④食：喂……吃饭。⑤爵：给……封官。

【译文】

孔子说：“君子不以虚而不实的话恭维人，那么在百姓中就会形成忠实的风气。所以，君子问人家是否寒冷，就要送衣服给人家穿；问人家是否饥饿，就要送食物给人家吃；称赞人家的优点，就要给人家加官晋爵。”

【解析】

君子崇尚“言必信，行必果”。君子要求自己说的和做的完全一致，表里如一。不用华而不实的语言去恭维，也不用虚情假意的话搪塞。强调以诚接物，真心待人。我们平时在与同学交往的过程中，也时常会去关心身边的同学。但关心不是只为了“表现出关心”而已，而是要给予对方切实的帮助，让对方在我们的真心帮助中感受到暖人的情意。如果只是利用甜言蜜语哄骗对方，而缺少实际行动的付出，就会让人觉得虚而不实，不可交往。时间久了，大家就会产生反感，从而失去朋友。赠人玫瑰会手留余香，一个不懂得为他人真诚付出的人，在自己处于为难的关口，同样也不会有人伸出援手相助。

【故事】

立木为信与烽火戏诸侯

春秋战国时，秦国的商鞅在秦孝公的支持下主持变法。当时处于战争频繁、人心惶惶之际，为了树立威信，推进改革，商鞅下令在都城南门外立一根三丈长的木头，并当众许下诺言：谁能把这根木头搬到北门，赏十金。围观的人不相信如此轻而易举的事能得到如此高的赏赐，结果没人肯出手一试。于是，商鞅将赏金提高到五十金。重赏之下必有勇夫，终于有人站起将木头扛到了北门。商鞅立即赏了他五十金。商鞅这一举动，在百姓心中树立起了威信，而商鞅接下来的变法就很快在秦国推广开了。新法使秦国渐渐强盛，最终统一了中国。

而同样在商鞅“立木为信”的地方，在四百年前却曾发生过一场令人啼笑皆非的“烽火戏诸侯”的闹剧。

周幽王有个宠妃叫褒姒，褒姒长得美丽却从不爱笑。为了博取她的一笑，周幽王下令在都城附近二十多座烽火台上点起烽火——烽火是边关报警的信号，只有在外敌入侵需召诸侯来救援的时候才能点燃。结果诸侯们见到烽火，率领兵将们匆匆赶到，来到之后才弄明白，这只是君王为博妻一笑的花招，诸侯们全都愤然离去。褒姒看到平日威仪赫赫的诸侯们惊恐张惶、手足无措的样子，终于开心一笑。五年后，西夷犬戎大举攻周，幽王烽火再燃而诸侯却未到。因为，谁也不愿再上第二次当了。结果幽王被逼自刎而褒姒也被俘虏。

【写作点拨】

1. 学生在写关于“诚信”话题时，可以引用选文丰富文章内容。

2. 学生在写关于“真诚助人”等类似话题时，可以引用选文证明观点，增强舒服力。

【原文】

子曰：“君子不以色亲人，情疏①而貌亲，在小人则穿窬②之盗也与？”

【注释】

①疏：疏远。②窬：音“余”，指翻墙而过。

【译文】

孔子说：“君子不用虚假谄媚的表情去讨好别人。如果感情疏远而外表上看起来非常亲密，拿小人来作比方，不就是穿墙或者翻墙的小偷吗？”

【解析】

孔子说：“巧言令色，鲜矣仁。”如果为了达到讨好别人的目的就露出虚假谄媚的表情，这个人就是虚伪、道德低下的。用不正当的手段获得对方好感，就和小偷偷东西没什么区别。这样的人都缺少“仁”，也根本谈不上是君子了。君子把自己的德行看作是立身之本，在君子看来，没有比名誉和品德更重要的东西了。所以君子为人一定正直、真实而又真诚。我们初中生从现在开始就要渐渐形成个人为人处事的原则和自己的道德标准、底线。哪些事可以做，哪些事不可以做，要心中有数。到什么时候，都不要因为一己私利而让自己人格缺失，那样，终究会得不偿失。

【故事】

至诚至信的晏殊

北宋词人晏殊，素以诚实著称。在他十四岁时，有人把他作为神童举荐给皇帝。皇帝召见了他，并要他与一千多名进士同时参加考试。结果晏殊发现考试题是自己十天前刚练习过的，就如实向真宗报告，并请求改换其他题目。宋真宗非常赞赏晏殊的诚实品质，便赐给他“同进士出身”。晏殊当职时，正值天下太平。于是，京城的大小官员便经常到郊外游玩或在城内的酒楼茶馆举行各种宴会。晏殊家贫，无钱出去吃喝玩乐，只好在家里和兄弟们读写文章。有一天，真宗提升晏殊为辅佐太子读书的东宫官。大臣们惊讶异常，不明白真宗为何做出这样的决定。真宗说："近来群臣经常游玩饮宴，只有晏殊闭门读书，如此自重谨慎，正是东宫官合适的人选。"晏殊谢恩后说："我其实也是个喜欢游玩饮宴的人，只是家贫而已。若我有钱，也早就参与宴游了。"这两件事，使晏殊在群臣面前树立起了信誉，而宋真宗也更加信任他了。

【写作点拨】

1. 学生在谈关于"高尚品德"的话题时，可以引选文作为反面材料论证

2. 学生在谈"为人虚假"时，可以引用选文，增强文章感染力。

【原文】

子曰："情欲信[①]，辞欲巧[②]。"

【注释】

①信：真实可信。②巧：讲究。

【译文】

孔子说："情感要真实，讲话要讲究技巧。"

【解析】

这则选文同样还是从君子德行的角度强调要做一个真实的人。但孔子也同时关注到了用来表达情感的语言。同样的内容，不同的表述方式就会有不同的收效。孔子在这里所说的"讲究技巧"，更多的应该是指在讲话时不伤害对方，让言语更合乎"礼"的标准，从而不失"君子之风"。我们在生活中进行语言沟通时，要考虑说话的场合、说话的时机以及作为讲话者的身份等多重因素，选择恰当的表达方式，会有意想不到的好效果。

【故事】

朱元璋轶事

明朝开国皇帝朱元璋，少年时生活窘困，常和一些穷孩子放牛砍柴。后来朱元璋做了皇帝，从前的一些穷朋友，都想跟他沾点光，弄个一官半职，于是有两个人结伴去京城找他。见到朱元璋后，一个人先开口说："还记得我们一起割草的情景吗？有一天，我们在芦苇荡里偷了些蚕豆，放到瓦罐里煮，没等煮熟，你就抢豆子吃，把瓦罐都打破了，豆子撒了一地，你抓一把就塞到嘴里，却不小心被一根草卡住喉咙，卡得你直翻白眼……"他还在那儿喋喋不休讲个没完，宝座上的朱元璋再也坐不住了，当即下令把他杀了。然后，朱元璋又问另一个人："你有什么要说的？"那人连忙答道：

“想当年，微臣跟随陛下东征西战，一把刀斩了多少‘草头王’。陛下冲锋在前，抢先打破了‘罐州城’，虽然逃走了‘汤元帅’，但却逮住了‘豆将军’，遇着‘草霸王’挡住了咽喉要道……”朱元璋听了，顿时心花怒放，随即降旨封他做了将军。

【写作点拨】

1. 学生在写关于“为人要真诚”类似话题的时候，可以引选文证明观点。

2. 学生在写关于“语言技巧”的话题时，可以引选文证明观点，增强说服力。

《问丧》篇

【题解】

本篇是关于办理丧事期间，一些礼制的规定和做法的解释。

【原文】

或问曰：“死三日而后敛者，何也？”曰：“孝子亲死，悲哀志懑[①]，故匍匐而哭之，若将复生然，安可得夺[②]而敛之也？故曰：三日而后敛者，以俟[③]其生也。三日而不生，亦不生矣。孝子之心，亦益衰[④]矣。家室之计，衣服之具，亦可以成矣。亲戚之远者，亦可以至矣。是故圣人为之断决，以三日为之礼制也。”

【注释】

①懑：愤懑、烦闷。②夺：指强行。③俟：等待。④衰：衰减、减少。

【译文】

有人问道：“人死后三天才入殓，这是为什么呢？”回答是：孝子在父母刚刚去世时，心中悲哀，一下子接受不了，所以趴在尸体上痛哭，就好像是能把父母哭活似的，人们怎么可以不顾及孝子的这点心情而强行立刻入殓呢？所以说，之所以三天以后才入敛，是为了等待死者的复生。三天以后还不复生，那就说明没有复生的希望了，孝子企盼父母复生的想法也逐渐衰减了；而且在这三天之内，有关治丧花费的筹划，入殓衣物的准备，也都差不多准备就绪了；远道的亲戚，也可以赶到了。所以圣人就根据这种情况做出决断，把死后三天才入殓作为礼制定了下来。

【解析】

这个选段回答了人们关于“为何人死后三天才入殓”的疑问。这个“三天”的确定，是符合人性情感特点也是符合办事规律的。“三天”是准备的过程，也是等待的过程，是情绪平稳的过程，也是遵循自然界生物规律的过程。“三天”是为了让孝道更完满，也是为了一切过程都有条不紊，详尽周全。这样的礼制不难让我们想到我们日常处理事宜的一些原则：不仓促、不慌乱、不激进、不极端。尤其在情绪的调节上，心态很关键，时间更是良药。古人在“礼制”的制定上如此周密的考虑，确实值得我们今人借鉴效仿。

【故事】

闻雷泣墓

三国时魏国的王裒，小小年纪便懂得敬重、孝顺父母。他的父亲王仪因正直敢言，被骄横跋扈的晋王司马昭无辜杀害。小王裒在母亲的抚育下渐渐长大，他将全部的爱心和孝心放到了母亲身上。除了亲自照料母亲的饮食起居，他还常陪她说话，逗她开心，以解除老人精神上的孤独和凄苦。母亲病了，他日夜侍候在床前，衣不解带地喂汤喂药。母亲生性害怕打雷，每当下雨打雷的时候，他便将门窗关得严严实实的，拉着她的手，绝不离开半步。

多少年以后，王裒的母亲久病不治，溘然长逝。他悲痛万分，将父母合葬一处，虔诚恭谨地守丧尽孝，每天早晚，都到墓前祭奠。他惦记着母亲怕雷的事情，每当刮风下雨的天气，一听到轰隆隆的雷声，便狂奔到父母的墓地，跪拜着哭诉说：“儿子王裒在此，母亲您千万别怕！”王裒对父母的感情可谓至深至厚，每当读到《诗经·蓼莪》这一篇中“哀哀父母，生我劬劳”两句时，他都会反复诵读，禁不住泪如雨下，悲不能自已。

【写作点拨】

1. 学生在谈“处理事情不要情绪化、慌乱、急躁”的时候，可以引用选文增强说服力。

2. 学生在谈“孝道”的话题时，可以引选文丰富文章内容。

《三年问》篇

【题解】

本篇主要介绍有关“服丧三年”中的一些礼制问题。

【原文】

三年之丧何也？曰：称[①]情而立文，因以饰[②]群，别[③]亲疏贵贱之节，而不可损益[④]也。故曰：无易[⑤]之道也。创巨者其日久，痛甚者其愈迟，三年者，称情而立

文，所以为至痛极也。斩衰[6]苴杖，居倚庐，食粥，寝苫枕块，所以为至痛饰也。三年之丧，二十五月而毕；哀痛未尽，思慕未忘，然而服以是断之者，岂不送死者有已[7]，复生有节[8]哉？

【注释】

①称：相称。②饰：打扮、装饰。这里指表明。③别：区别。④损益：指减少和增加。⑤易：改变。⑥斩衰：丧服名。⑦已：停止。⑧节：时期。

【译文】

守丧三年是根据什么来制定的呢？回答是：这是与内心哀痛程度相称而制定的与之相称的礼文，藉此来表明亲属的关系，区别亲疏贵贱的界限，因而是不可随意减少和增加的。所以说，这是不可改变的原则。创伤越大，复原的日子就长；悲痛越厉害，平复的时间就慢。守丧三年的规定，就是根据内心哀痛程度而制定的与之相称的礼文，用来表示无以复加的悲痛。身穿斩衰，手持直杖，住在倚庐，只吃稀粥，睡在草苫上，用土块当枕头，凡此种种，都是为了表示无限的悲痛。三年的守丧期限，实际上二十五个月就结束了。虽然孝子的哀痛还没有结束，对父母的思念仍然存在，可是守丧的期限却到此为止，这是因为对死者的怀念总得有个停止、对于活着的人也总得有个期限恢复正常生活吧？

【解析】

失去亲人的悲痛是无法在短时间内平复和消失的。那种无以挽回的无助，无法相依的落寞，那些亲人沉入冰冷大地的悲痛情绪都会填满心胸。时间是愈合伤口的良方，在光阴的冲涤之下，伤口会逐渐愈合，人也不能总是让自己沉溺于无休止的伤悲之中，也需要重新沐浴生活的阳光。三年，是最厚重的悼念，三年，也是情绪平复的时光。逝去的人终已逝去，他们更希望看到活着的人好好活着。给服丧一个恰到好处的时间界限，让生者不忘死者的情，也让生者用更好的生活，抚慰死者的心，无论怎样的哀痛都要有结束的时候，生者的幸福是对死者最好的慰藉。

【故事】

刻木事亲

东汉时期的丁兰，在很小的时候，父母双亲相继病故，成了一个孤儿。丁兰在苦水中泡大，领略了人生的各种酸甜苦辣，常昼思夜想，深切怀念父母对自己的养育之恩。他用木头雕刻了父母的形象，供奉于厅堂，作为一种安慰和寄托。平日里，他像侍奉活着的父母一样，毕恭毕敬、虔诚孝顺。凡事都与木像商量，出门必向木像辞别，回家必向木像请安，一日三餐，都是先敬木像之后，自己才与妻子动筷子。时间长了，丁兰视木像如亲生父母，感情异常深厚。

可是他的妻子便不这样想了，因为她从来就没有见过公婆，不知道怎样尽妇道。丈夫这般痴心地侍奉两个木像使她大惑不解，日子久了，对木像也就不像以往那样恭敬了。一天，丁兰又出了家门，他的妻子闲得无聊，便用一根针去戳木像的手指，边戳边开玩笑地问木像疼不疼。说来也怪，那木像的手指竟是湿漉漉的，像是在流血。丁兰回来后，看到木像似有无限悲哀和委屈，眼里垂泪，酸楚无语。他赶紧询问妻子发生了什么事情，妻子坦白相告。丁兰极其生气，一气之下将妻子休掉了。

【写作点拨】

1. 学生在谈“生死观”的时候，可以引用选文结尾部分为文章增加文采。

2. 学生在谈“行孝”的话题时，可以引用选文丰富文章内容。

【原文】

凡生天地之间者，有血气之属必有知[①]，有知之属莫不知爱其类；今是大鸟兽，则失丧其群匹，越月逾时焉，则必反[②]巡，过其故乡，翔回焉，鸣号焉，蹢躅[③]焉，踟蹰焉，然后乃能去[④]之；小者至于燕雀，犹有啁噍之顷焉，然后乃能去之；故有血气之属者，莫知于人，故人于其亲也，至死不穷。将由夫患邪淫之人与，则彼朝死而夕忘之，然而从[⑤]之，则是曾鸟兽之不若也，夫焉能相与[⑥]群居而不乱乎？将由夫修饰之君子与，则三年之丧，二十五月而毕，若驷之过隙，然而遂之，则是无穷也。故先王焉为之立中制节，壹使足以成文理，则释之矣。

【注释】

①知：通“智”，这里指有灵性。②反：通“返”。③蹢躅：指徘徊不前。④去：离开。⑤从：通“纵”，放任。⑥相与：共同、一起。

【译文】

天地之间的一切生物，只要是有些灵性的，必定都有感情。凡是有感情的动物，没有不知道爱护自己同类的。就说大的鸟兽吧，如果丧失了自己的同伴，过了一月，过了一季，还要折返回来巡视，经过过去居住的巢穴时，必定要盘旋，要号叫，要徘徊不前，然后才依依不舍地离开。即使像燕子、麻雀一类的小鸟，在这种情况下，也要叽叽喳喳地哀鸣一阵，然后才依依不舍地离开。在所有有灵性的动物之中，没有比人更富于感情的了。所以，人对于死去的双亲，至死也不会忘怀。如果由着那些放荡不羁不务正业的人意思去办，他们就会早上死了父母，晚上就会忘掉。如果对他们放任不管，那岂不成了连鸟兽也不如了，还怎么能够让大家过集体生活而不发生混乱呢？如果由着那些讲究礼仪的君子的意思去办，则三年的丧服，二十五个月就宣告结束，就像白驹过隙那样地迅速。如果成全他们的心愿，那将是哀痛永远没有结束之日。所以先王为贤人与小人制定了一个折中的礼节，使大家都感到合情合理，然后除去丧服。

【解析】

动物间的情意品来令人悱然无声。就连畜鸟都能恋之以情，更何况是生灵之长呢！“三年丧礼”的制定，是为了约束小人，使他们在礼制的规范下有怀念父母的忧伤，不让他们因为愚钝无知，无术放浪而失去了对父母的尊重和怀念。礼制的制定，也是为了让君子适可而止地从悲痛中走出，而不一味地沉于哀痛。“礼”就是这样，用一个最合情理的标准和尺度去教化民众，以保证社会的和谐与进步。

【故事】

鳝鱼护子

中国古代，有一位名叫周豫的读书人。有个朋友送了条他最爱吃的鳝鱼。刚巧这一天闲来无事，周豫一时技痒，便想亲自动手，试试自己久未展露的手艺，煮上一锅清炖鳝鱼汤来尝尝。

周豫把鱼放入锅中，只见那些鳝鱼仍自由自在地在锅子里游着，在锅底下用小火缓缓加热，水温逐渐变高，鳝鱼在锅中丝毫未觉水温的变化，慢慢地就会被煮熟了，这就是周豫过人的厨艺所在。据说，用这方式煮熟的鳝鱼，因为不曾经历被杀的过程，没有挣扎，所以肉质也就不会紧绷，相对地口感自然好上许多。

随着那一锅汤慢慢煮沸了，周豫将锅盖掀起来看看，却发现了一个奇特的现象：锅中有一条鳝鱼的身体竟然向上弓起，只留头部跟尾巴在煮沸的汤水之中。这条身体弓起的鳝鱼，整个腹部都向上弯了起来，露出在沸汤之外，一直到死了，身体依然保持弯起的形状而不倒下。

周豫看到这种情形，心中感到十分好奇，便立刻将这条形状奇特的鳝鱼捞出汤中，取了一把刀来，将鳝鱼弯起的腹部剖开来，想要看个清楚，它究竟为何要如此辛苦地将腹部弯起。在剖开的鳝鱼腹中，周豫惊奇地发现，那里面竟藏着满满的鱼卵，数目之多，难以计算。

原来，这条母鳝鱼为了保护肚子里的众多鱼卵，情愿将自己的头尾浸入沸汤之中，护子心切而将腹部弯起，得以避开滚热的汤水，直至死亡。

【写作点拨】

学生在谈“对子女的约束和教育”的时候，可以引用选文丰富文章内容。

《儒行》篇

【题解】

本篇章是孔子向鲁哀公陈述有关“儒者”言行举止、风度品行的内容，使鲁哀公对儒者有了全新的认识，也使得鲁哀公更加尊重和敬畏儒者。这里的儒者可以泛指熟悉诗、书、礼、乐、射、御等六艺的人。

【原文】

哀公命席。孔子侍曰：“儒有席上之珍以待聘，夙[①]夜强学以待问，怀忠信以待举，力行以待取，其自立有如此者。”

【注释】

①夙：早。

【译文】

哀公于是命人给孔子设席。孔子陪侍哀公坐着，说：“儒者的德行就像筵席上的珍宝，等待着诸侯的聘用；早起晚睡地努力学习，等待着别人的询问；心怀忠信，等待着别人的举荐；身体力行，等待着别人的录取。儒者的修身自立就是这样的。”

【解析】

孔子把儒者的优秀品格比喻成宴席上的珍宝一般让人向往。他们勤奋、忠信、以身作则，修身自立，目的就是为了提升个人的能力修养，希望得到居上位的人的赏识，为君主和国家贡献力量。

【故事】

断齑画粥

北宋大文学家、政治家范仲淹曾给后人留下了“先天下之忧而忧，后天下之乐而乐”的千古名句，千百年来受到了人们的赞誉。可是他幼年却很不幸，出身贫寒，无力上学，只好跑到寺院中的一间僧房中去读书。

在寺庙读书期间，他将自己关在屋内，足不出户，手不释卷，读书通宵达旦。由于家贫，生活也十分艰苦。每天晚上，他用糙米煮好一盆稀饭，等第二天早晨凝成冻后，用刀划成四块，早上吃二块，晚上再吃二块，没有菜，就切一些腌菜下饭。生活如此艰苦，但他毫无怨言，专心于自己的读书学习。

后来，范仲淹的一个同学看到范仲淹的生活如此艰苦仍好学不辍，就回家告诉了父亲。同学的父亲听说后，被范仲淹刻苦学习的精神所感动，也深深同情范仲淹的贫穷处境，于是吩咐家人做了一些鱼肉等好吃的东西，叫儿子带给了范仲淹。那个同学将做好的鱼肉送给范仲淹，说："这是我父亲叫我送给你的，赶快趁热吃吧！"范仲淹回答说："不！我怎么能够接受你的东西呢？还是带回去吧！"那个同学以为范仲淹不好意思接受而推辞，连忙放下东西，就回家去了。

过了几天，那个同学又来到范仲淹的住所，发现上次给他送的好吃的东西丝毫未动，已经变坏了。就责备范仲淹说："看，叫你吃你不吃，东西都变坏了，你为什么不吃呢？"范仲淹回答说："并不是我不想吃，只是我已经过惯了艰苦的生活，如果吃了这些美味佳肴，以后再过这种艰苦的生活就不习惯了，所以我就没有吃。感谢你父亲的一片好意。"那个同学回家，将范仲淹的话如实告诉了他父亲。他父亲夸奖说："真是一个有志气的孩子，日后必定大有作为呀！"

【写作点拨】

学生在谈"读书人的优秀品德"的时候可以引用选文丰富文章内容。

【原文】

儒有居处齐①难，其坐起恭敬，言必先信，行必中正，道涂②不争险易之利，冬夏不争阴阳③之和，爱其死④以有待也，养其身以有为也。其备豫⑤有如此者。

【注释】

①齐：音"斋"，庄重、肃敬。②涂：通"途"。③阴阳：指阴凉的地方和有太阳的地方。④死：通"尸"，这里指身体。⑤备豫：指预备，事先准备。

【译文】

儒者的日常生活相当严肃，其一起一坐都恭恭敬敬，说话一定要讲究信用，做事一定要讲究公正。在路上不因哪条路好走难走这等小事就和别人争吵，冬天不和别人争有太阳的地方，夏天不和别人争有凉荫的地方。这样做的目的，是为了爱惜生命以等待时机，养精蓄锐以备有所作为。儒者的瞻前顾后就像是这样的。

【解析】

儒者注重自身德行，重信用，求公正，心胸坦荡、不计小节、不争小利。之所以这样做是因为他们内心有更重要更值得期待的东西，他们心存宏伟志向，不会因琐事争一时之快而耗费精力。这样的一段话对于我们正在成长中的中学生教育意义重大。在日常的学习生活中，我们不要在小事的得失上斤斤计较。要壮阔自己的心胸，让自己能以广远的目光环视古今中外，要让自己有包容天地万物的襟怀，有崇高而伟大的志向。

【写作点拨】

1. 学生在谈“读书人的优秀品德”的时候可以引用选文丰富文章内容。

2. 学生在谈“宽容、不斤斤计较”的话题时，可以应用选文作为证明材料。

【原文】

儒有不宝[①]金玉，而忠信以为宝；不祈土地，立义以为土地；不祈多积，多文以为富。难得而易[②]禄也，易禄而难畜也，非时不见[③]，不亦难得乎？非义不合，不亦难畜乎？先劳而后禄，不亦易禄乎？其近人有如此者。

【注释】

①宝：把……当成宝贝。②易：轻视。③见：通“现”。

【译文】

在儒者的心目中，并不把金玉当作宝贝，他们把忠信当作宝贝；他们不祈求土地，而把树立起道义作为他们的土地；他们不祈求多有积蓄，多掌握知识就是他们的财富。请他们出来做官很困难，因为他们轻视高官厚禄；因为他们轻视高官厚禄，就是请出来也难长期留住。不是可以有所作为的时候，就不会出现，这难道不是很难请出吗？即使出仕，如果觉得做的事和自己的意念理想相背离就会甩手不干，这难道不是很难长期留住吗？他们先说工作而后说俸禄，这难道不是并不在乎俸禄吗！儒者的待人接物就是这样的。

【解析】

儒者看轻钱财利益，却很看重自身创造的价值。他们崇尚的不是高官厚禄，而是高尚的德行和丰富的学识。他们不苛全，也不谄媚。他们不会因利而失去做人处事的原则，也不会因利而违背自己的理想意志。儒者有这样的信念和品格怎能不令我们敬佩和效仿！

【故事】

陶渊明辞官归隐

淝水一战的胜利，谢安虽然为东晋获得了暂时的喘息时机，但是，从此东晋王朝更加急剧地衰落下去，内乱不止，动荡不安。公元403年，桓温的儿子桓玄占领了长江上游，发兵攻入建康，废掉晋安帝，自立为帝。三四个月后，北府兵将领刘裕击败桓玄，迎晋安帝复位。从此，东晋王朝只剩下一个空壳了。

就在这个时期，却出现了一个中国古代的大诗人——陶渊明。

陶渊明，一名陶潜，浔阳柴桑人。他出生在一个没落的官僚家庭中。他的曾祖父就是东晋著名的大将军陶侃，但到了他的少年时代，陶家已经败落，生活贫困。

尽管如此，陶渊明从小还是受到了很好的家庭教育，他博览群书，养成了寡言少语、厌恶虚荣、不贪富贵的高洁性格。这种个性影响了他的仕途生涯，一生中，只在十三年当中断断续续地做了几次小官。

直到二十九岁时，陶渊明才谋得江州祭酒一职，却因忍受不了官场的繁文缛节，早早辞了职。在家闲居了五六年后，三十五岁时，到了荆州，在刺史桓玄属下当一名小吏，不到一年工夫，又因母亲去世辞职归家，一住又是五六年。陶渊明终究是名将的后代，官场里知道他的人很多。公元405年，当他四十一岁时，又被推荐到彭泽（今江西九江东北）当了县令。

好不容易在彭泽当了几十天县令，一天，陶渊明得到一个消息：东晋的权臣刘裕已封自己为车骑将军，总督各州军事，这个野心家只差一步就要夺取皇位了。陶渊明预感到晋朝已经是名存实亡了，他十分灰心，便离开衙门回家去了。妻子翟氏见陶渊明一副闷闷不乐的样子，不好多问。翟氏端上酒菜，可陶渊明却不动筷，仍然坐在那里叹气。过了一会，陶渊明冷不丁地说："我想辞职回家乡！"翟氏一听就知道他又在官场上受气了，因为像这种辞职回家的话，陶渊明不知讲过多少次了。几个月前，陶渊明曾想辞职，还是翟氏提醒他，上百亩官田就要种上稻子了，待收成以后再辞职吧。当时陶渊明总算听了妻子的话，口气缓了下来。这次翟氏仍然用官田收稻之事来劝他，陶渊明听了以后，长长叹了一口气："唉，真没办法，难道我还是要做粮食的奴隶！"在翟氏体贴的慰劝下，陶渊明这才举起了酒杯。

时局的因素，加上陶渊明一副傲骨，他的辞官念头始终没有打消过。一天，衙役来报，过几天郡里派的督邮要到彭泽来视察。那个督邮陶渊明认识，是个专门依仗权势、阿谀逢迎，却又无知无识的花花公子。陶渊明想到自己将要整冠束带、强作笑脸去迎候这种小人，实在忍受不了。他的倔脾气又发作了："我怎么能为了这五斗米官俸，去向那种卑鄙小人折腰呢？"于是，陶渊明离开衙门，板着脸回到了家，冲着翟氏："收拾行装，回乡！"翟氏告诉他，稻谷只差几天就要收割了。"随它去吧！"这回陶渊明已经铁了心要辞职了。翟氏问清缘由后，也就不再劝说了，默默地去收拾行装。

第二天，陶渊明乘船离开了彭泽。他出任彭泽令，在任仅八十余日，十三年的仕途生涯终于结束。

从此，陶渊明在家乡过着隐居生活。对于官场，他丝毫没有眷恋之心，辞官后，反而有一种重获自由的怡然自得。他每天饮酒，写诗。他归田后的二十多年，是创作最丰富的时期，主要作品有：《归去来辞》、《归田园居五首》、《桃花源记》、《饮酒二十首》、《挽歌诗三首》等等。其中，《桃花源记》更体现了陶渊明的思想境界和艺术高度。诗文中通过虚构的手法，把桃花源描绘成一个鲜花盛开，绿树成行，男女老幼，辛勤耕织，祥和无忧的安定社会。陶渊明以此寄托他的美好向往，以及对当时混乱时世、黑暗政治现实的不满。

【写作点拨】

1. 学生在谈“儒者品格”的时候，可以引用选文作为证明材料，丰富文章内容。

2. 学生在谈“坚守信念和原则”的时候，可以引用选文证明观点，增强说服力。

【原文】

儒有委①之以货财，淹②之以乐好，见利不亏其义；劫之以众，沮③之以兵，见死不更其守；鸷虫攫搏不程④勇者，引重鼎不程其力；往者不悔，来者不豫；过言不再，流言不极；不断其威，不习其谋。其特立有如此者。

【注释】

①委：托付、交付。②淹：沉溺。③沮：阻止。④程：考核、衡量。

【译文】

有些儒者，就是把许多金银财宝交付给他，即令用声色犬马去引诱他，他也不会见利而忘义；就是被众多人威胁，用武器来阻止他，他宁愿去死也不会改变节操；和邪恶势力做斗争，他不估量一下自己的本领，毫无畏惧；领受艰巨的任务，他不估量一下自己的能耐，勇于承担；做过了的事从不后悔，还没做的也不游移不定；说错了的话就不再说，对于流言蜚语也不去深究；时刻保持威严，拿定主意的事说干就干，绝不优柔寡断。儒者做事的与众不同就像是这样的。

【解析】

这一选段突出儒者不因色利而丧失自己的操守，以及“说干就干”的魄力和勇气。他们意志坚定、洁身自好，勇于担当又富有胆量气魄，无所畏惧。心志的坚贞让他们巍峨挺立，意念的坚持让他们所向披靡。为自己心中的理想和志向奔腾是他们永远无悔的抉择。

【写作点拨】

学生在谈“真正的勇气”时，可以引用选文为文章增色。

学生在谈“坚贞的意志”时，可以引用选文丰富文章内容。

【原文】

儒有可亲而不可劫[①]也；可近而不可迫[②]也；可杀而不可辱也。其居处不淫[③]，其饮食不溽[④]；其过失可微辨而不可面数也。其刚毅有如此者。

【注释】

①劫：指威胁。②迫：指强迫。③淫：指奢侈。④溽：指味道浓厚。

【译文】

儒者可以亲密而不可以威胁，可以亲近而不可以强迫，可以被杀头而不可以被羞辱。儒者的住处不讲究豪华，儒者的饮食不讲究丰厚，儒者的过失可以委婉地批评而不可以当面责备。儒者的刚毅就像是这样的。

【解析】

对于儒者来讲，他们不追求高屋大厦的庇护，也不追求珍馐美馔的享受。在他们看来，只有尊严至高无上，无论何时何地，尊严和人格不可被侵犯和践踏。宁可失去生命也不能接受自己的尊严受辱。所以有人“宁可站着死，也不跪着生”，所以有人“苟利国家生死以，岂因祸福避趋之”。

【故事】

文天祥就义

元世祖至元十九年十二月初八日，元世祖召唤被俘的文天祥到宫殿中。文天祥见了皇帝只拱手作揖而不跪拜。皇帝的侍臣强迫他，他仍然坚定地站立着，不被他们所动摇。他极力述说：“宋朝没有不循正道的国君，没有需要抚慰的人民；不幸谢太后年老而宋恭帝幼小，掌权的奸臣误害了国家，用人、行政，措施不当，你们元人利用我朝的叛将、叛臣，攻入我朝的国都，毁灭我朝的国家。我文天祥在大宋危急而力图恢复兴盛的时候辅佐宋朝，宋朝灭亡了，我文天祥应当尽快就死，不应长久苟且偷生。”元世祖派人告诉他说：“你用侍奉宋朝的忠心来侍奉我，就任用你当中书省宰相。”文天祥说：“我文天祥是宋朝的状元宰相，宋朝灭亡了，只能死，不能偷生，希望一死就够了。”元世祖又派人告诉他说：“你不做宰相，就做枢密使。”文天祥回答说：“除了一死以外，没有什么事可做了。”元世祖就命令他退下。第二天有大臣上奏说：“文天祥不愿意归顺服从，应当赐他死刑。”参知政事麦术丁极力赞成这个判决，元世祖就批准他们的奏议。文天祥将被押出监狱前，就写下遗书自我表白，挂在衣带中。那文辞写着：“孔子说杀身成仁，孟子说舍生取义，因为已经尽了人臣的责任，所以达成了仁德。读古代圣贤的书，所学的不是成仁取义的事又是什么事呢？从今以后，我差不多就没有愧疚了！”

他被押过市区时，气概神色自然，态度从容，观看的人像墙一样团团围住。即将受刑时，他不慌不忙地向执刑的官吏说："我的事都已做完了。"问市场上围观的人何处是南？何处是北？面向南方拜了又拜，然后受刑而死。不久，有使者前来传令停止行刑，到达时文天祥却已经死了。看到、听到的人，没有不伤心流泪的。

【写作点拨】

学生在谈"坚贞不屈或者人格尊严"等类似话题时，可以引用选文增加说服力。

【原文】

儒有忠信以为①甲胄，礼义以为干橹②；戴仁而行，抱义而处，虽有暴政，不更③其所。其自立有如此者。

【注释】

①以为：当作。②干橹：指盾牌。③更：改变。

【译文】

儒者把忠信当作甲胄，把礼义当作盾牌；时刻谨守仁义而处事，即使受到暴政的迫害，也不改变自己的操守。儒者在操守上的自立就是这样的。

【解析】

真正的坚贞是根植于内心和灵魂中的，不会因为外物的任何变化而更改。仁义的信念如大树的根虬深扎土地，历经风暴洗礼仍旧毫无动摇。

【故事】

范仲淹冒死进谏

天圣六年（1028）十二月，范仲淹被召为秘阁校理，开始他的立朝生涯。此时的宋仁宗生性柔弱，皇太后刘氏垂帘听政。仁宗非刘氏所出，然对太后敬畏有加。天圣七年冬至，皇上欲率百官在会庆殿朝拜太后，为皇太后上寿。皇帝屈尊，对太后行臣子礼，有违礼制，遭到非议，但满朝文武，没有人敢站出来说话。这时的范仲淹刚入朝不久，像初生之犊似的，毫无顾忌，上书皇上和太后，力言不能开此先例，以免有亏为君之道和有损国威，防止母后干政的事情发生。范仲淹此举，干涉皇帝家事，不给皇太后面子，在朝廷引起震动。但范仲淹问心无愧，完全是出以公心，没有一点私利可言。接着，又上书朝廷，请太后还政于仁宗皇帝。皇帝已经20岁，可以独立处理朝政了，太后垂帘已满七年，应该回后宫颐养天年了。范仲淹一再触犯太后，终于被贬，到河中府（山西永济西）当了一名通判。第二年，改为陈州通判。两年后，太后去世，仁宗亲政，仲淹被召回京城，任谏官。太后一死，朝臣多人上书，揭太后的老底，这时的范仲淹却为太后说好话，劝告皇上，说太后奉先帝遗命，保护皇上有十多年，皇上应该忘其小过，而念其大德。仁宗终于领悟范仲淹昔年犯颜直谏是出于公心直道。

【写作点拨】

学生在谈及"坚贞及信念"等话题时，可以引用选文增强说服力。

【原文】

儒有一亩之宫[1]，环堵之室，筚门圭窬[2]，蓬户瓮牖[3]；易[4]衣而出，并[5]日而食，上答之不敢以疑，上不答不敢以谄[6]。其仕有如此者。

【注释】

①宫：房屋、住宅。②圭窬：指墙上的小门。③牖：窗户。④易：更换。⑤并：一起。⑥谄：谄媚。

【译文】

尽管儒者居住的地方很小，就是用四堵墙构成的屋子，在墙上挖个圭形小洞就当作进进出出的门，门也是用荆条和竹枝或蓬草编成，把破瓮嵌在墙上就当作窗户。全家只有一套比较体面的衣服，来回换着穿出门。因为贫困，两天只吃一天的粮食。受到上边的赏识重用，君上答应采取自己的建议，就不敢产生疑虑；君上不答应自己的建议，也不敢谄媚以求进用。儒者的做官态度就是这样的。

【解析】

孟子说"贫贱不能移"，就是说无论物质生活困窘到何种程度，自己内心的德行和原则都不会改变。物质是人生存的根本，人能够克服自己的口体之欲而矢志不渝是非常难得的。古今有多少人为"宫室之美，口体之奉"而迷失了方向，失去了操守，这样的人终将为世人所唾弃。

【故事】

贫贱志不移

朱自清是清华大学教授，著名的文学家。抗日战争结束后，美国政府一方面支持蒋介石发动内战，一方面又利用签订条约的办法在中国获取了许多特权，还加紧武装战败国日本，对中国重新造成威胁。当时社会上物价飞涨，物品奇缺，很多人在饥饿和死亡线上挣扎。人民对美国和国民党政府十分不满，反抗的呼声越来越高。美国为了支持蒋介石，就运来一些面粉，说要"救济"中国人，好让中国人"感谢"美国，不反对它。

朱自清看透了美国的用心，认为美国的救济是对中国人的侮辱。他和一些学者一起，在一份宣言上庄重地签上了自己的名字。那份宣言表示：坚决拒绝美国的“援助”，不领美国的面粉。当时，朱自清正患严重的胃病，身体非常瘦弱，体重还不到40公斤，经常呕吐，甚至整夜不能入睡。拒领救济粉意味着每月生活费要减少600万法币，生活更加困难。可是为了维护祖国的尊严，他坚决拒绝那些别有用心的“赏赐”。他在日记中写道：“坚信我的签名之举是正确的。因为反对美国武装日本的政策，要采取直接的行动，就不应逃避自己的责任。”

两个月后，朱自清因贫病交加，不幸去世。他宁肯挨饿而死，也不肯领带侮辱性的“救济”，表现了一个中国人应有的尊严。

【写作点拨】

1. 学生在谈“贫贱不能移”的话题时，可以引用选文作为证明材料。

2. 学生在谈“不媚上不欺下的品格”的时候，可以引用选文丰富文章内容。

【原文】

儒有内称不辟①亲，外举不辟怨，程②功积事，推贤而进达③之，不望其报；君得其志，苟利国家，不求富贵。其举贤援能有如此者。

【注释】

①辟：通“避”。②程：指考虑。③达：使显贵。

【译文】

儒者在向朝廷推举贤才时，只考虑被推举者有无真才实学，而不管他是自己的亲属，还是自己的仇人。在充分考虑到被推举者的业绩和才能以后，才向朝廷举荐并使之得到任用，但这并不是为了得到对方的回报。只要国君能因此而得遂其志，只要能为国家造福，自己并不希望得到什么赏赐。儒者的推举贤能就是这样的。

【解析】

儒者强烈的社会责任感和使命感有一方面就表现在选贤举能上。他们能够不为私利，只考虑国家得失。能公平公正对事，为贤才铺路，替君主分忧。这种唯才是举是儒者德行的写照，这种俯首甘心，是儒者忠君爱国的热忱。

【故事】

狄仁杰选贤举能

狄仁杰作为唐朝一位尽责的宰相，以举贤荐能为己任。一次，武则天要他推荐一位将相之才，狄仁杰就将时任荆州长史的张柬之推荐给她，并对她说：“张柬之年过七十，至今还只是个荆州长史，而他的才能是足够担当重任的，若陛下重用他，他一定对陛下感恩不尽，忠心耿耿地为陛下效劳。”武则天大约是对张柬之不了解，或者对狄仁杰的推荐没当一回事，便把张柬之调为洛州司马。从当时的地理条件上看，洛州自然是优于荆州，但若从职位上看，张柬之是不升反降了，长史和司马，在隋唐时期都属州郡首长的属官，而司马还在长史之下。过了几天，武则天又要狄仁杰给她推荐将相之才，狄仁杰便说："我给陛下推荐的张柬之，陛下还没有用啊。”武则天说："我不是把他调到洛州来了吗。”狄仁杰答道："陛下要我推荐的是能当宰相的人，而我推荐的张柬之正是有当宰相才能的人，而不是推荐他来当司马的。”由于狄仁杰的一再推荐，武则天终于委任张柬之当了个侍郎。侍郎在唐代是中书、门下、尚书三省首长（尚书）的副手，大约相当于现在的副部长。狄仁杰虽然推荐张柬之担任宰相，但狄仁杰在世时，张柬之始终没有当上。狄仁杰过世后，又在姚崇等人的推荐下，张柬之才终于当上了宰相。而张柬之担任宰相后，对最终兴复唐皇室，起到了关系成败的作用。神龙元年（705），正是这位当时正在宰相位上的张柬之趁武则天病重之机，借口武则天的面首张易之、张昌宗兄弟谋反，带兵进宫杀了二张，并逼武则天退位，迎立太子李显即位。武则天的武家天下，才又重新回归李唐皇室。

狄仁杰除了推荐张柬之外，还先后推荐了桓彦范、敬晖、袁恕己和姚崇等人，这些人全是清正廉洁之士，也都先后担任朝中要职。

狄仁杰还举贤不避亲。圣历年间，武则天令宰相各举尚书郎一人，狄仁杰就只推荐了他的儿子狄光嗣。狄光嗣被任命上任后，行为处事，都获得了很好的名声。武则天因此感叹道："狄仁杰就像春秋晋国的祁奚一样，内举不避亲，他推荐的真的是人才啊。”对于降将，狄仁杰也能量才使用。契丹有位猛将叫李楷固，多次率兵打败武则天的军队，后来被彻底打败了，便来投降。不少人主张不要受降，而是将他斩了。只有狄仁杰向武则天建议说："李楷固是个难得的骁将，这么杀了就可惜了，反之，若饶恕了他以前的罪过，他一定会因感恩而忠心报效国家的。请授以他官职，让他带兵去讨伐骚扰边境的契丹余部。”武则天听从了他的建议，李楷固果然大胜而回。武则天为此设宴庆功，嘉奖狄仁杰道："李楷固得胜，首先是你的功劳啊！”

【写作点拨】

1. 学生在谈“儒者德行”的时候，可以引用选文，丰富文章内容。

2. 学生在谈“选拔人才的原则”时，可以引用选文，增强说服力。

【原文】

儒有上不臣①天子，下不事②诸侯；慎静而尚③宽，强毅④以与人，博学以知

服；近文章砥厉[5]廉隅[6]；虽分国如锱铢，不臣不仕。其规为有如此者。

【注释】

①臣：对……称臣。②事：为……做事。③尚：崇尚。④强毅：指性格刚强坚毅。⑤砥厉：指磨练。⑥廉隅：指棱角。

【译文】

儒者有上不臣事天子，下不侍奉诸侯的；谨慎娴静而崇尚宽大，性格强毅而能从善如流，学问渊博而能由衷地佩服强于自己的人。多读圣贤之书，以磨炼自己的棱角气节。即使是要把整个国家分给他，在他看来也不过是芝麻般的小事而已，不会因此就出来称臣做官。儒者的行为方正就是这样的。

【解析】

儒者格外重视自身内在德行的修养，他们认为只要德行充足，生命自然流注出一种自足的精神力量。这种力量看透名利，藐视权贵，不受束缚不为官所累。他们逍遥自在、超然物外的高尚品质，表现了对人格独立，精神自由的追求。

【故事】

庄子垂钓

庄子在濮水钓鱼，楚王派两位大夫前往庄子身边表达想请庄子做官的心意。两位大夫对庄子说："希望能有机会用政务来劳烦您。"庄子拿着鱼竿头也没回，说："我听说楚国有一只神龟，死的时候都已经有三千岁了，国王用锦缎将它包好放在竹匣中珍藏在宗庙的堂上。你们说，这只神龟是愿意死去为了留下骨骸而显示尊贵呢，还是宁愿活在烂泥里拖着尾巴爬行呢？"两位大夫说："一定宁愿活在烂泥里拖着尾巴爬行。"庄子说："那好，你们走吧！我宁愿像龟一样在烂泥里拖着尾巴活着。"

【写作点拨】

学生在谈及有人"重注德行、超然物外，追求自由"的特点时，可以引用选文增强文章表现力。

【原文】

儒有不陨获[1]于贫贱，不充诎[2]于富贵，不慁[3]君王，不累[4]长上，不闵[5]有司，故曰儒。今众人之命儒也妄[6]，常以儒相诟病。

【注释】

①陨获：指丧失操守。②充诎：得意忘形的样子。③慁：音"混"。指被……打扰。④累：指被……制约。⑤闵：指因……变得糊涂。⑥妄：指虚妄，有名无实。

【译文】

儒者不因贫贱而失志，不因富贵而丧失操守，不因为国君的侮辱、卿大夫的制约、官员们的刁难而改变节操，所以才叫作“儒”。现在很多人自命为儒但却有名无实，所以才往往被作为笑料来讲。

【解析】

这一则同样是说儒者的德行。他们对自己操守的坚守任何外力都无法改变。有些人自命不凡，自以为是，没有办法认清自己，不具备这种坚贞不渝的品格还夸口自己是有品格的儒者，最后却贻笑大方。

【故事】

要留清白在人间

于谦是我国明代有名的清官，深得老百姓的爱戴，被尊敬地称为“于青天”。

于谦六十岁寿辰那天，门口送礼的人络绎不绝。于谦叮嘱管家，一概不收寿礼。

皇上因为于谦忠心报国，战功卓著，派人送来了一只玉猫金座钟。谁知管家根据于谦的叮嘱把送礼的太监拒之门外。太监有点不高兴了，就写了“劳苦功高德望重，日夜辛劳劲不松。今日皇上把礼送，拒礼门外情不通”四句话，叫管家送给于谦，于谦见了，在下面添了四句：“为国办事心应忠，做官最怕常贪功。辛劳本是分内事，拒礼为开廉洁风。”太监见于谦这样坚决，无话可说，回去向皇上复命了。

不一会儿，于谦的同乡好友——和于谦一起做官的郑通也来送礼了，于谦又写了四句话：“你我为官皆刚正，两袖清风为黎民。寿日清茶促膝叙，胜于厚礼染俗尘。”郑通见了十分敬佩，于是叫家人带回礼物，自己进门与于谦叙谈友情。

于谦正和郑通谈得十分投机，管家进来通报，有一个叫“黎民”的送来了一盆万年青，还让管家带来一首诗：“万年青草情意长，常驻山间心相关。百姓长盼草常青，永为黎民除贪官。”于谦见后，亲自出门迎接，郑重地接过那盆万年青，高声咏唱了一首诗；“一盆万年情义深，肝胆相照万民情。于某留做万年镜，为官当学万年青。”

于谦办事铁面无私，清廉不贿，得罪了朝廷中一些贪官，皇帝也觉得于谦不通人情，不把皇上放在眼里，心中很是不快，于是在贪官的诬陷下，皇帝寻了个罪名，罢了于谦的官，还问他的罪。于谦在牢里面写下了这样一首诗：“千锤万凿出深山，烈火焚烧若等闲。粉身碎骨浑不怕，要留清白在人间。”

【写作点拨】

1. 学生在谈“坚持操守”的时候，可以引用选文，丰富文章内容。

孝 经

开宗明义章第一

【原文】

仲尼[1]居，曾子[2]侍。子曰："先王[3]有至德要道，以顺[4]天下，民用[5]和睦，上下无怨。汝知之乎？"曾子避席[6]曰："参不敏，何足以知之？"子曰："夫孝，德之本也，教之所由生也[7]。复坐，吾语汝。身体发肤，受之父母，不敢毁伤[8]，孝之始也。立身行道，扬名于后世，以显父母，孝之终也。夫孝，始于事亲[9]，中于事君[10]，终于立身。《大雅》云：'无念尔祖，聿修厥德。'"

【注释】

①仲尼：孔子的字。②曾子：曾参，字子舆，孔子的学生。③先王：先代的圣贤帝王，指尧、舜、禹、文王、武王等。④顺：顺从。⑤用：因而。⑥避席：席，铺在地上的草席，这里指离开自己的座位。⑦教之所由生也：古有"五教"之说，即：教父以义，教母以慈，教兄以友，教弟以恭，教子以孝。儒家思想认为，孝是一切道德的根本，一切教育的出发点。⑧毁伤：指毁坏，残伤的意思。⑨始于事亲：是指幼年时期以侍奉双亲为孝。⑩中于事君：为君王尽忠是孝行的中级阶段。

【译文】

孔子在家中闲坐，曾参在一旁陪坐。孔子说："先代的圣帝贤王，有一种至为重要高尚的品行，用它可以使得天下人心归顺，百姓和睦融洽，上下没有怨恨和不满。你知道这是为什么吗？"曾子连忙起身离开席位回答说："我生性愚钝，哪能知道那是什么呢？"孔子说："那就是孝！孝是一切道德的根本，所有品行的教化都是由孝行派生出来的。你还是回到原位去，我讲给你听。一个人的身体、四肢、毛发、皮肤，都是从父母那里得来的，所以要特别地加以爱护，不敢损坏伤残，这是孝的开始，是基本的孝行。一个人要建功立业，遵循天道，扬名于后世，使父母荣耀显赫，这是孝的终了，是完满的、理想的孝行。孝，开始时从侍奉父母做起，中间的阶段是效忠君王，最终则要建树功绩，成名立业，这才是孝的圆满的结果。《大雅》里说：'怎么能不想念你的先祖呢？要努力去发扬光大你的先祖的美德啊！'"

【解析】

开宗明义，就是阐述本书行文的宗旨，说明孝道的义理。孔子所说的"至德要道"便是"孝"。"孝"是一切德行的根本，是一切教化的开始。孔子还将"孝"划分出了三个阶段，把“孝”与“忠”联系在一起，认为“忠”是“孝”的发展和延续。最后的功成名就既是光耀祖先父母，又是为君分忧，报效国家。实现这三个阶段，才是完满的尽孝。

作为初中生的我们，从小就常被告之要“孝敬父母”，那么，究竟应该怎么做呢？我们应该懂得爱惜自己的身体，要使自己的身心都健康成长，免得让爱自己的亲人们担心。除此之外，更加圆满的、理想的孝行，还需要我们通过自身的努力与拼搏，有所成就，将来为父母争光。因此，我们现在的努力学习，不仅是为了自己能有一个美好的未来，也是为了以后能够更好地回报身边亲人的关爱，这是我们的责任、应尽的孝道。虽然我们现在的能力还不足以对社会或国家做出杰出的贡献，但是我们可以身体力行地多关心、孝敬身边的亲人，从最基本的孝行开始做起，完善自我，立志成才。

【故事】

忠孝两全的花木兰

北魏时期，经过孝文帝改革，社会经济得到发展，人民生活较为安定。但是，当时北方游牧民族柔然族不断南下骚扰，北魏政权出于征兵迎战考虑，规定每家出一名男子上前线作战。花木兰的父亲年纪大了，没办法上战场，家里的弟弟年纪又小，为了避免老父受苦，木兰决定男扮女装去替父从军。花木兰身着男装，铠甲冰冷，跨上战马，一路烟尘。从此木兰开始了她多年的军旅征战生活。去边关打仗，对于很多男人来说都是艰苦的事情，更不要说女儿身的木兰既要费尽心思隐瞒身份，又要与伙伴们一起征讨杀敌。但是花木兰毫不逊色，最后圆满地完成了自己的使命，在十二年后胜利归来。皇帝因为她的功勋卓著，大肆奖赏，并想让木兰继续在朝廷效力。但孝顺的花木兰拒绝了皇帝的圣意，她只求皇帝能让自己回家，永远相伴在父母左右，在为国尽忠之后再好好地尽孝。

【写作点拨】

1. 同学们在写关于“孝”的作文时，可以应用选文作为事例来增强文章说服力。

2. 同学们在写关于“中华传统美德”的文章的话题时，可以引用选文来充实文章内容。

天子章第二

【原文】

子曰：“爱亲[1]者，不敢恶于人[2]；敬亲者，不敢慢[3]于人。爱敬尽于事亲，而

德教加[4]于百姓，刑[5]于四海。盖[6]天子之孝也。《甫刑》[7]云：'一人有庆[8]，兆民[9]赖之。'"

【注释】

①爱亲：指孝顺父母。②恶（wù）于人：厌恶别人。③慢：傲慢，不尊敬。④德教：道德修养的教育，即孝道的教育。加：施加给。⑤刑：通"型"，这里是动词，做典范，做榜样。⑥盖：句首语气词。⑦《甫刑》：《尚书·吕刑》篇的别名。⑧庆：指善。⑨兆民：极言人数目之多。

【译文】

孔子说："天子能够亲爱自己的父母，也就不会厌恶别人的父母；能够尊敬自己的父母，也就不会怠慢别人的父母。天子若能以爱敬之心尽力侍奉父母，就会以至高无上的道德教化人民，成为天下人效法的典范。这就是天子的孝道啊！《甫刑》里说：'天子有善行，天下万民全都信赖他，国家便能长治久安。'"

【解析】

天子的孝道要从敬爱自己的父母开始，只要把这份亲爱、恭敬的诚心尽到自己父母的身上，那么他的德行就会感化人群，成为典范，很快地普及到百姓身上，从而形成和谐、恭顺的社会风尚。现代社会早已经没有了那一套陈腐的天子、诸侯、庶民的分别了，但是依然能启示我们，社会上领导阶层的道德与修养对下面有着广泛的影响。一个国家的领导人如果有着仁爱、孝敬之心，而且能够做到行胜于言，那么这个国家的人民也会学习他的品质，国家也就必然会和谐发展。因此，对于道德修养，我们不仅是要有自我的规范和约束，更在于当我们成为一个组织的领导者时，要以身作则，严格要求自己的一言一行，这样才能起到带头作用。比如我们学生在学校做到有礼貌、尊敬师长，见到老师主动问好，关心同学，主动打扫班级卫生，遵守纪律等等。行胜于言，才能让身边的同学都学习这些优秀的品质，让整个集体一同进步。

【故事】

亲尝汤药

西汉时期的汉文帝是汉高祖刘邦的第三个儿子，他是嫔妃所生，不是嫡子，原来也不是太子，但是因为他天性纯孝，对母亲非常地敬爱，竭力地行孝，后来大臣们拥戴他做了皇帝。文帝继位以后，没有一点骄慢之气，而且对亲生母亲薄太后更是殷勤侍奉。

有一次薄太后生了重病，一连三年卧床不起。汉文帝不顾国事劳累，每天都在母亲床前照顾、侍奉，衣不解带。给母亲煎的药，他必定亲自尝过才给母亲喝。这样一做就是三年。他母亲很感动，也心疼儿子，劝文帝说，宫里这么多人都可以照顾我，你国事繁忙，身体劳累，就不要在这里辛苦操劳了。但是汉文帝执意要照顾母亲，他跪在母亲床前说："如果孩儿在您有生之年不能够行孝尽孝的话，那要什么时候才能够报答您的生养之恩呢？皇儿觉得自己做得还不够好，时刻为您的病痛忧心自责。"

汉文帝的这种仁孝，感动了朝廷上下、文武百官，也感化了所有的百姓。因此汉文帝时，大家钦佩他的德行，四境之内都对他敬重有加，所以他治理国家不用大费心思，就能够天下大治。

【写作点拨】

1. 初中生在写关于"以身作则"时可以引用选文，充实文章内容。

2. 写关于"成功的领导者"等类似话题时可以引用选文，丰富文章内容。

诸侯章第三

【原文】

在上不骄，高而不危；制节谨度①，满而不溢②。高而不危，所以长守贵也。满而不溢，所以长守富也。富贵不离其身，然后能保其社稷③，而和其民人。盖诸侯之孝也。《诗》④云："战战兢兢，如临深渊，如履薄冰⑤。"

【注释】

①制节：指节约俭省。谨度：谨慎而合乎法度。②满：指财富充足。溢：指超越标准。③社稷：国家的代称。④《诗》：即《诗经》。⑤"战战兢兢"三句：语出《诗经·小雅·小旻》。

【译文】

身居高位而不骄傲，即使高高在上也不会有倾覆的危险；在开支上俭省节约，在行事上慎守法度，那么尽管财富充裕也不会奢侈靡费。高高在上而没有倾覆的危险，这样就能长久地保守尊贵的地位。资财充裕而不奢侈，这样就能长久地保守财富。能够紧紧地把握住富与贵，然后才能保住自己的国家，使自己的人民和睦相处。这就是诸侯的孝道啊！《诗经》里说："战战兢兢，谨慎小心，就像身临深渊唯恐坠陨；就像脚踏薄冰唯恐沉沦。"

【解析】

选段是在警示诸侯如何才能自保其身又能为国尽力。面对"权"与"利"这双重财富还能头脑清醒，运筹有度的人并不多，外在的利益和权力往往使人"头昏眼花"丧失理智。所以，诸侯要时刻提高警惕，审视自我。一个人只有居高位而不骄纵，才能受人拥戴坐稳高位。只有据财富而不奢靡，才能永久地保住财富。有了高位和财富，才有能力去完成自己的责任和使命，才能为民众之范，这样也就是尽了“诸侯之孝”。

【故事】

孙叔敖为楚令尹

孙叔敖被任命为楚国的宰相，全都城的官吏和百姓都来为他祝贺。其中有一个老人，穿着麻布制的丧衣，戴着白色的帽子，最后来到。孙叔敖听说之后，马上整理好衣帽出来接见了老人。他对老人说：“楚王不了解我没有才能，让我担任令尹这样的高官，人们都来祝贺，只有您来吊丧，莫非您是有什么想要指教的？”老人说：“我是有话要说。当了大官之后，如果就对人傲慢无礼，百姓就会离开他；职位高而又大权独揽的人，国君就会厌恶他；俸禄优厚却还不满足，欲壑难填，祸患就会降临到他那里。”孙叔敖听了之后非常震惊，向老人拜了两拜，说：“我诚恳地接受您的指教，还想听听您其他的建议。”老人说：“地位越高，就越要为人谦恭，这样百姓才会爱戴；官职越大，思想越要小心谨慎，这样才能避免徇私枉法；俸禄已很丰厚，就不应索取分外财物，那样就不会利令智昏。您严格地遵守这三条，就能够把楚国治理好了。”

【写作点拨】

1. 同学们在分析“为政者的治理策略”的时候，可以引用选文增强文章说服力。

2. 同学们在谈关于“反腐”类的话题时，可以引用选文，作为证明材料。

卿、大夫章第四

【原文】

非先王之法服[①]不敢服，非先王之法言[②]不敢道，非先王之德行[③]不敢行。是故非法不言[④]，非道不行[⑤]；口无择言，身无择行[⑥]。言满[⑦]天下无口过，行满天下无怨恶。三者备矣[⑧]，然后能守其宗庙[⑨]。盖卿、大夫之孝也。《诗》云：“夙夜匪懈，以事一人[⑩]。”

【注释】

①服：按照礼法制定的服装。②法言：合乎礼法的言论。③德行：合乎道德规范的行为。④非法不言：不符合礼法的话不说。⑤非道不行：不符合道德的事不做。⑥“口无”二句：张口说话无须斟酌措辞，行动举止无须考虑应当怎样去做。⑦满：充满，遍布。

⑧三者备矣：三者，指服、言、行。备，完备，齐备。⑨宗庙：祭祀祖宗的屋舍。⑩“夙夜”二句：语出《诗经·大雅·烝民》。夙，早。匪，通“非”。懈，指懈怠、怠惰。一人，指周天子。原诗赞美周宣王的卿大夫仲山甫，从早到晚，毫无懈怠，尽心竭力地侍奉宣王一人。

【译文】

不合乎先王礼法所规定的服装不敢穿，不合乎先王礼法的言语不敢说，不合乎先王规定的道德的行为不敢做。因此，不合礼法的话不说，不合道德的事不做。由于言行都能自然而然地遵守礼法道德，开口说话无须斟字酌句，行为举止无须考虑应该做什么、不该做什么。虽然言谈遍于天下，但从无什么过失；虽然做事遍于天下，但从不会招致怨恨。完全地做到了这三点，服饰、言语、行为都符合礼法道德，然后才能长久地保住自己的宗庙，奉祀祖先。这就是卿、大夫的孝道啊！《诗经》里说：“从早晨到夜晚，都不能有任何的懈怠，要尽心竭力地去奉事天子！”

【解析】

选文主要从卿、大夫的角度谈了如何恪尽职守，尽职尽责。一个人只有抓住行为的宗旨和原则，然后依之行事，就不会有违背礼法、不符身份的事情发生。“礼”是一切言行的准绳。我们没有高官厚禄，也不会只去为一个天子服务。但这种“三备”于我们中学生来讲也是非常值得借鉴的，因为它囊括了基本生活要素。我们同样要清楚什么样的外表符合我们的身份，也要注意自己的一言一行，知道什么话该说、不该说，什么事情能做、不能做，这样就能避免违反社会道德的事发生，并且做的事情也都能得到大家的认可。我们不能对自己的言行举止有所放任，要严格要求自己。养成说的每一句话、做的每一件事都遵守社会道德和社会规范的习惯。首先在服饰上，上学时就要遵守学校的规定穿校服，或者不穿奇装异服，挑选适合我们年纪和身份的服装，做到简洁、大方、洁净。其次在言语上，养成说“您”、“谢谢”等礼貌用词的习惯，杜绝“脏话”或者不礼貌的言辞。语言风格追求平实质朴，不浮夸、不空口许诺。言辞是最能体现一个人的修养和品质的。最后，是要规范自己的行为，有违道德和法律的事情坚决不做，“勿以善小而不为，勿以恶小而为之”，哪怕是最细微的小事也要严格要求自己而不麻痹大意。有了这“三备”，我们也一定会成为受人尊重、受社会认可的合格国民。

【写作点拨】

1. 初中生在写“好习惯的影响”相关文章时，可以引用选文的例子，使文章有说服力。

2. 学生写关于“初中生如何规范自己”的相关文章时，可以加入选文的内容，使文章更加丰富。

庶人章第六

【原文】

用天之道[①]，分地之利[②]，谨身节用，以养父母。此庶人之孝也。故自天子至于庶人，孝无终始[③]，而患不及者，未之有也[④]。

【注释】

①道：指季节变化等自然规律。用天之道，是指按时令变化安排农事进行生产。②分地之利：指因地制宜，种植适宜当地生长的农作物，以获取地利。③孝无终始：指孝道的义理非常广大。从天子到庶人，不分尊卑，无终无始，永恒存在。不管什么人，在“行孝”这一点上都是一致的。④未之有也：没有这样的事情。

【译文】

利用春、夏、秋、冬节气变化的自然规律，分别按照土地的不同特点，使之因地制宜，各尽所宜。行为举止小心谨慎，适度花费，节约俭省，以此来供养父母。这就是庶民大众的孝道啊！所以，上自天子，下至庶民，孝道是不分尊卑，无终无始的。孝道又是人人都能做得到的。如果有人担心自己做不来，做不到，那是根本不会有的事。

【解析】

这一章讲的是如何做一名符合孝道的合格百姓。百姓是国家根本，而“国民素质”更体现了一个国家的整体形象。孟子曾说：“天下之本在国，国之本在家”，这句话高度概括了中国社会的实质：由家庭到家族，再集合为宗族，组成社会，进而构成国家。因此，归根结底，一个国家的发展离不开我们每一个人。我们每一个人也都是传统美德的践行者和延续者。因此，奉行孝道是不分地位的尊卑、年龄和长幼的。作为中学生的我们更应该将孝道融入我们的生活中，很好地吸纳传承，并将这种美好的德行发扬光大。

【故事】

亲涤尿器

宋朝时期，中国文坛活跃着一个杰出的人物，他既是著名的诗人、词人，在书法上也很有造诣，为“宋四家”之一。他还担任朝廷要职，宋元祐年间，他已官居太史，一时间显贵闻名天下。但人们未必知道他还是一个大孝子，他就是黄庭坚。

黄庭坚家有老母，他侍奉母亲始终尽心竭力、极尽诚挚。按理说，黄府侍婢众多，料理老母亲的生活自是不用他亲自动手。但是，每天下朝后，黄庭坚都先探望母亲，亲自侍茶奉水。最难得的是每天晚上他都要亲自为母亲刷洗便盆，从不假手他人，春夏秋冬从未间断过。

身为高官、名人，黄庭坚能亲自为母亲刷洗便盆，不嫌脏臭，这是很不容易的。透过这一事例，可以看出黄庭坚的至诚孝心。他之所以这样做，无非是表达一种敬爱之情，由此推断，黄庭坚在其他孝行上也会事必躬亲。子女身体发肤受之于父母，父母于子女有生养大恩，爱父母，尽孝道乃是天理。

【写作点拨】

1. 学生在谈对“孝”的认识的时候，可以引用选文增加文采。

2. 学生在谈“优秀品德没有身份界限”的时候，可以引用选文，增强文章说服力。

孝治章第八

【原文】

子曰：“昔者明王之以孝治天下也，不敢遗小国之臣①，而况于公、侯、伯、子、男②乎？故得万国③之欢心，以事其先王④。治国者⑤，不敢侮于鳏寡⑥，而况于士民乎？故得百姓之欢心，以事其先君⑦。治家者⑧，不敢失于臣妾⑨，而况于妻子乎？故得人之欢心，以事其亲⑩。夫然，故生则亲安之，祭则鬼享之，是以天下和平，灾害不生，祸乱不作。故明王之以孝治天下也如此。《诗》云：‘有觉德行，四国顺之。’”

【注释】

①遗小国之臣：遗，指遗漏。意思是小国派来的使臣容易被疏忽怠慢。②公、侯、伯、子、男：周朝分封诸侯的五等爵位。③万国：指天下所有的诸侯国。万，是极言其多，虚指。④先王：指圣明君主已去世的父祖。这是说各国诸侯都来参加祭祀先王的典礼，贡献祭品。⑤治国者：指诸侯。⑥鳏寡：老而无妻曰鳏，老而无夫曰寡。⑦先君：指诸侯已故的父祖。这是说百姓们都来参加对先君的祭奠典礼。⑧治家者：指卿、大夫。家，指卿、大夫受封的采邑。⑨臣妾：男性奴隶曰臣，女性奴隶曰妾。也泛指卑贱者。⑩以事其亲：这是说卿、大夫因为能得到妻子、儿女，乃至奴仆、妾婢的欢心，所以全家上下都协助

他奉养双亲。

【译文】

孔子说："从前，圣明的帝王以孝道治理天下，就连小国的使臣都待之以礼，不敢遗忘与疏忽，何况对公、侯、伯、子、男这样一些诸侯呢！所以，就得到了各国诸侯的爱戴和拥护，他们都帮助天子筹备祭典，参加祭祀先王的典礼。治理封国的诸侯，就连鳏夫和寡妇都待之以礼，不敢轻慢和欺侮，何况对士人和平民呢！所以，就得到了百姓们的爱戴和拥护，他们都帮助诸侯筹备祭典，参加祭祀先君的典礼。治理采邑的卿、大夫，就连奴婢僮仆都待之以礼，不敢使他们失望，何况对妻子、儿女呢！所以，就得到大家的爱戴和拥护，大家都齐心协力地帮助主人，奉养他们的双亲。正因为这样，所以父母在世的时候，能够过着安乐宁静的生活；父母去世以后，灵魂能够安享祭奠。正因为如此，所以天下和平，没有天灾也没有人祸。圣明的帝王以孝道治理天下，就会出现这样的太平盛世。《诗经》里说：'天子有伟大的道德和品行，四方之国无不仰慕归顺。'"

【解析】

这段选文谈的是"孝治"，也就是以"孝"治天下。这种"孝治"赋予了"孝"更为广远的内涵和外延。简而言之，就是以关爱、体恤、尊重等一切美好的德行来赢得拥戴，使得社会祥和，百姓恭顺，最后实现太平盛世。

人都是富有感情的生命个体，在人的情感里本就有向善向美的情怀。当人们在生活中得到尊重，困顿里得到关爱，艰难时得到帮助时，就会自然而然地心怀感念，常记温情。所以，如果我们渴望拥有很多朋友，想要受到人们的拥戴和尊重，那么，请从关爱别人开始。

【故事】

高拱恤民

明相高拱官高位显，身居京城，却心系家乡。这年夏天，他省亲回新郑，一路上见家乡旱情严重，庄稼颗粒不收，百姓或是离乡背井，出外乞讨，或是留在家里坐以待毙。但按朝廷规矩，新郑还得按期缴纳皇粮。这种天灾，哪还有粮食可缴？可圣命在先，谁也不敢违抗。高拱一心只想让皇帝为新郑免粮，就写了为新郑百姓请命免粮减税的奏章呈上。

明穆宗皇帝看了宰相高拱的奏折，决定要亲自到新郑去视察民情。皇帝来新郑视察，一定要有接待暂住的行宫，高拱心急如焚。百姓们生活都难以维持，怎么能耗资去建宫殿？若不建像样的宫殿，又如何迎接圣驾？他左右为难，绞尽脑针，既想能为新郑免皇粮，又能节约开支建造宫殿，更重要的还需皇上满意。他开始设计：利用本地民工，打胚烧砖，石基铺地，券洞拱形，整个殿不用梁檩，以示免粮（梁）。造型精巧新颖，按阴阳八卦，天干地支，底方顶圆。宫分八室，大殿为中天，后室为地，两端六室，相应对称，左右逢源，浑然一体。并找有名的画匠来施工，壁画灿烂，色泽艳丽，龙飞凤舞。兴工建造期间，高拱亲临指导，县令加紧督促，约有半月左右，一座奇特的皇帝行宫圆满竣工。

高拱禀告皇帝，新郑行宫建好，皇帝就率人马来到新郑县。高拱领县衙官员接驾迎进行宫，朝拜已毕。皇帝细看行宫，造型精巧别致，阴阳八卦兆吉祥，祥云烘托，龙飞凤舞，大吉大利。这样的行宫还是第一次见，别具一格，独领风骚，不禁龙颜大悦。皇帝就对一旁的高拱说：“高爱卿，这行宫是谁设计的呀？真是别出心裁。”高拱答：“是为臣，设计不是十全十美，皇上，你看还缺什么？”皇上思索着说：“缺……”这时平日跟高拱不和的张居正从一旁拉了一下皇帝的衣袖，耳语道：“皇上慎言。”皇上思索片刻，忙接上语道：“美中不足的是宫殿缺一根横棍。”高拱闻听皇帝此言，有意避讳，心凉半截。皇上心知肚明高拱用心良苦，就给高拱个台阶下，说：“高爱卿，新郑灾情究竟如何？如实报来。”高拱环顾一圈，以示县衙官员，一起跪下启奏：“新郑三年无雨，禾苗干枯，颗粒不收，民心慌乱。”

皇帝动情地说：“众爱卿平身。君臣一路走来，体察民情，新郑遭灾是事实。特免去今年粮税。”众官员闻声齐呼：“谢万岁隆恩！吾皇万岁，万万岁！”

后来，穆宗皇帝念高拱忠君恤下，为建行宫出力，又爱护百姓。皇帝知高拱从高家庄步履三十余里到新郑县城，接驾劳苦，就特批国库银两在新郑县东街，皇帝行宫对面建了一座“鉴忠堂宝谟楼”，赏给高拱下层居住，上层接皇帝圣旨。以表君爱臣心。

【写作点拨】

1. 学生在谈“构筑和谐”的话题时，可以引选文丰富文章内容。

2. 学生在谈“领导策略”的问题时，可以引选文作为证明材料。

纪孝行章第十

【原文】

子曰：“孝子之事亲也，居则致[①]其敬，养则致其乐[②]，病则致其忧[③]，丧[④]则致其哀，祭则致其严[⑤]，五者备矣，然后能事亲。事亲者，居上不骄，为下不乱，在

丑[6]不争。居上而骄则亡，为下而乱则刑，在丑而争则兵。三者不除，虽日用三牲[7]之养，犹[8]为不孝也。”

【注释】

①居：平日家居。致：尽。②养：奉养，赡养。乐：欢乐。③致其忧：充分地表现出忧伤焦虑的心情。④丧：指父母去世，办理丧事的时候。⑤严：庄重、肃穆。⑥在丑：指处于低贱地位的人。丑，众，卑贱之人。⑦三牲：指牛、羊、豕。⑧犹：还是。

【译文】

孔子说：“孝子侍奉双亲，日常家居，要对父母充分地恭敬；供奉饮食，要表达出照顾父母充分地快乐；父母生病时，要对父母的健康极尽忧虑关切；父母去世时，要表达出极尽地悲伤哀痛；祭祀的时候，要表达出充分地敬仰肃穆，这五个方面都能做齐全了，才算是能侍奉双亲尽孝道。奉事双亲，身居高位，不骄傲恣肆；为人臣下，不犯上作乱；地位卑贱，不相互争斗。身居高位而骄傲恣肆，就会灭亡；为人臣下而犯上作乱，就会受到刑罚；地位卑贱而争斗不休，就会动用兵器，相互残杀。如果这三种行为不能去除，虽然天天用备有牛、羊、猪三牲的美味佳肴奉养双亲，那也不能算是行孝啊！”

【解析】

本章节是在谈什么是真正的孝。真正的孝是修身立德，是践行君子品行。父母最为幸福和欣慰的事就是以子为荣，不为子忧心。如果总是让父母处于担忧和惶恐之中，纵使每天珍馐美馔的供养又有什么用呢？《论语》里面有段孔子跟他学生的对话，孔子的学生子夏来问孝，孔子回答他说：“色难。”“色难”就是说和颜悦色这是最难能可贵的，如果心里没有那种由衷的敬意，他就很难表现出那种和颜悦色，特别是处于我们现在的年纪，会有一些逆反心理或者与父母之间存在代沟，往往就会表现出厌弃、不耐烦，让关爱自己的父母伤心，这都是不对的。孝养父母之身，主要是在物质生活上能满足父母的需要，能不能说是尽孝？不能！还要有孝养父母之心，真正地让父母感觉到快乐、欢喜。当我们在学习、生活中出现困惑了都可以和家人沟通、交流，多向他们汇报自己的近况，多跟他们说说话，多花一点时间陪伴，让父母安心。所以养父母之心比养父母之身更难得。

【故事】

杨乞事亲

唐朝有个姓杨的孝子，虽然家贫如洗，但却十分孝道。他平日里靠讨饭来供养父母，所以人们都叫他杨乞。他每次都把所讨的食物带回家中奉献双亲。父母没有尝过的，他即使再饥饿也不会动口先尝。如有酒时，就跪下捧给父母，等父母接过杯子要喝的时候，就立即起来像小孩子一样唱歌跳舞，使父母快乐。有人怜悯他穷困，劝他出门为有钱的人家做工，用所得收入养亲。杨乞答道："父母年迈，若为人家做工，离家太远，就不能及时侍奉他们。"听到的人都感叹他真是个孝子。后来杨乞的父母去世了，他又乞讨棺木为父母安葬。每逢初一和十五，他就拿着食物去墓前哭祭，分外悲伤。

【写作点拨】

学生写关于"真正的孝道"时，可以应用选文，增强文章说服力。

五刑章第十一

【原文】

子曰："五刑①之属三千，而罪莫②大于不孝。要③君者无上，非④圣者无法，非孝者无亲⑤。此大乱之道也⑥。"

【注释】

①五刑：指墨、劓、剕、宫、大辟五种刑罚。②莫：没有。③要（yāo）：以暴力要挟、威胁。④非：责难反对，不以为然。⑤无亲：藐视父母，目无父母。⑥此大乱之道也：这是大乱之本。

【译文】

孔子说："应当处以墨、劓、剕、宫、大辟五种刑罚的罪有三千种，最严重的罪是不孝。以暴力威胁君王的人，叫作目无君王；非难、反对圣人的人，叫作目无法纪；非难、反对孝行的人，叫作目无父母。这三种人，是造成天下大乱的根源。"

【解析】

在孔子看来，"孝"是一切德行的初始。没有"孝"也就没有了"顺"与"忠"。所以最严重的罪是不孝。一个对待生养自己的父母都不能孝顺的人，根本就无法善待其他人。这样的人人格是扭曲的，道德是败坏的，就算他可能会享受一时的威名，那么他也终究还是会背负千古骂名的。而对我们现在的中学生而言，孝顺父母更是成长过程中最重要的一课！一个中学生，如果每天在家里作威作福，无视父母，任意妄为，更别提孝顺父母了。就算他的学习成绩非常优异，在外人面前表现得近乎完美，他也不是一个完整的人。一个优秀的中学生不仅要热爱学习，更要爱戴亲人，师长，朋友，这样才会受人尊重，才是一个品学兼优的好学生！所以，衡量一个人最基本的标准就是：看一看这个人在家是否能够孝敬父母。如果连最基本的孝道都做不到，那么就没有人愿意和这个人亲近，也就无法在社会立足，甚至危害社会。

【写作点拨】

学生写关于“行孝或者不孝”的话题时，可以引用选文，使文章更具有说服力。

广扬名章第十四

【原文】

子曰：“君子之事亲孝，故忠可移①于君；事兄悌，故顺可移于长②；居家理，故治可移于官③。是以行成于内④，而名立⑤于后世矣。”

【注释】

①移：移动、迁移。这里指儒家学者“移孝作忠”的理论学说。②长：指官长。③“居家”二句：指家务、家政管理得好，就能把管理家政的经验移于做官，管理好国政。④行：指孝、悌、善于理家这三种优良的品行。内：家内。⑤立：树立。这里指名声长远地流传。

【译文】

孔子说：“君子侍奉父母能尽孝道，因此能够将对父母的孝心移作为对君王的忠心；侍奉兄长知道服从，因此能够将对兄长的服从，移作对官长的顺从；管理家政有条有理，因此能够把理家的经验移于做官，用于办理公务。所以，在家中养成了美好的品行道德，在外也必然会有美好的名声，美好的名声还将流传百世。”

【解析】

《孝经》的这一章节告诉我们，孝顺父母、服从兄长、有条理地管理家政这些在家中养成的美好品德可以作为一切成功的根基。因为在“内”所修养的个人品行会终身与自己相随，成为自己言谈行事的习惯和原则，不管处于什么位置，都能以这样的德行和心境行事。作为中学生的我们，如果在家能做到尊敬长辈，那么走出家门也会尊重师长，受到师长的喜爱和肯定。如果我们在家能够友爱兄弟，那么我们在外也就能友爱朋友，受到朋友的欢迎和信赖。“小家”是“大家”的缩影。“小家”是训练场，“大家”是舞台。

【故事】

一屋不扫，何以扫天下

东汉时有一少年名叫陈蕃，他自恃聪慧，总是自命不凡。小事从来不屑于去做，一心只想干大事业。一天，其友薛勤来访，见他独居的院内杂草丛生、龌龊不堪，便对他说："孺子何不洒扫以待宾客？"陈蕃好不在意地答道"大丈夫处世，当扫天下，安事一屋？"薛勤当即反问道："一屋不扫，何以扫天下？"陈蕃无言以对。

【写作点拨】

1. 学生在写关于"小习惯的重要性"的话题时，可以应用选文，丰富文章内容。

2. 学生在写有关"基础决定未来"的话题时，也可以使用选文，增强文章说服力。

谏诤章第十五

【原文】

曾子曰："若夫慈爱、恭敬、安亲、扬名，则闻命[①]矣。敢问子从父之令，可谓孝乎？"子曰："是何言与[②]！是何言与！昔者，天子有争臣[③]七人，虽无道，不失其天下；诸侯有争臣五人，虽无道，不失其国；大夫有争臣三人，虽无道，不失其家；士有争友，则身不离于令名[④]；父有争子，则身不陷于不义。故当不义，则子不可以不争于父；臣不可以不争于君；故当不义则争之。从父之令，又焉得为孝乎！"

【注释】

①闻命：听过了教诲。②与：通"欤"（yú），语气词，表示感叹或疑问语气。③争臣：敢于直言规劝的大臣。④令名：好名声。令，善，美好。

【译文】

曾子说："诸如爱亲、敬亲、安亲、扬名于后世等，已听过了老师的教诲，现在我想请教的是，做儿子的能够听从父亲的命令，是不是可以称为孝呢？"孔子说："这算是什么话呢！这算是什么话呢！从前，天子身边有敢于直言劝谏的大臣七人，天子虽然无道，还是不至于失去天下；诸侯身边有敢于直言劝谏的大臣五人，诸侯虽然无道，还是不至于亡国；大夫身边有敢于直言劝谏的家臣三人，大夫虽然无道，还是不至于丢掉封邑；士身边有敢于直言劝谏的朋友，那么他就能保持美好的名声；父亲身边有敢于直言劝谏的儿子，那么他就不会陷入可以之中，干出不义的事情。所以，如果父亲有不义的行为，做儿子的不可以不去劝谏；如果君王有不义的行为，做臣僚的不可以不去劝谏；面对不义的行为，一定要劝谏。做儿子的能够听从父亲的命令，又哪里能算得上是孝呢！”

【解析】

谏诤章节是在提醒人们辩证地对待“恭顺”。作为孝行中最重要的态度“恭顺”，一直被人们推崇和认可。恭顺可以使父母心情愉悦，恭顺也可以促进家庭和睦而没有纷争。但没有原则一味地恭顺是错误的，这不是真正孝心的体现。当父亲出现错误，儿子还采取听命遵从的态度，就会使得父亲的错误无法改正，甚至是愈演愈烈，让父亲在人前失去尊严和道义，使父亲受到谴责和羞辱，这样就是不孝了。真正的孝心还在于维护父亲的形象和清誉。纵使在儿子反复规劝下父亲还不悔改，儿子也要在适当的场合和时机和颜悦色再行进行劝谏，直到父亲改正为止。

【写作点拨】

1. 学生谈“用辩证的方法分析问题”的时候，可以应用选文作为证明材料。

2. 学生在谈“真正的孝行”时，可以应用选文丰富文章内容，增强说服力。

事君章第十七

【原文】

子曰：“君子之事上也，进①思尽忠，退②思补过，将③顺其美，匡救其恶，故上下能相亲④也。《诗》云：‘心乎爱矣，遐不谓矣。中心藏之，何日忘之⑤？’”

【注释】

① 进：上朝见君。②退：下朝回家。③将：执行，实行。④相亲：指君臣同心同德，相亲相爱。⑤“心乎”四句：语出《诗经·小雅·隰桑》。原诗相传是一首人民怀念有德行的君子的作品。

【译文】

孔子说：“君子奉事君王，在朝廷之中，尽忠竭力；回到家里，考虑补救君王的过失。君王的政令是正确的，就遵照执行，坚决服从；君王的行为有了过错，就设法制止，加以纠正。这样君臣之间就能同心同德，相亲相爱。《诗经》里说：‘心中洋溢着热爱之情，相距太远不能倾诉。心间珍藏，心底深藏，无论何时，永远不忘！’”

【解析】

这一章节主要是讲如何事君。事君与事父的原则是一致的，恭顺自然是对的，但要时刻用辩证的方法去分析君主的行为。对的就服从，错的就去纠正。避免君主犯下昏庸的大过，受天下诟病。臣子不仅在朝廷中为君王竭尽全力地谋划国事，回到家之后还要反思君王的过失，思考补救的方法。应该明辨是非、考虑周全。当今社会，不仅是工作中的上下级之间要遵照这种方式，在人与人相处的过程中也要本着这样对待问题的原则。我们要有独立的思考和判断，不能人云亦云。作为初中生，我们已经有了一定的判断能力，能够区分事情的好坏、对错。所以对待身边人，当他们有正确的行为或者想法时，我们应该支持。但对于他们错误的想法或做法我们不要随波逐流，或者听之任之，这样可能会酿成大错，害人害己。所以，我们应该及时指出他们的过错，设法制止，加以纠正。盲目的支持只会让他们失去判断的能力。忠言逆耳利于行，越是亲近的人越应该如此。从另一个角度来看，我们在与人相处时，也更应该珍视那些能够给自己提出意见指出自己过错的人。有这样的人在身边，我们才不会蒙蔽了双眼、迷失了自己。对于他们的意见，我们可以有则改之，无则加勉。

【故事】

李文忠冒死劝谏朱元璋

朱元璋坐了江山之后，对外甥李文忠十分宠信，常派他监军随将领出征，并授李文忠开国辅运推诚宣力武臣，特进荣禄大夫、右柱国、大都督府左都督，封曹国公等职。明朝政权初步稳定之后，朱元璋开始大肆杀戮功臣。洪武十三年，朱元璋以擅权枉法和谋叛的罪名处死丞相胡惟庸，遭牵连被杀的多达上万人。这时，朝廷内外人人自危。李文忠对明太祖的做法深感不安，先后上过两次奏章，而这两份奏章，都被束之高阁，但并没有惹恼舅父朱无璋。曾为大明出生入死的李文忠认为，功臣宿将为明太祖打下江山，皇帝与功臣同享太平之福，这样才得民心，政权才能巩固。李文忠眼见太祖屠杀功臣，国丧元气，危及政权，李文忠决心冒死再次劝谏。李文忠本想联络几位有声望的大臣一道劝谏。可当时，副大将军常遇春早在洪武二年病逝。军师刘基于洪武四年避祸，“还隐山中，惟饮酒弈棋，口不言功”，洪武八年死去。大将军徐达向来“帝前恭谨不能言”。连徐达都不敢出来劝谏，还有谁敢出来和他一起谏阻明太祖屠杀功臣?

李文忠只好拼死一谏，他临行之前，嘱托夫人，训教好孩子，才与夫人泣别。李文忠上朝，递上奏章。明太祖打开奏章，当他读到“叛臣贼子，定诛无宥，惟锻炼攀诬，滥杀无辜，人不自安，伤国元气”，还未看完，面色早变。只见他突然离座指着文忠怒责道:“小子胆大包天，一派胡言乱语。朕斩绝叛逆，与你何干? ”便掷下奏章。李文忠毫无惧色答道:“陛下杀尽功臣宿将，一旦边疆有警，或内有叛乱，那时谁来为国效力疆场? 愿陛下三思。”舅父朱元璋摆足皇帝的架子，勃然大怒道:“李文忠，难道你就不怕死吗？朕成全你，将你一道杀了，看谁还敢再来啰唆。”文忠抗声道：“文忠死不足惜，愿陛下多念及江山黎民。”朱元璋喝令武士将文忠押下监狱候斩。

李文忠劝谏被押下监狱候斩的事，很快传入宫内。马皇后听了大吃一惊。太祖回宫，只见马皇后闷坐一旁，脸上挂着两行泪水，问道：“皇后有何不快？”皇后回答：“听说陛下要斩文忠，我正为他难过呢？陛下一家亲人几十口，都早已亡故，只留下文忠。听说陛下要杀文忠，妾为他伤心呢！文忠是开国勋臣，又是你的外甥，难道你就不能饶他一命吗？”一席话，说得明太祖动了恻隐之心，赦免文忠死罪，但削去官职，幽闭在家。李文忠幽居之后，成天闷闷不乐。两年之后病故，享年四十六岁。

【写作点拨】

1. 学生在谈“忠言逆耳”的话题时，可以引用选文丰富文章内容。

2. 学生在谈“用辩证的眼光看问题”时，可以引用选文增强文章表现力。

找错有礼

亲爱的读者朋友：非常感谢您对吉林大学出版社的信任与支持。为了更好地提高图书质量，满足广大读者的阅读需求，进一步保证产品的零差错，我们需要您对本图书提出更好的编写建议，同时，指出我们的差错之处。我们将定期从读者反馈意见中抽取幸运读者，给予奖励。

本书的编写优点：

本书的编写缺欠：

您的建议：

发现的错误之处，您可以通过写信、发电子邮件、QQ在线交流、打电话等方式，将意见反馈给我们。

联系人：马老师
地址：长春市明德路501号
邮编：130021
联系电话：0431-89580059 / 13596488985
QQ在线交流：515982498
E-mail: 515982498@qq.com

图书在版编目(CIP)数据

礼记 / (西汉) 戴圣著 ; 刘广茹评注. 孝经 / (春秋) 孔子著 ; 刘广茹评注. -- 长春 : 吉林大学出版社, 2015.4
(国学课堂 / 魏冰戬主编)

ISBN 978-7-5677-3347-3

Ⅰ. ①礼… ②孝… Ⅱ. ①戴… ②孔… ③刘… Ⅲ.①礼仪-中国-古代-青少年读物②家庭道德-中国-古代-青少年读物 Ⅳ. ①K892.9-49②B823.1-49

中国版本图书馆CIP数据核字(2015)第064360号

国学课堂系列图书

礼记 孝经

2015年5月 第1版

2015年5月 第1次印刷

郑重声明“新黑马阅读”商标专用权

● “新黑马阅读”此商标的注册申请已经由中华人民共和国国家工商行政管理总局商标局正式批准，发文编号：4287897。使用商品：1. 报纸；2. 图画；3. 期刊；4. 雕刻印刷品（书画刻印作品）；5. 杂志（期刊）；6. 新闻刊物；7. 连环漫画书；8. 印刷出版物；9. 书籍；10. 笔记本或绘图本。

●根据《商标法》和《商标法实施细则》有关规定，任何单位或个人在以上商品中使用或盗用此商标均为违法行为，将受到法律的严惩。

出版发行 吉林大学出版社
经　　销 全国各地新华书店及各大卖场
策划编辑 马宁徽
责任编辑 马宁徽
责任校对 佟桂先

印　　刷 长春市新世纪印业有限公司
印　　次 2015年5月　第1次印刷
开　　本 720X1000毫米　1/16
印　　张 12.25
字　　数 198千字
书　　号 ISBN 978-7-5677-3347-3
定　　价 21.00元

丛书主编 魏冰戬
原　　著 礼记/(西汉) 戴圣 著
孝经/(春秋) 孔子 著
本册评注 刘广茹
美术编辑 刘　瑜
封面设计 刘　瑜
封面绘图 法斯特设计室

社　　址 长春市明德路501号
邮　　编 130021
发行部电话 0431-89580028/29
传　　真 0431-89580027
网　　址 http://www.jlup.com.cn
E-mail jlup@mail.jlu.edu.cn